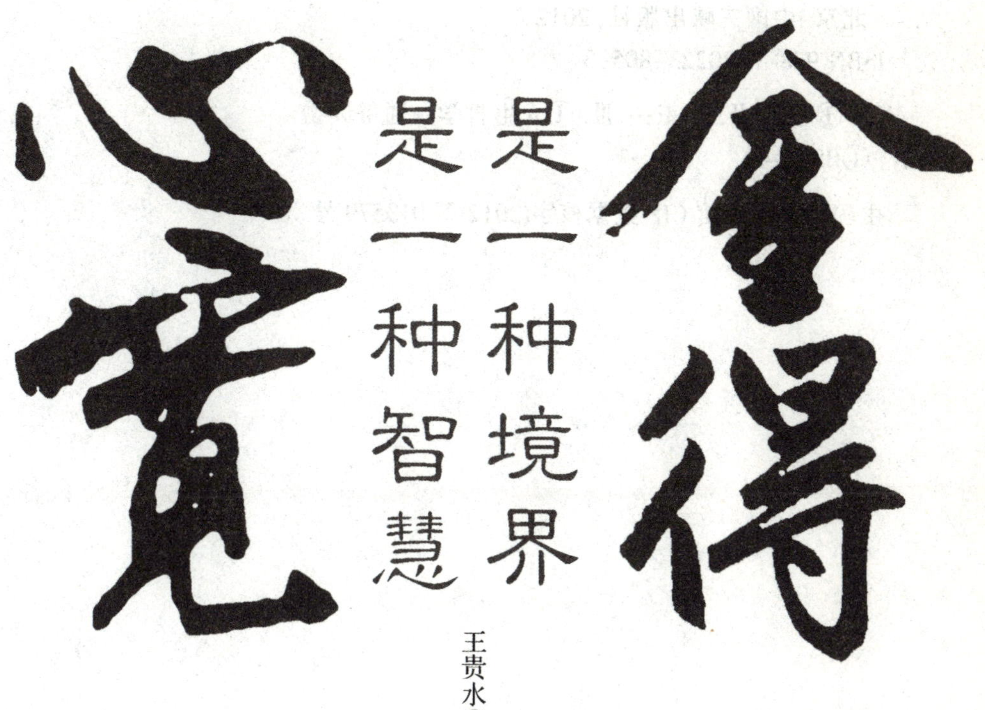

王贵水◎编著

中国三峡出版社

图书在版编目(CIP)数据

心宽是一种智慧,舍得是一种境界 / 王贵水编著
. -- 北京 :中国三峡出版社, 2012.2
ISBN 978-7-80223-805-3

Ⅰ. ①心… Ⅱ. ①王… Ⅲ. ①人生哲学—通俗读物
Ⅳ. ①B821-49

中国版本图书馆 CIP 数据核字(2012)第 013579 号

中国三峡出版社出版发行
(北京市西城区西廊下胡同 51 号　　100034)
电话:(010)66112758　　66116828
http://www.zgsxcbs.cn
E-mail : sanxiaz@sina.com
北京集惠印刷有限责任公司印刷　新华书店经销
2012 年 4 月第 1 版　2012 年 4 月第 1 次印刷
开本:710×1000 毫米　1 / 16　印张:19
字数:160 千字
ISBN 978-7-80223-805-3　定价:32.80 元

前言

我们都生活在这个世俗的社会中，无法摆脱人脉交际、事业成就、婚姻家庭等带来的束缚。一路走来，我们始终要面对诸多纷扰与困惑。于是，我们的心累了，常常在问自己，在问苍天大地，我们该如何寻找属于自己的那杯清泉甘霖，如何觉悟得失盈亏？其实，所有的答案总结成一句话：心宽是一种智慧，舍得是一种境界。当我们真正理解了这句话的深刻含义后，我们的心就会如一片海洋，可以包罗万象。所谓心宽，是指原谅可容之言，饶恕可容之事，包涵可容之人；所谓舍得，是指愿意付出，不吝惜。舍得不是舍与得之间的日常计较，而是拥有超越境界来对已得和可得的东西进行决断的情怀和智慧。

古人云“世上本无事，庸人自扰之”。心就如同一扇门、一扇窗，一旦宽宽大大地敞开了，无论什么忧愁和烦恼也就都随风而去了。如果你每天都把这扇门、这扇窗关着或只打开一道缝，那么你就会越看越嘀咕，越想越没路，愁事烦事越堵着你，让你无法呼吸。生活中有很多疾病和烦事，都是因小心眼而引起的。比如关于涨工资一事，同是一年入职，有人涨的多，此时心窄的人就会忿忿不平：他也不比我强到哪儿去，为啥就比我挣的钱多呢？于是越想越生气，爱说话的人找个发泄对象倒一阵子苦水，也就过去了。而对于那些不爱说话的人，就会整天把气闷在心里，时间久了，不生病才怪呢！心宽的人，看人看事都是往好的一面看，从不钻牛犄角，会从另一个角度去想：高职不如高薪，高薪不如高寿，高寿不如高兴。

懂心宽、知舍得的人，眼前总是海阔天空，脚下总是平坦大道，心中总是阳光明媚。心宽的人即使偶有伤心寂寞的浮云，也会被微风轻轻拭去，而留下一片光明、一丝清凉、一阵轻松。有句话说的好：择高处立，就平处坐，向宽处行。这是句经典的良言，“向宽处行”是至理，只有把心放宽了，人生的路才不会拥挤，血脉才不会堵塞，生活才不会失意。

心宽、舍得，更多的时候强调的是一种心理状态，是一种人生境界。心宽一点，烦恼就会少一些；心宽一点，快乐就会多一些；懂得舍得一点，日子就会顺一些；懂得舍得一点，成就就会多一些。懂心宽，知舍得，更是智者的一种选择。

心宽、舍得是一门修身养性的学问，是面对人生时的一种态度。但在人生的旅途中，我们时刻都会遇到选择和放弃的问题。人的一生其实是一个不断选择的过程，既然有了选择，那就必然有“得”有“舍”。正如著名作家贾平凹所说：“舍与得实在是一种哲学，也是一种艺术。”世间万物皆是矛盾统一体，势必会存在着“鱼和熊掌不可兼得”这种现象。比如，当我们选择了拼搏，必然要放弃安逸；选择了扎实，必然要放弃散漫。学会舍得，是任何人都需要参悟的人生大智慧，所以，生活中无论你有多忙，有多累，都要抽出一点儿让自己思考的时间，好好感悟一下这个“舍得舍得，有舍必有得”的人生大道理吧。什么时候你悟透了，不仅可以让你得到快乐，还可以让你事事顺心，成就自己完美的人生。

心宽，是一种对待人生的智慧；舍得，是一种人生成功的境界。我们只有做到心宽，才能做到宠辱不惊，得失自若，才能在平淡人生中享受快乐和幸福；只有看透得失，才能左右逢源，有所收获，才能明白人生的真正价值和意义。

另外，本书还告诉了我们在日常生活中，只有做到心宽，有所舍弃，最终才会有所得。而这个“得”，或许是一种对待人生淡然的心境，或许是良好的人际关系，或许是一门处世的生存智慧和学问。不同的人会有不同的答案，只有深入其中，才能领悟至理，才能真正收获淡然而富足的人生。对于我们每个人来说，只有在得失中心宽，在心宽中看得失，才能真正达到身心的和谐，达到人生的快乐和富足。

目录 Contents

第五章 与人为善，路越走越宽广

第六章 为人大度，有容乃大

第一章

做到心宽，才能达到人生的最高境界

心宽是一种处世的哲学，更是一种人生的境界。心宽的人，才能收获真诚；心宽的人，其人生之路才会畅通无阻。与人为善，离不开心宽；快乐人生，先从心宽开始。面对生活中的是是非非，只有心宽的人，内心才能平和，生活才会幸福。心宽一寸，路宽一尺。

心宽成就智者的胸襟，心宽是治疗不圆满的良药

心宽是一种智慧，它能使我们辩证地认识问题，用大智慧来解决问题；心宽是一种胸怀，它教会我们要以宽容之心对待他人。

法国大文豪雨果曾经这样感叹：“世界上最宽广的是海洋，比海洋更宽广的是天空，而比天空更宽广的是人的胸怀。”我国古语也说，“天地本宽，鄙者自隘”。

有宽容之心的人是真正智慧的人，他能够正确地判断问题，找到真正重要和有价值的东西，从而做出正确的选择。他们会舍弃眼前利益，收获长久利益；他们会放弃小的利益，收获大的利益。总之，他们会让自己的利益最大化。

林肯总统素来以宽容之心对待政敌，这种做法引起一个议员的不满，议员说：“你不应该试图和那些人交朋友，而应该消灭他们。”林肯微笑着回答：“当他们变成了我的朋友时，难道不是正在消灭我的敌人吗?”

没有宽容之心的人，总是生活在委屈、怨愤、嫉恨之中，这样的人总喜欢用别人的过错来不断地折磨自己，结果问题还是摆在那里。由于每个人的时间和精力都是一样的，当你持续地处于怨恨中无法释怀时，怎么还会有精力做应该做的事情呢？比如大家都争先恐后地去捡地上的果实，你却因为和别人磕碰了一下怒目而视，然后你站在旁边寻思如何

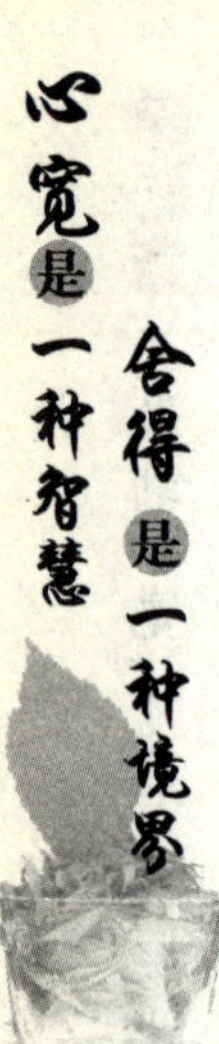

才能报复他。但终究无计可施，这会儿功夫别人已经捡到了很多果实，而你却两手空空。哪个大，哪个小，一目了然，但是人们往往是人在事中迷。

更重要的是，常常无法释怀的你，还在损害着自己的健康。据有关资料显示，患心脏病的人常常不是工作辛劳的人，而是抱怨工作辛劳的人；最足以引起高血压的原因，莫过于外表好像很平静，内心却被强烈的怨恨所煎熬。

所以，没有宽容之心，就会在别人伤害你之后，你自己再持续双重损害自己。但宽容之心是有底线的，它不是包庇、纵容，不是无原则的退让，更不是以损害整体利益为代价的妥协，而是建立在平等交流、和谐共处基础上的相互尊重、相互谅解、相互信任、相互支持。

宽容之心的前提是需要看清问题的大小、轻重，一定不要计较小的、轻的方面，而要坚持大的、重的方面。如果宽容了罪犯，就如同农夫对待蛇一样，会给自己带来更大的伤害；如果宽容了邪恶，就会带来得寸进尺的罪恶。有宽容之心是一种智慧，是明辨大小轻重，从而进行取舍的智慧。因此，它也就是一种生活的智慧，或者说，就是如何处理日常工作生活中的人际关系的智慧。

心宽是治疗人生不圆满的良药。我们无法成为圆满的人，我们只是充满情感，带有某些偏见、自制不足、贪心有余的普通人。在现实生活中不圆满之事十有八九，面对一些我们无法改变的现状和不可补救的事情，与其斤斤计较，怨天尤人，不如来点宽容和幽默，一笑了之。善待自己的局限，宽容朋友的欺骗，理解父母的唠叨，将生活过得轻松惬意，让胸襟自然豁达。

人在生命的旅途中需要明白一个道理，无论我们怎样努力，我们也不会得到世界上所有的好东西，即使我们得到一点有价值的东西，也不会永远拥有，迟早会失去。正如青春不会永驻，生命不会永存一样，个体在时空中都是有限的，所以，我们只有把自己放在地球这样一个巨大的空间范畴和过去、现在、将来这样的时间长河中，才能扩展视野，减少偏见，收敛贪心，自激自励；才会从爱的心田中滋生一种宽容这个不完美世界的心境；才会在播种幸福时不再乎收获的是不是自己。

心宽不是浅薄的玩世不恭、看破红尘。心宽是一种生命的智慧，是一种以超越自己的悲观，执着追求的人生态度。心宽不是对假、丑、恶的投降和妥协，而是对它们的包容和吸收。

心宽是对付人生苦难的手段，是为享受生命乐趣服务的。拥有宽容豁达境界的人，将拥有更多的享受生命快乐的情趣。但愿我们这些宇宙中的匆匆过客，拥有像大海一样宽阔的心胸。以豁达的人生态度，宽容的人生视角，健康的心理状态，将平凡的日子过的美好些，让生命染上更多的绿色。

在生活中，当你学会做人、做事，学会合作的时候，是否思忖过你学会心宽了没有呢?

大雁结伴飞行的启示是深刻的，它们凭借彼此的帮助和鼓舞而向前飞行。让自己没有忧伤、忧思，远离忧恐、担忧，这一切皆始于其内心的宽和。由于宽和，所以你才能够忽略很多不开心的细节；因为豁达，所以你可以不纠缠于这个世界给予你的小小得失。

学会心宽是一种谦和的做人品格，是一种踏实的人生态度。人生就像一阵惊涛骇浪，冲入顶尖则功成名就，但那惊美的一刻短如瞬息，落下来便沉入最低谷。所以还不如脚踏实地地去追求属于自己的一片天空，从简单的收获中同样可以品味到一份真实的喜悦，而这种喜悦会更持久。

心宽不是怯懦，而是克服困难的一种理性的抉择；心宽不是妥协，而是为了更好、更强地站立。一个人学会心宽，便成就了一种宽宏做人的胸襟。心宽不是一种无奈，而是一种力量。

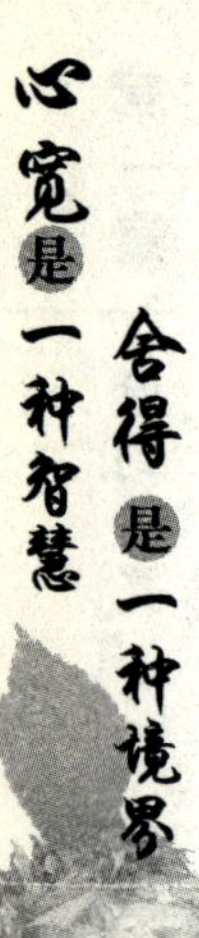

心宽是一种博大的胸怀，心宽可塑造做人的美德

心宽，就是以善意去宽待那些有着各种缺点的人。因其宽广而容纳了狭隘，因其宽广显得大度而感人。豁达是一种博大的胸怀、超然洒脱的态度，也是人类个性最高的境界之一。一个人只有做到了豁达、心宽，学会忍让，避免偏见，才能接受别人，自己也会更容易为别人所接受，善于与他人相处。

心宽是做人的美德，也是一种明智的处世原则，是人与人交往的"润滑剂"。生活中常有的一些所谓的厄运，只不过是因为我们对他人一时的狭隘和刻薄，而在自己前进的道路上自设的一块绊脚石罢了；而一些所谓的幸运，也是因为无意中对他人一时的恩惠和帮助，而拓宽了自己的道路。

市场上，果贩遇到了一位难缠的顾客。

"你这水果这么烂，一斤也要卖5元吗？"顾客拿着一个水果左看右看。

"我这水果是很不错的，不然你去别家比较比较就知道了。"

顾客说："一斤4元，我就多买几斤，否则我一斤也不买。"

小贩还是微笑着说：“先生，如果我一斤卖你 4 元，那么对刚刚从我这里买水果的人怎么交代呢？”

“可是，你的水果不是很好啊，净是烂的。”

“不会的，如果是很完美的，可能一斤就要卖 10 元了。”小贩依然微笑着。

不论顾客的态度如何，小贩依然面带微笑，而且笑得像第一次那样亲切。

顾客虽然嘴里挑剔不止，最后还是以一斤 5 元的价钱买了几斤水果。

有人问小贩何以能始终面带笑容，小贩笑着说：“只有想买货的人才会指出货品如何不好。”

小贩完全不在乎别人批评他的水果，并且一点儿也不生气，不只是修养好而已，也是对自己的水果大有信心的缘故。我们真的比不上小贩，平常有人说我们两句，我们就已经气在心里口难开，更不用说微笑以对了。

小贩称得上是一个聪明的人，聪明人常常是豁达的。豁达需要一种博大的胸怀、超然洒脱的态度，这也是人类个性最高的境界之一。一般说来，豁达开朗之人比较宽容，能够对别人不同的思想、看法、言论、行为，以至他们的宗教信仰、种族观念等加以理解和尊重，不轻易把自己认为“正确”或者“错误”的东西强加于别人。他们也有不同意别人的观点或做法的时候，但他们会尊重别人的选择，给予别人自由思考和生存的权利。

一位哲人说过，“如果大家都希望享有自由的话，每个人均应采取两种态度：首先，在道德方面，大家都应有谦虚的美德，每人都必须持有自己的看法，不一定是对的态度；其次，在心理方面，每人都应有开阔的胸襟与兼容并蓄的雅量，来宽容与自己不同甚至相反的意见。换句话说，采取了这两种态度以后，你会容忍我的意见，我也会容忍你的意

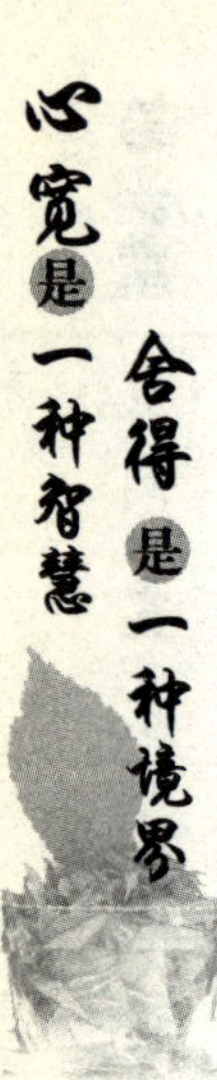

见，这样大家便都享有自由了。”

心宽犹如冬日正午的阳光，去融化别人心田的冰雪而变成潺潺细流。一个不懂得对自己宽容的人，会因生命的弦绷得太紧而伤痕累累，抑或断裂；一个不懂得宽容别人的人，会显得愚蠢，大概也会容易苍老。

我们生活在一个越来越计较功利的环境里，但倘若太吝惜自己的私利而不肯为别人让一步路，这样的人最终会无路可走；倘若一再地求全责备而不肯宽容别人的一点瑕疵，这样的人最终宛如凌空去冲破云霄的山顶，会因缺氧而窒息；倘若一味地逞强好胜而不肯接受别人的一丝见解，这样的人最终会陷入世俗的河流中而无法向前。

曾有人把人类比喻为“会思想的芦苇”，因为弱小易变，因而情绪的波动随时都在改变对事物的正确理解。人非圣贤，即便就是圣贤也有一失之时，我们何不能宽容自己和别人的失误？

心宽并不意味对恶人横行的迁就和退让，也非对自私自利的鼓励和纵容。谁都可能遇到无可避免的失误，情势所迫的无奈，考虑欠妥的差错，所谓宽容就是以善意去宽待有着各种缺点的人们。因其宽广而容纳了狭隘，因其宽广显得大度而感人。

在日常生活中，当自己的利益和别人的利益发生冲突，友谊和利益不可兼得时，我们首先要考虑的是舍利取义，宁愿自己吃一点儿亏。郑板桥曾说过：“吃亏是福。”这决不等同于阿 Q 式的精神自慰，而是一生阅历的高度概括和总结。

清朝时，有两家邻居因一道墙的归属问题发生争执，欲打官司，其中一家求助于在京为大官的亲属张廷玉帮忙。张廷玉没有出面干涉这件事，只是给家里写了一封信，力劝家人放弃争执，信中有这样几句话：“千里求书为道墙，让他三尺又何妨？万里长城今犹在，谁见当年秦始皇。”家人听从了他的话，邻居也觉得很不好意思，两家终于握手言欢，反而由你死

我活的争执变成了真心实意的谦让。

《菜根谭》中讲：“路径窄处留一步，与人行；滋味浓的减三分，让人食。此是涉世一极乐法。”可谓深得处世的奥妙。

容人之道，心宽锤炼沉稳的气度

在人的一生中，总会遇到一些形形色色的人，或宽容大度、愤世嫉俗、冷静沉着，或善解人意、知书达理。

荀子曾经说：“君子贤而能容罢，知而能容愚，博而能容浅，粹而能容杂”。

另外，法国著名作家雨果说过：“世界上最大的是海洋，比海洋更大的是天空，比天空更广阔的是人的胸怀”。

的确，心宽是一种博大的胸怀，是一种崇高的美德。尊重别人就是尊重自己，宽容别人，才会给自己带来广阔的天空。

当然，要做到宽容并不是一件容易的事情，需要有广阔的胸襟。当你的勇敢被视作鲁莽，当你的真诚被视作幼稚，当你的灵活被视作滑头，当你的慎重被视作保守，当你的赞美被视作讽刺，当你的让步被视作软弱，你该怎么办？是选择凄凄惨惨地躲起来哭，还是选择喋喋不休地为自己申辨？无论选择哪种，都只能成为人们茶余饭后的笑料。如果羞羞答答地按照别人的看法来改变自己的话，更会使自己失去自信。只

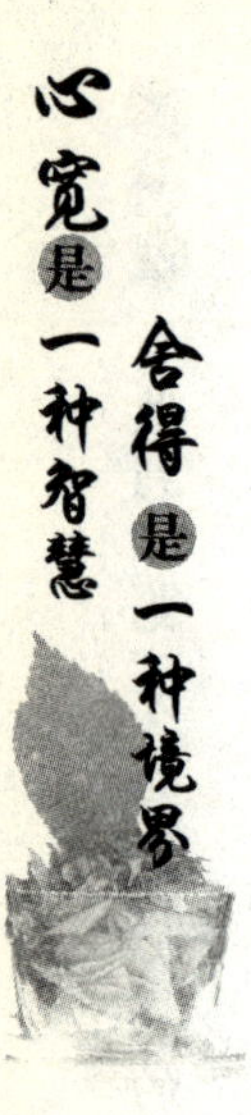

有学会宽容来容纳不同的意见，让风和雨交织在一起，才能看到美丽的彩虹；只有把赞美和批评留在心底，才能够塑造完整的自我，保持自己良好的品性；只有将爱和恨缠绕在一起，才懂得真情的可贵。

曾几何时，我们有过迷惘，有过困顿，甚至是无助。面对时光的飞逝，面对世事的纷纭，面对壮志的难酬，思绪万千，“实迷涂其未远，觉今是而昨非”，问天地之苍茫，叹人世之多变。然而，人生亦就是在这入世与出世中徘徊，在理想与现实中辗转，在有缘与无缘间飘泊。其实人活着是因为精神的富足才具有生命，逝去了之后，灵魂的永驻才能延续生命。

宽容为怀是解决问题的最好途径。待到你的慎重一再避免了失误，你的灵活使人们化险为夷、转危为安，你的勇敢战胜了一个个困难，你的真情融化了别人心头的坚冰，你的赞美得到了公众一致认可，人们便会更加理解你、信任你。

有人说，宽容是一种修养，是一种处变不惊的气度。生活中，经常会发生一些预料之外的情况，宽容便是一种大祸临头面不改容的潇洒。

宽容别人，首先要学会宽容自己。我们得不到别人的理解其实并不可怕，可怕的是我们对自己失去了信心。船不理解岸，总要离去，但岸总是等待着，永远张开宽大的臂膀；高山不理解流泉，设置了许多路障，泉水却永不停歇，绕过顽石，跳下断崖，变成了飞瀑，变成了大江大河，奔向浩瀚的大海；太阳不理解月亮，不喜欢她惨白的光，月亮却永远追随着太阳，当太阳落山后，她却用淡淡的柔光照亮整个黑夜，毕竟这个世界是靠“爱”而繁衍生存的！

宽容是一种承受。高山因为承受着土石树木，所以才变得雄伟；大海正是容纳了百川，所以方显得辽阔。还记得如来佛像两边的对联吗？“大肚能容，容天下所难容之事；开口一笑，笑天下所有可笑之人”。

人生苦短，不过是短短几十年，因此做人更应涵养自我、达观面世。要善待每一位有缘在人生路上的真挚朋友！在生活中应用你真挚的情感、宽容的处世方式来诠释你的爱。一个真正超越红尘琐碎的开悟者，第一要达成的境界就是停止抱怨。面对一切的误解、攻击、诋毁、赞誉、过奖，开悟者都能做到以开放的心坦然承受。古人道“无云生岭上，有月落波心”，那就叫“不畏红尘遮望眼，月轮穿沼水无痕”。

生活，要有追求永支撑；人生，要有激情常相伴。人生是一个生存的过程，人生是一个不以生为始，不以死为终的过程。让我们多一些宽容，多一份爱心与开心，多一片辽阔的天空，多一片灿烂的阳光，用仁慈的心宽人之本，容人之道吧！

失意是人生必然，权且把心放宽

俗话说：“人生不如意事十有八九。”如此人生岂不让人伤心透了？否。有句话叫“好事多磨”。我们应该有这个信念：失意是一种磨炼的过程，心即使在冰冻三尺之下也不会凉的。有瑞雪兆丰年之说，雪愈大，年愈丰。

不论生活如何磨人，如何将你压缩在一个四方的小盒子里，思维的空间都是不受限制的，心灵的视野没有藩篱，无比宽广，任你驰骋，来去自如，生命的迷人之处就在这里！

站得高，你就看得远。酸甜苦辣咸，五种味道，各有所好；喜怒哀乐悲恐惊，七种情感，品之不尽；红橙黄绿青蓝紫，七彩人生，各色不同。没有一帆风顺的人生，如果一生无挫折，未免太单调、太无趣、太乏味。没有失败的尴尬和忍辱，哪来成功的喜悦？也许你就是忍受不了人世间的冷暖和失败的打击，抱头哀叹，早已说过“不如意事常八

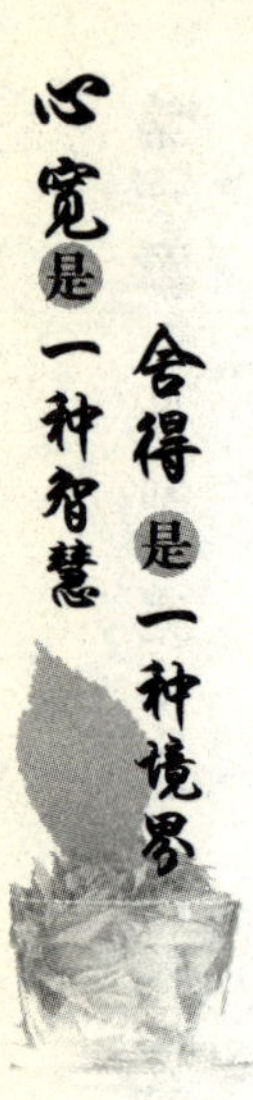

九”，你自己还会遇到，那就当它是横亘于面前的一块石头吧。摆正它，蹬上去！也许视野会更开阔，心胸会更豁达！

人心都是为善的，常常把宽容给了陌路，把温柔给了爱人，却忘了留一点给自己。有一句话叫“没什么”，对别人总要说许多“没什么”，或出于故作潇洒，或出于礼貌，或是真不在意，或出于善良，或出于无可奈何，或是别有用心，但不管出于什么目的，谁让生活有那么多不尽人意之处？如果你要劝解自己，也要学着这么说。缺少阳光的日子很忧郁，你要学会说“没什么”，失去朋友的生活很寂寞，你要学会说“没什么”。自己已经很累了，需要一种真诚的谅解，那就对你自己、对自己疲惫的心灵说句“没什么”。这么说并不是决意忘怀所有的遗憾，只是拒绝沉溺；不是要让你放纵所有的过错，只是渴求自拔。只有自己劝慰自己才管用。

人都有同情心，见别人伤心，除了敌人和仇家，自己也不会快乐，总要上前劝一劝。劝告是出于善心，言语也很有哲理，然而听的人未必都能听得进去，听进去了也未必照此行事，因为剧痛使人麻木。有位女作家说：“我不劝任何人任何事。解铃还需系铃人，自己心里的疙瘩，只有自己亲自动手方可解开，朋友的话、善良人的话都只是催化剂，自己才是起决定作用的因素。”

总之，人生偶有失意在所难免，一向得意容易让人忘形；为失败哀怨，对现实不满也是无用之举，一切当以心宽化解之。失意在所难免，权且把心放宽。

心宽如海，自己把心拉宽

我们常常会听到一些安慰和鼓励的话，比如“想开点”、“调整好心态”。仔细听听这些话里都含有“心”字，心情、心态这些都与心有关。

为什么有些人老是为一些芝麻点儿的小事抱怨命运不公，常常闷闷不乐，甚至看轻自己的生命，而有些人却可以在苦难、煎熬中坚强、快乐地活着？为什么有些人一遇到微不足道的小挫折就感觉天要塌下来似的，而有些人即便常常经受苦难、打击、变故却能泰然置之？那是因为有些人的心仅仅是一只小小的杯子，而有些人的心却像大海那样宽广！

心是个无形的容器，可以只装一滴水，也可以容纳无边无际的大海，正如小肚鸡肠与海量的差异。海量的人不一定都能成为大气候，但小肚鸡肠的人注定成不了大气候。历史上的“宰相肚里能撑船”、“大人不计小人过”，都源自心宽如海的人生哲学。

一个年轻人总被烦恼所困，整日闷闷不乐，抱怨生活不公。一日，他向佛求教快乐之道。佛微笑着让年轻人将桌上的杯子倒满白开水，然后再加一勺盐于杯中，问他味道如何，年轻人一尝，大呼：“好咸！”佛又微笑着问：“如果你把这一勺盐放到大海里，那会怎么样？”年轻人毫不犹豫地说：“别说一勺盐，就是一大堆盐放进去也不会咸。”佛说：“假如你的心是一片海，还会为烦恼所困吗？”

这个哲理故事寓意深刻，它让我们再次领悟了一个最简单却最实用的道理：心宽如海。

并不是每个人都能理解心宽如海的蕴义，而能够真正做到心宽如海的人少之甚少，佛之所以成为佛，总有超人之处，比如，佛能让人在一杯水中明白心宽如海的道理。其实凡人一样可以心宽如海，比如我们自己。

人性的弱点决定了很多悲剧的发生。比如，只有失去某种美好的事物时，才会倍感珍贵；只有生病的时候才会感觉到健康的重要性；赚了十万块钱的时候，会想着为什么没赚到二十万元，而我们为什么不逆向思考一些问题呢？比如，生病的时候，想想幸亏不是绝症；赚了十万块钱的时候，想想自己是多么幸运；困难的时候，想想我们至少还有战胜困难的双手，即便一无所有，也还有坚强如钢的灵魂。

人的成败往往只在一念之间，而念由心生，如果你的心是一只杯子，一勺盐也会让你感到好咸；如果你的心是一片海，成堆的盐也不会让你有咸的感觉。

平和成就智慧之心，映出生命的神圣与崇高

人在喧嚣浮躁中容易急功近利，火气炽盛，如果有了一份淡然，就可了却骄躁的心境，寻觅一个清静幽淡的所在，独享那份安详与平和，心不为世俗所扰，身不为物欲所驱，保持自然的本性，让人格升华，让情感净化，让心田润泽。

支离疏并没有怨恨上天的作弄，反倒感谢上苍独钟于他。

平日里，支离疏乐天知命，舒心顺意，日高尚卧，无拘无束，替人缝洗衣服、簸米筛糠，以此糊口度日。

当君王准备打仗，在国内强行征兵时，青壮汉子如惊弓之鸟，四散逃入山中。而支离疏呢，偏偏耸肩晃脑去看热闹。他这副尊容谁要呢，所以他才那样无拘无束。

当楚王大兴土木，准备建造皇宫而摊派差役时，庶民百姓不堪骚扰，而支离疏却因形体不全而免去了劳役。

每逢寒冬腊月，官府开仓赈贫时，支离疏却欣然前去领到三盅小米和十捆粗柴，仍然不愁吃，不愁穿，一副怡然自得的样子。

一个在形体上支支离离、疏疏散散的人，尚能乐天知命，以自然的

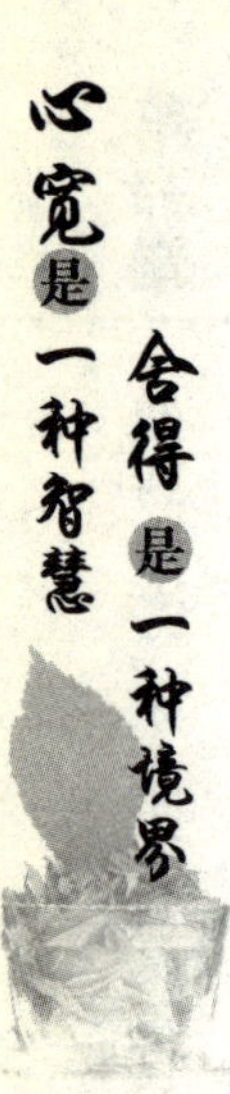

心性安享天年，对于一个四肢发达、头脑健全的人来说，又怎么可能做不到以自然的心性快乐一生呢？

如果你用一颗晶莹剔透的心，一种恬静淡然的心境去欣赏这个世界上的每一处美景，那么在你眼里，整个世界都如你心境一般纯净；反之，如果你有同尘俗之人一样污浊泥泞的心境，那么你就会像厌恶自己一样，对整个世界感到恶心。

当然，淡然并不是让你在现实中碰壁，归隐山林，以梅为妻，以鹤为子，借以躲避现实，躲避世事纷扰。

淡然应是一种淡泊、一种超脱，更是一种平静。平静是一种心态，宁静、澄清、空明，亦如柯灵知先生所言："喧闹如山野之闲花，明静如寒潭之秋水。"

保持心灵的淡然和从容，在平静中酝酿生命的力量，像枯叶一样宁静，得意时淡然，失意时坦然，淡淡地生活，静静地思考，让心境变得广阔。

正是这份淡然的施惠，使你觉得世界的美好，人生的多彩；正是这份淡然，映出了你生命的神圣与崇高，使你觉得天地辽阔与旷达……

人生是漫长的，但在岁月的长河中不过是沧海一粟。生命是一个过程，岁月的长河会把我们带向人生的一个又一个驿站，回眸的刹那，也许会发现许多写错的段落，所以我们品尝到了人生的酸甜苦辣。所有成败得失，有时候就在一念之间，所以我们有时会开心至极，也会惆怅万千。

人可以不伟大，但至少要有一颗一尘不染的心。无论你置身于拥挤的闹市，还是倚靠在海边宁静的礁石之上，只要有宁静的心境，一切外界因素都不再重要，每个人都活在自己的心境里。

月满则亏，水满则溢，这是世之常理。否极泰来，荣辱自古周而复始。因此，大可不必盛喜衰悲、得喜失悲，在大得大失、大盛大衰面前，应保持一份淡然的心境。

宽心的博爱，包容让人生闪闪发光

拥有一颗宽容之心，才是人类最可贵的东西。然而很少有人能够懂得包容的真正含义，更难真正做到包容。要知道，包容是需要时间和行动来实现的，那是一种宽心的博爱。

包容对于一个人来说是尤为重要的。在长期的家庭生活中，它是吸引对方、爱情持续的最终力量，它不是浪漫，甚至也可能不是伟大的成就，而是一个人性格的闪光点。这种闪光点是最吸引人的个性特征，而这种个性特征的底蕴在于一个人怀有的海洋般的包容心。

当然，包容也不是没有界线的。因为包容不是忍让，尽管包容有时需要忍让；包容不是妥协，尽管包容有时需要妥协；包容不是迁就，尽管包容有时需要迁就。

从前有一个侏儒，他是一个落魄的商人，却娶了一个身材比他高许多的女子为妻。

自古以来，落魄的侏儒总是常人看不起和嘲讽的对象，直至今天，这样的事也是屡见不鲜的。每当他从外面受了气回来，都会通过打骂自己老婆的方式来发泄，而他的妻子一直默默地忍受着。有时侏儒要打老婆够不着，就站在椅子上，命令妻子上前接受“家法”的惩处，可妻子还是默默地走近忍受

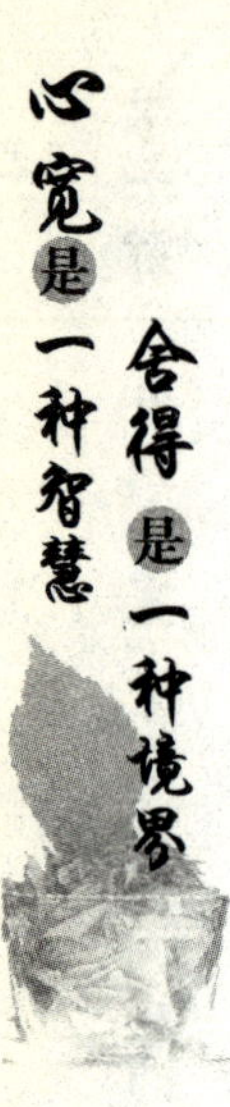

"家法"。侏儒有时打得累了，歇过后，竟然又接着打，可怜的妻子还是在忍受中缄默无语。

邻人看不过去了，私下里对这个可怜的妻子说："你那么大的个子和力气，打他一顿，给他点颜色看看，让他以后不敢再这样了。"

可侏儒的妻子却异常宽容地说："不错，我是可以做到那样，但他在外面一直受气，总是让人看不起，如果我也同外人一样对他睚眦必报，那他还会有活下去的斗志了吗？"

生活需要包容，有了包容，我们的胸怀才能像大海那样辽阔；有了包容，我们的世界才会充满幸福和爱；有了包容，幸福才会离我们更近一点。

章含之的《跨过厚厚的大红门》中有这样一段话：有一次，别人看到乔冠华从一瓶子里倒出各种颜色的药片往口里倒很奇怪，问他吃的是什么药。乔冠华对他说："不知道，含之装的。她给我吃毒药，我也吞！"这是一种爱的表达。

乔冠华是何等人物，他对爱的理解是如此之深。其实每一个深爱着对方的人，都会心甘情愿地为对方献出自己的一切，去悉心地照料、庇护他所爱的人。如果人们不能互相包容，他们又有何幸福可言呢？

包容能体现出一个人良好的修养、高雅的风度。包容是一篇优美的乐章，可以让你心情愉悦；包容是一种看透人生的淡定，是仁慈的表现、超凡脱俗的象征，任何的荣誉、财富、高贵都比不上包容。做个包容的人，你就选择了快乐，你将成为朋友眼中最有风度的人。

心宽孕育着伟大，心宽让生活更美好

一叶心宽，万念俱清。心宽是什么？心宽是理解，心宽是爱，心宽是仁，心宽是世界上最美好的东西。心宽能超越平凡，心宽能超越自我，心宽才能融化每一个人心头的冰霜。

心宽孕育着伟大，伟人的宽容体现在生活中的每一件小事上。一个被宽容的人是幸福的，而一个懂得宽容的人，不仅给予了别人幸福，还带给了自己幸福。

一天早上，发明大王爱迪生和他的助手们终于制作完成了一个电灯泡。那是爱迪生和助手们忙活了一天一夜的成果，每个人都非常高兴。

爱迪生让助手们都回去休息，只留下一个年轻的助手，让他把制作好的这个灯泡拿到楼上另一个实验室去。

这个助手小心翼翼地接过灯泡，慢慢地走上了楼梯，心里非常担心手里这个奇怪的新东西滑落到地上。但是越这样想，心里反而越紧张，他的手就不由自主地打起哆嗦来，在他爬到楼顶的时候，他长舒一口气，而灯泡却落在了地上。这个年轻的助手顿时吓坏了，慌慌张张地跑下楼梯去找爱迪生。

爱迪生并没有因为这位助手的失误而责怪他。几天之后，

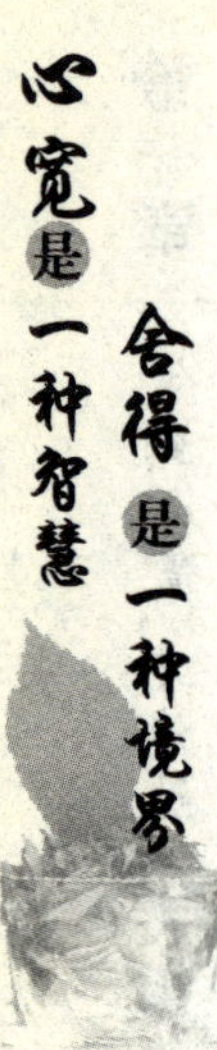

爱迪生和助手们经过努力，终于又制作出来一个电灯泡。

做完之后，自然还得需要一个人把灯泡带到楼上去。爱迪生几乎都没有经过考虑，就把这个刚刚做出来的灯泡交给了先前摔碎灯泡的助手。

这一次，这个助手没有紧张，而是将灯泡完好无损地拿到了楼上。

后来，有人问爱迪生，“你心里原谅他，已经做到了仁至义尽了，为什么还要将灯泡交给他呢？万一他一紧张，又把灯泡摔碎了怎么办？”

爱迪生是这样回答的：“原谅不能光是说说就行了，一定要做。”

在生活中，心宽是一种美德，是一种修养，是一种沟通。只有心宽，生活中才会多一些宽容，多一份美丽。

清朝的李绂作过一篇《无怒轩记》，他说：“吾年逾四十，无涵养性情之学，无变化气质之功。因怒得过，旋悔旋犯，惧终于忿戾而已，因以‘无怒’名轩。”李绂“无怒”，我们“宽容”如何？

心宽不是退让，心宽是为了和谐和平衡。心宽不是懦弱，是我们在用心来净化世界，投之以木桃，报之以琼瑶。心宽像播种在泥土中的种子，它会长出嫩绿的春芽；心宽像一支插在水中的柳枝，她会在平淡中绽出新绿。

玛丽在一家公司任职营业部的经理。有一个员工总是没事找事给她制造一些麻烦，玛丽为此感到非常烦恼。玛丽不喜欢这个员工的工作态度，决定找这个员工谈谈。为了避免在大庭广众之下发生争执，玛丽决定在家里给这个员工打电话。“是否该解雇她呢？”玛丽翻着手中的雇员卡，陷入了沉思。

玛丽想起了多年前的一桩往事。

那时，玛丽做着一份全日制的工作，目的就是为了帮助丈夫迈克顺利完成学业。终于，玛丽等到了丈夫毕业的日子，玛丽和迈克的父母从美国南部赶来参加迈克的毕业典礼。玛丽早就为那天做了很多设想，毕业典礼之后，和丈夫一起去吃冰激凌，在镇上悠闲地漫步。

玛丽兴高采烈地走进她工作的那家书店，对老板说："我希望能够在感恩节后的那个星期六休假，迈克要毕业了。"

但是，老板的回答让玛丽感到了绝望。老板说："对不起，玛丽，你不能休假。感恩节那段时间将是我们书店最忙碌的一段时间，我们需要你在这儿。"

玛丽简直不敢相信自己亲耳听到老板这样说，玛丽为老板的不通情理感到生气。但是，玛丽依然沉住气，辩解道："但是，我和迈克等这一天，已经足足等了五年了。"

"当然，那天我不会给你安排工作的。"老板说。

玛丽急了，大声说："我根本就不能来，我是不会来的。"玛丽说完跑了出去。

以后的一段日子，玛丽和老板发生了冷战，老板问玛丽话的时候，玛丽总是三言两语，表情十分冷漠。

玛丽和老板的关系越来越紧张，尽管老板看起来依然是那么热情，对玛丽总是笑脸相迎。玛丽也知道老板的心里也是非常不舒服，但是，玛丽铁了心一定要请一天假。

玛丽和老板就这样持续了几周的冷战。临近感恩节的时候，老板主动约玛丽谈谈。玛丽知道自己得罪了老板，很有可能会遭到解雇，她盯着自己的脚，不敢抬头看老板，她告诉自己一定要坚强地承受失业的痛苦。

但是，老板的话却让玛丽感到无地自容，"玛丽，我不想在我们之间闹什么不愉快，我不想看到你的怒气和不快"老板平静地说，"那天，我给你放一天假"。

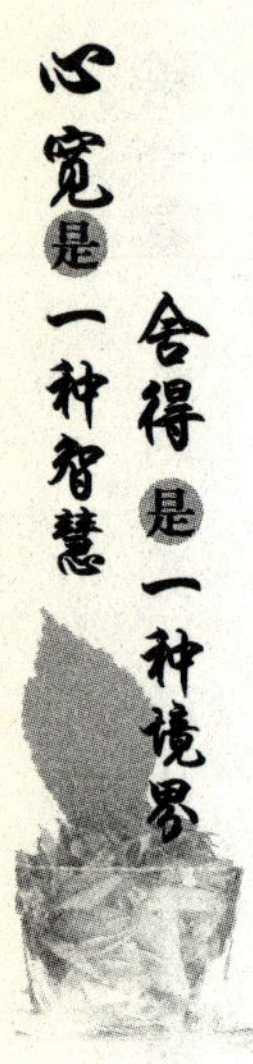

玛丽一时间愣在那里，她不知道该对老板说什么。玛丽为自己的狭隘、孩子气感到惭愧，为老板的谦卑和宽容感到无地自容。

“谢谢你，老板。”玛丽终于挤出来一句话。

这件事这些年来一直藏在玛丽的心底，现在这件事又浮现在玛丽的脑海中。玛丽为自己考虑辞退雇员的想法感到惭愧，因为她想起了当年老板对自己的友善和宽容。于是，她决定将这种宽容、这种友善传递下去。

玛丽拿出了那位员工的雇员卡，拨了她的电话，在电话里，玛丽向那位员工表示道歉。在玛丽挂电话的时候，两个人的关系已经是和好如初了。

上帝把人们在生活中学到的东西藏在了人们心灵的深处，在需要的时候它们就会浮现出来。玛丽的故事让我们明白，宽容别人比坚持“正确”更重要，更值得尊敬。

总之，有了心宽，世界才会更和谐，生活才会更幸福。有了心宽，世界多了一份美好，多了一份爱。宽容别人，就是成全自己的幸福。心宽就像久旱之后的甘霖滋润着大地，它赐福于宽容的人，也赐福于被宽容的人。有了宽容，你的生活会少很多烦恼，多一些幸福；有了心宽，你周围的世界才会更美丽！

第二章

心宽是一眼流出快乐的源泉

心是快乐之根。人生有限，应该善加利用。人要活得快乐、充实，不需要改变这个世界。世界已经够美了，需要改变的是自己。

世界本来就不“完美”，我们不快乐的程度取决于现实跟它们“应该是”的样子之间有多大的距离。如果我们对凡事不苛求完美，快乐这档子事就简单得多了。我们只需要决定自己比较喜欢的事物朝哪个方向发展，即使不能如愿，我们还是可以快乐的。

生活中要有包容心和豁达感

生命是从生到死的一个过程。在这个过程中，我们应该细心地去品味生活，发现生活中的幸福与美好。只有用心去观察，用生命去感受，这样的人生才会拥有最美好的生活，才能体会到生活带给我们的每一分感动。

生活的真谛不是轰轰烈烈，那只是对少数人生命的诠释。我们的生活是真实的，也是平凡的，平凡的生活中存在着很多平凡的感动。用心去体验生命的历程，让感动贯穿于我们的一生，这样的生命过程才能拥有真正的生活。

生活中，我们经常会听到周围人抱怨生活很郁闷，抑或是活得很疲累，繁忙的都市生活给大多数现代人带来了太多的压力，快节奏的生活方式使他们忙于奔波。其实生活中有很多美好的东西值得你细细品味，有时候即使只是一件很小的事情，也可能给你带来快乐，关键是要用心感受生活。只要用心去感受生活，你会发现原来生活中还有这么多令人快乐的事情。

生活就是这样，需要我们用心来感受它一点一滴的美好。其实幸福是无形无状的，但又是无处不在的，最重要的是你如何去发现它的存在。懂得享受生活乐趣的人，他们从哪怕是一点点的小事中都能获得快乐。也许是因为他们拥有一颗善良的心，乐于帮助别人并因此而获得快乐，助人为乐；也许是因为他们拥有一颗感恩的心，感谢生活带给他们

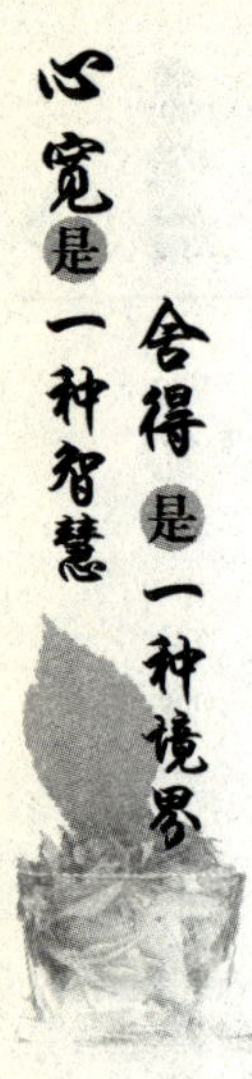

的一切，知足常乐；也许是因为他们拥有一颗细腻的心，善于发现生活的美好，自得其乐。

> 一名农夫在偏远的农村呆了一辈子，从来没有离开过那片土地。当一位记者去采访他，问到他一辈子都住在这种恶劣的环境中，是否感到遗憾时，他回答说："没有遗憾，我每天都感觉到很快乐！"

生活要用心灵去感受，更要用包容、豁达的心情看待生活，即使我们处于生命的低谷，也会觉察到人生的美好与幸福。

生活中的一切，不论是苦难还是幸福，不论是烦恼还是快乐，都有其存在的理由，我们都无法回避，无法挑选。有句话说："有时候命运让我们不能选择，但是我们可以选择的是人生的态度，不向命运屈服。"用心对待，只有这样，我们才能真正体会到人生的美好。

有人就幸福和痛苦说过这样一番话："什么是幸福？幸福是一种感觉，自己感到幸福就会很幸福；什么是痛苦？痛苦就是有空闲的时间去琢磨自己是不是幸福"。如果总是倾心忙于工作，并把此作为一种享受，你就会感到很知足，就没有时间去想东想西，烦恼自然也会少了许多。"工作并快乐着"的感觉估计很多人都有，也许刚开始工作的时候不习惯，总感觉有好多事情要做，一天下来累得身子像垮了一样。但当你在工作上取得了成就的时候，就会感到欣慰，这种欣慰是发自内心的，让你深切地感觉到工作带给你的意义。

享受生活，就要努力工作，专心做事，就要像狮子扑兔子，要全力以赴，更要像小鸟筑巢时的那般细心和负责。用心做事的人像是从事一门艺术，他们能看到生活中最美好的风景。

工作是美丽的，工作是快乐的。19 世纪英国哲学家克雷尔说："在工作本身找到乐趣的人有福了，因为他不必再求其他的福祉了。"

有时候我们总感觉工作是多么的枯燥，多么的乏味，只做了稍许就很疲惫，总是埋怨工作的好坏，从而阻碍了成功的步伐。如果你工作之余敞开心扉，多思考工作上的一些乐趣，给工作注入生命，你将会轻松自如。

一个人对工作所具有的心态，就是他人生的部分表现，一生的职业就是他志向的表示、理想的所在。如果一个人只是为了薪水去工作，那就表明他不是忠于生活的。工作是我们生活中的一部分，我们要在工作中享受生活的乐趣。

世界上不存在永远让你高效的工作，任何的工作最终都会归于一种平淡，就像生活带给我们的感觉一样。你要想做好并享受你的工作，就必须接受这种平淡，从这种平淡中享受它带给你的乐趣。

人活着必须要工作，只有工作才能为社会创造财富；只有工作才能获取谋生手段；只有在工作中，人才能磨练自己，发展自己。但工作不是生活的全部，生活不是为了工作，而工作是为了生活。如果仅为工作而生活，那我们人类就成了异化的对象。正确的人生态度应该是：工作时工作，生活时生活，要以享受生活而非拼命工作作为人生的目标。

有张有弛，像音乐一样有节奏感，才会让工作变成悦心的事情，完成后才会有成就感。工作总是无止境的，调整自己的心态很重要，不要把工作当成自己惟一的生活重心，否则心很快就会疲惫，兴趣很快就会消失，如果想到工作后还有上网、听歌、聚会、聊侃，多姿多彩，你会充满希望，轻松应对。在这种放松的状态中，你也许会思路大开。

放慢脚步，在紧张中找些悠闲，保护好自己的身心健康，这才是最重要的。

因此，无论你平时工作多忙，都不要把自己逼得太紧，不要活得太累，要有张有弛，这样生活工作才相得益彰。

愿意的人命运领着走，不愿意的人命运拖着走，智者与命运会是结伴而行。别把生活和工作当做沉重的负担，如果你仔细聆听，上面布满了幸福的音符。

用心感受生活，就会多一份享受，少一份抱怨；多一些快乐，少一些烦恼；多一些成功，少一些失败。

生活赋予我们每个人同样的精彩

生活永远是豁达的，它对每个人都是公平的。也许你是一个有缺点的人，然而你却依然可以享受完美的生活。

生活对每个人都赋予了同样美丽的意义和无穷的快乐，只要你认真地去体会和感受，哪怕你是一个有缺陷的人，也同样会拥有完美的生活。

麦克诞生时双目失明，医生说："他患的是双眼先天性白内障。"他的父亲不甘心说："难道你就束手无策了吗？手术也无济于事了吗？"医生摇摇头："直到现在，我们还没找到治疗这种病的方法。"

麦克虽然无法看见东西，但是他的双亲给予他的爱和信心，使他的生活过得无忧无虑，丰富极了。作为一个小孩，他还不知道自己失去的东西。

然而在他6岁时，发生了他所不能理解的一件事。一天下午，他正在同另一个孩子玩耍，那个孩子忘了麦克是个瞎子，抛了一个球给他："当心！球要击中你了！"这个球确实击中了麦克。此后，在他的一生中再也没有发生过那样的事。

麦克虽没有受伤，但觉得极为迷惑不解。后来他问母亲：

“比尔怎么会在我之前先知道将要发生在我身上的事?”

他的母亲叹了一口气，因为她所担心的事终于发生了，现在有必要第一次告诉她的儿子“你是个瞎子”。

“孩子，坐下。”她很温柔地说道，同时伸过手去抓住他的一只手，“我不可能向你解释清楚，你也不可能理解得清楚，但是让我努力用这种方式来解释这件事。”她同情地把他的一只小手握在手中，开始计算手指头。

“一二三四五，这些手指头代表着人的五种感觉。”她讲道，同时她用大拇指和食指顺次捏着麦克的每个手指。

“这个手指表示听觉，这个手指表示触觉，这个手指表示嗅觉，这个手指表示味觉。”然后她犹豫了一下，又继续说：“这个手指表示视觉，这五种感觉中的每一种都能把信息传送到你的大脑。”她把那表示视觉的手指弯起来按住，使它处在麦克的手心里，慢慢地说道：“你和别的孩子不同。因为你仅仅用了四种感觉，并没有用你的视觉。现在我要给你一样东西，你站起来。”

麦克站起来了，他的母亲拾起他的球。“现在，伸出你的手，就像你将抓住这个球，”她说。麦克抓住了球。

“好，好。”他母亲说，“我要你决不忘记你刚才所做的事，你能用四个而不用五个手指抓住球。如果你能从那里入门并不断努力，你也能用四种感觉代替五种感觉，抓住丰富而幸福的生活。”

麦克绝不会忘记“用四个手指代替五个手指”的信条。这对他来说意味着希望。每当他由于生理的障碍而感到沮丧的时候，他就用这个信条作为自己的座右铭，激励自己。他发觉母亲是对的。如果他能应用他所有的四种感觉，他确实能抓住完美的生活。

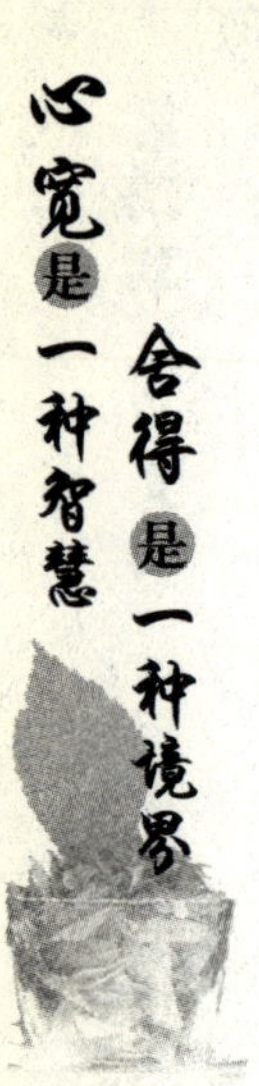

也许在生活中，我们都有这样或那样的缺点、缺陷，然而，只要我们有信心，通过自身不懈的努力，就一定能克服各种障碍，找到生活的意义。完美生活不一定是完美的人才能感受得到的，只要我们不懈地去努力，并用心去体会，就能品尝到生活所赋予我们的酸、甜、苦、辣等各种滋味，将掺和着百味的人生过得有声有色，过得圆满。

看淡人生得失，拓宽生命的宽度

对人生多些更透彻的认识，你就会感到光阴似箭，岁月相催，感到无论做人还是做事，都要有“不待扬鞭自奋蹄”的精神才好，这样就能把“减法”做得好一点，将“现金”用得活一点，使“河流”奔腾得激越一点。虽然我们不能左右生命的长度，却能去拓宽生命的宽度。

文学大师萧伯纳说：“人生是一把由我们暂时拿着的火炬，我们一定要把它燃得十分光明灿烂，然后交给下一代的人们。”市井百姓则说：“人生如同抹桌布，酸甜苦辣都沾过。”文学才女张爱玲说：“人生是一袭美丽的长袍，上面爬满了虱子。”人生是什么？体味深深，答案多多。正因为如此，才形成了多姿多彩、多样多味的人生。

有人说，生命是一趟单行列车，没有回程车票，比喻得形象；有人把人生比做几颗夜晚洒下的露珠，比做经历一春一秋的草木，比得苍凉；有人把人生比做天地之间匆匆的过客，比得精练；有人说，人生苦短，好比白驹过隙，稍纵即逝；有人说，人生好比蜉蝣，朝生即灭。所有这些比喻，似乎有点消极悲观，不太激励人心，但也实实在在，不虚饰，不做作。事实上，人生不在于比而在于做，看破看淡一些也未必不好，尤其是一点功利、一点声名。

人生像一道减法算术题，都说生命有限，但不算不知道。人的一生拥有2万~3万个鲜活的日子，而且还日半世夜半世，活一天就会少一天，功名和财富都随时间的推移做着减法，于是，在某一天，当这两条曲线交叉时，生命的显示屏就出现了零，零乘以任何数都等于零，这就是生命的算术方式，残酷而真实。

正因如此，有人感叹生命是一笔未知的存款，只有人死后，别人才知具体数额；而昨天是作废的支票，明天是未发行的债券，只有今天才是现金。于是，这让人感到重要的是活着，过程主义并非是消极，而是科学的活法。

其实人生更像一条河，河流的源头可视为人的幼年时期，在那里，水流显得十分舒缓和温柔。人渐渐长大了，犹如河中之水，汇集得越多，速度也就越来越急促。这时，前面遇有山石阻挡，水流下泄时便溅起水花和漩涡，形成了激流、湾道、险滩。这就好比青年时期，踏进社会就必须拼搏、奋斗，因此，也必然会碰上许许多多的困难、挫折、痛苦。河水咆哮着穿过险境后，河床越来越宽阔，水流也逐渐平缓舒坦起来。这好比人到中年，事业有成，生活也比较稳定，可以边奋斗边享受人生了。河水再往下流，已经疲惫了，最后它注入大海，在无边的生命之海里回归于本源。

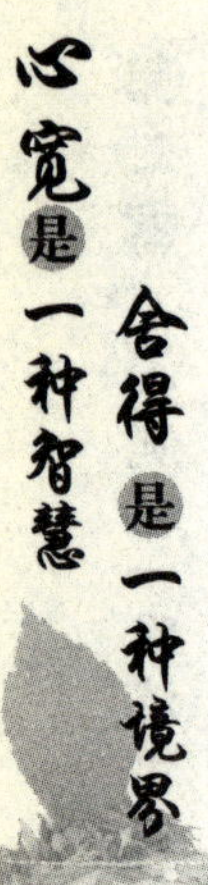

豁达让身心都活在自由之中

“草色人情相与闲，是非名利有无间”我们应当怀有一颗豁达之心，努力做到“不以物喜，不以己悲”，豁达是一种宽大的气度，是一种坦然的心态。

在人生漫漫旅途中，我们会遇到各种各样让我们悲伤痛苦的事情，而在这时拥有一种豁达的心态是至关重要的。豁达的心态能够让人从挫折的阴影中迅速地走出，能够让人坦然去看待人生的失意。豁达是一种智慧，是人生更高的境界。豁达的人，无论得失都能坦然处之。

在一个三伏天，小和尚看到禅院的草地枯黄了一大片很是难看，就跟师父说：“师父，我们在上面撒些草种子吧。”师父回答道：“等到天凉的时候吧！随时吧！”

中秋的时候，师父带回来一袋草种子，叫小和尚撒在院子里。这时刮过一阵秋风，很多种子都被吹飞了，小和尚喊道：“师父，种子被吹跑了。”师父说：“没关系，被吹跑的种子多半都是空的，种下也不会发芽。随性吧！”

种子撒完后，有几只小鸟飞过来啄食。小和尚又喊道：“师父，不好了，种子都被小鸟吃了。”师父接着说道：“没事，种子多，吃不完的。随遇吧！”

等到半夜的时候，下了一场大雨，小和尚早上匆忙跑出去看，跟师父说道："师父，好多种子都被雨水冲走了，怎么办啊?"师父淡然说道："冲到哪里就在哪里发芽吧，随缘吧!"一个星期之后，禅院原本光秃秃的地上长出了很多嫩芽，就连最初没有撒种子的地方也长出了嫩芽，小和尚兴奋地直拍手，师父坦然地说道："随喜啊!"

"随"是顺其自然，把握机缘，不强求，不悲观，不忘然。就像金无赤金一般，生活也不会没有一点缺憾，因此我们不应该去抱怨，更不应该悲观失望，而应当怀有一颗豁达的心，顺其自然。就像人要想获取成功，就应当顺应天时地利，而不应当逆天而行。人生中难免坎坷和无奈，有时磨难是上天给予我们的另一种馈赠，它能磨练我们的意志，让我们变得更加坚强。所以，不要幻想生活中的每一天都会温暖如春。

在失意和受挫之时，让豁达之心引导我们迅速地从悲伤中走出来。风雨过后终究会见彩虹，就像今天的太阳落下去了，明天的太阳依旧会照样升起来；就像秋天的落叶洒满大地，春天又将焕发出勃勃生机。豁达是人生的一种洒脱，是对自己内心的一种解脱，是生活练就的一种成熟。

有一对夫妇结婚十二年后喜得贵子，两人对这个小孩喜爱倍加。小孩三岁的时候，有一天丈夫在上班出门的时候，看到桌上放了一瓶药，那瓶药打开了没有盖上，丈夫急着上班就大声地嘱咐妻子把药收好，妻子在厨房中忙的不行，很快就把丈夫的话给忘了。小孩看到那瓶开着口的药很是新奇，又被药的颜色所吸引，就全吃完了。药的成分很厉害，小孩服用严重过量，等将小孩送到医院的时候，已经回天无术。妻子很伤心，不知道该怎样面对丈夫。丈夫匆忙赶到医院，听到噩耗也非常难过，但他看到伤心的妻子后，说了一句话："I love you，darling."。

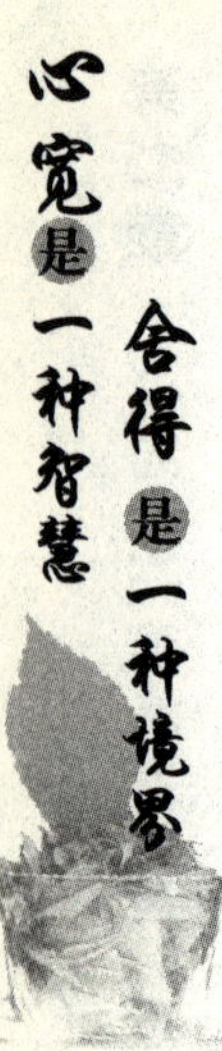

丈夫的这句话中包含着多么大的包容，多么大的人生智慧，需要有怎样的修炼啊！不幸已经发生，面对无力改变的现实，应当怎么去面对，关键在于我们的心态。不要去责怪，也不要去怨天尤人，事情不会因为你的悲愤而有任何改变，而你的怨气只会让自己以后的生活更加痛苦。所以，我们坦然一点，豁达一点，放下过去，勇敢地活下去，让你豁达的心态给未来的生活带来光明，这样你会发现事情并没有你想像中的那么糟。我们应当让自己豁达的心态来改变未来，而不是让外界的事物影响到自己的心情。

普希金说过："阴郁的日子里需要镇定。"当我们处于人生低谷时，不要逃避，不要悲观，豁达一点，坦然接受。豁达的心可以开拓出更广阔的人生天地，豁达是一种超然的境界，是人生的大智慧，就像王维"行至水穷处，坐看云起时"般的超脱。用豁达之心对待人生，你就不会被名所累，不会被利所困，我们便会拥有成熟、纯美、洒脱的人生。

每天给自己的心灵换水，保持清净纯洁

有一位虔诚的佛教信徒，每天都从自家的花园里采撷鲜花到寺院供佛。一天，当她正送花到佛殿时，碰巧遇到无德禅师从法堂出来。无德禅师非常欣喜地说道："你每天都这么虔诚地以香花供佛，依经典的记载，常以香花供佛者，来世当得庄严相貌的福报。"

信徒非常欢喜地回答道："这是应该的，我每次来寺礼佛时，自觉心灵就像洗涤过似的清凉，但回到家中心就烦乱了，作为一个家庭主妇，如何在烦嚣的尘世中保持一颗清净纯洁的心呢？"

无德禅师反问道："你以鲜花供佛，相信你对花草总有一些常识，我现在问你，你如何保持花朵的新鲜呢？"

信徒答道："保持花朵新鲜的方法莫过于每天换水，并且在换水时把花梗剪去一截，因为花梗的一端在水里容易腐烂，腐烂之后水分不易吸收，花朵就会凋谢！"

无德禅师道："保持一颗清净纯洁的心，其道理也是一样，我们的生活环境像瓶里的水，我们就是花，惟有不停净化我们的身心，变化我们的气质，并且不断地修炼、检讨，改进陋习、缺点，才能不断吸收到大自然的食粮。"

信徒听后欢喜作礼，非常感谢地说道："谢谢禅师的指点，希望以后有机会亲近禅师，过一段寺院中禅者的生活，享受晨钟暮鼓，菩提梵唱的宁静。"

无德禅师道："参禅何须山水地，灭却心头火亦凉。你的呼吸便是梵唱，脉搏跳动就是钟鼓，身体便是寺宇，两耳就是菩提，无处不是宁静，又何必等机会到寺院中生活呢？"

人心有如花朵，周围的环境有如花瓶中的水，想要保持一颗清净纯洁的心，你就得每天给自己的心灵"换水"，并剪除心灵的"花梗"。

人活在世上会遇到各种各样的事情，或喜或悲，或忧或乐，不管你的际遇如何，也不管你成功与否，都不要把希望寄托在将来，而要在现在努力地争取机会，积极地创造条件，这样才能不断地向目标靠近。采取积极的态度，每天给自己的心灵换水，及时地剪除腐蚀人生的花梗，生活就会时时是宁静，人生就会处处是成功。

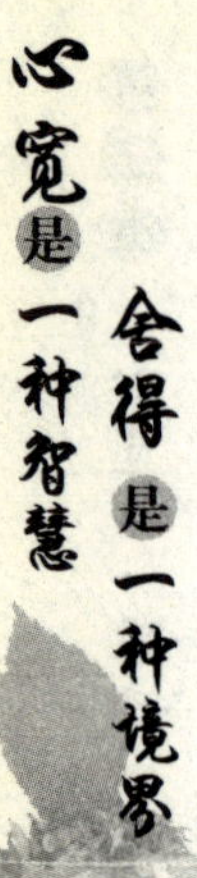

营造宽松的心境，舒缓生活压力

当今社会的竞争日益激烈，面对众多和自己一样在努力工作的人，想要脱颖而出的你或许要付出更多的努力与汗水，但付出不是要你没日没夜地工作、奔劳。工作要有张有弛，工作要顺其自然，工作中要懂得享受生活。

小李是一家知名企业的区域销售经理，他做事特别认真，性子还比较急，什么事情都想立刻就完成，为此常常饭不吃，茶不喝，连上厕所的时间就好像要了他的命一样。在他的价值观里，时间就是金钱，但是一天天过去了，他发现自己再怎么努力，永远都有做不完的事。

这让他受到了打击，他觉得自己什么都做不好。就这样，他一边痛苦地自责，一边糊里糊涂地工作，一个月下来，他所负责的区域销售业绩直线下滑，面对自己的努力换来的却是这个结果，他有些招架不住了，觉得活着真累。

他不知道自己到底什么地方出错了，别人工作的时候他在工作，别人不工作时他还在工作，别人吃饭需要两个小时，他吃饭 10 分钟搞定，他把自己的时间与生命都奉献给了工作，但是他却没有得到任何一句夸赞，也没有得到自己想要的

结果。

有一天，他为了工作跑到小区里开始一家一户进行推销，却被人骂了一通，看着自己劳累了半天一无所获，他有些悲观，有些失望。想想自己以前干什么都那么认真，上学的时候为争第一名得了贫血症，没有考上一个好的大学，现在又为了工作弄得自己身心疲惫，欲死不能。

他不知道自己错在哪里，他受了那么多苦，到最后什么也没有得到，他不知道自己活着还有什么意思。于是他决定晚上在一个清静的小公园里了却自己的生命，解脱一生的无助。想到这，他认为："反正自己快要死了，为什么不做一次自己想做的事情呢?"

他想来想去，脑子除了工作，好像没有任何愿望了。为了工作他没有娶妻，为了工作他没有朋友，为了工作他没有参加过一次业余活动与生活娱乐，为了工作他把自己喜欢的事通通抛弃了。

为此他决定给自己一些时间玩个痛快，交遍天下的朋友知己，学习自己一心想学的篮球、足球等，不去想那些让他头疼的工作、事业，不去想所有人都在追求的功名利禄。一年之后，他恢复了生气，恢复了自信，恢复了健康与笑容，他再也不想寻死觅活的事了。

我们在努力工作的时候，不要忘了给自己放一个假，不要为了一个目标把自己的一切都抛弃掉，那样的话，到最后你什么都得不到。你要知道自己拼命努力是为了什么，不要在奋斗的过程中迷失方向，不要总把自己置于极度紧张的状态中。试着放下压力，宽松心情，你就会迎接快乐的到来。

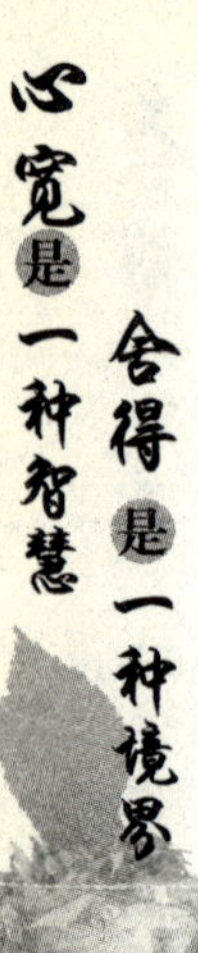

快乐没有排场，坦然面对生活

国学经典著作《菜根谭》一书中有一幅对联：“宠辱不惊，闲看庭前花开花落；去留无意，漫随天外云卷云舒”。意思是为人做事能把荣辱得失看得如花开花落般平常，才能不惊奇；能把职位的升迁、去留看得如云卷云舒般变幻，才能不在意。一幅对联，寥寥数语，却深刻道出了对事对物、对名对利所应抱有的态度：得之不喜、失之不忧、宠辱不惊、去留无意。社会上那些争名逐利的人，他们十分看重宠辱得失，甚至忘记了自身的安全。当然，宠辱不惊说起来容易，做起来却还是有困难的。名利是大家都想得到的，又怎能不忧不惧、不喜不悲呢？这就是大多数人都觉得自己活得不开心、活得很累的原因。

问题的关键还是以什么心态来对待与处理荣辱得失。红尘中的我们难免世俗，花花绿绿的世界让我们深陷其中，一个个起因都有着不达目的誓不罢休的决心。受宠时，金钱、美色、鲜花纷至沓来，岂不乐哉？而受辱时，当然就忿忿不平、怏怏不快了！因此，有多少名利事，就有多少辛酸情；有多少名利客，就有多少辛酸人。若是心中没有过多的欲望，又怎么会患得患失呢？明白自己要走的路，又怎么会在乎别人对你的看法。只要自己努力过，做着自己喜欢做的事，是成是败又算得了什么呢？

唐太宗时期，有个负责运粮的官员一时疏忽，运粮船遇到大风沉没了。到年终考核时，因为运粮船沉没一事，主管考核的官员卢承庆给这位运粮官评了个“中下级”。那个督运听后神情自若，没有为自己辩解一句就要退下。后来卢承庆综合考虑各种因素，转念一想，沉船失粮是突遇不可抗拒的大风浪所致，完全归罪于个人有失公允，则又将运粮官的考核级别改成了“中中级”，谁知运粮官还是既无感谢客套之言，又无激动欣喜之色。评定等级事关仕途升迁，因此，一般的官员对此都非常紧张。卢承庆被此人的气度所感动，夸奖道：“真是宠辱不惊，难得难得”，又将他的级别改成了“中上级”。

雨雪风霜是自然界常有的现象，人生道路上的逆境也是常有的事。很多人在遭遇了打击后，就怨自己命不好，怨老天爷对自己不公平，要不就是骂别人对不起自己等等，实际上，他真应该先找找自己的原因。保持一颗平常心，才可以像这位运粮官一样失之不忧，得之不喜。因此，当我们摔一跤的时候，请不要抱怨，应该庆幸自己没有摔伤。用乐观的心去对待每一件事，你就会发现生活是那么的美好。

生活中不存在旁观者，每个人都有属于自己的一个位置，每个人也都能找到一种属于自己的精彩。在人的一生中，许多的成败与得失并不是我们所能预料到的，很多的事情也并不是我们都能够承担得起的，还有一些人更是我们捉摸不透的。当我们必须去面对的时候，我们要做的是奉上我们的真心。只要我们努力去做，求得一份付出后的坦然，得到的其实也是一份快乐！假如生活给我们的是一次又一次的挫折，带给我们一次又一次的失败，这也没什么，因为生活并没有夺走我们活着的快乐和自由的权利。

人不可能永远都是主角，能经历主角的辉煌，也能承受配角的寂寞，要永远微笑着坦然面对一切。学会微笑很简单，因为笑是人类的一种本能，是人类内心情感的外在流露。成功时开怀一笑，与别人分享心中的喜悦；失败时淡然一笑，将失意化为梦的云彩；与人相遇时善意一笑，缩短彼此之间的距离。微笑是一种气质，更是一种境界，是得意时的淡然，失意时的坦然，是宠辱不惊、看庭前花开花落的豁达与沉稳。它具有乐观和轻松的风度，给你无穷的力量去战胜困难，甚至改变命运，努力去实现人生理想。坦然的人并非没有眼泪，只不过他把眼泪变成了微笑。总之，无论身处逆境还是顺境，我们都要始终微笑着，坦然地面对生活。

幸福是个朦胧的东西，看不见，摸不着，却又是很实在的，可以感受到。当孩子获得某种幸福的感受时，要让他们大声地说出这种美好的感受，珍惜眼前的幸福。

有一位诗人年轻、英俊，有才华且富有，妻子貌美而温柔，但他却认为自己过得不快活，很不幸福。

有位善良而热心的天使看到他，问："你不快乐吗？我能帮你吗？"

诗人对天使说："我什么都有，只欠一样东西，你能够给我吗？"

天使回答说："可以。你要什么，我都能满足你。"

诗人直直地看着天使说，"我要的是幸福。"

这下子把天使难倒了，天使想了想，说："我明白了。"然后天使把诗人所拥有的都拿走了。

天使拿走了诗人的才华，毁去了他的容貌，夺去了他的财产和他妻子的性命。天使做完这些事便扬长而去。

一个月后，天使再回到诗人身边，看到诗人饿得半死，衣衫褴褛地躺在地上挣扎。于是，天使又把他的一切还给了他，然后就离去了。

半个月后，天使再去看那位诗人。这次，诗人搂着妻子不住地向天使道谢，因为他得到了幸福。

故事中的诗人在失而复得后，才知道曾经拥有的便是幸福。可现实生活中，一旦失去就很难，甚至不可能再回到从前。那么，我们为何不在拥有时就好好珍惜呢？

孤寂、璀璨，快乐、悲伤，本就是形容词，所有的形容词都是有比较的。没尝过孤寂的人，怎知何谓璀璨的人生呢？没有痛过，又怎知幸福是何感觉呢？人很奇怪，每每到失去时才懂得珍惜。其实，幸福就在你身边。

比如：肚子饿坏的时候，有一碗热腾腾的面条放在你的眼前，是幸福；劳累了一天，回家扑在软软的床上，也是幸福；痛哭的时候，有人温柔地递上一张纸巾，更是幸福……

学会发现幸福，学会珍惜幸福，幸福就会永远环绕在你身边，就如生活中的阳光、空气和水。

生活中，要以平常心态去看待我们人生中一切的不如意，因为人生最重要的是生命延续的过程，而不是人生终点结果，走好我们该走的每一步，即使走得很艰难，但只要坚持下来了，你就是幸福和快乐的。

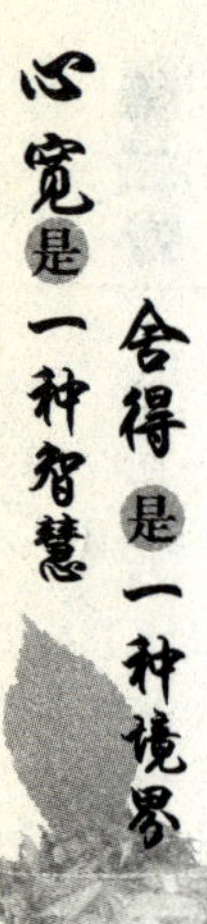

拥有豁达胸襟，远离烦恼和痛苦

君子无烦恼，因为宽容无私；正人少烦恼，因为豁达律己；庸人烦恼多，是狭隘自私所至；小人尽烦恼，乃奸诈惟我的必然！生活并非都是铺满阳光的大道，也有布满荆棘的小路。豁达大度、遇事泰然自若的人，顺境时，他能抓住机遇，扬起生命的风帆；逆境时，他不灰心、不气馁，能透过苦难的雾嶂，窥见胜利的曙光。

生活中值得仇恨、悲伤、气愤、后悔的事情实在是太多了。如果我们经常为这些事情所累，对这些不如意的事情总是斤斤计较，势必使自己伤心、劳神；如果你整天把这些事情看得很重，那么生活中你就会多一个仇人，多一份失落，你就会永远不能摆脱烦恼。其实，生活中有些事情是需要忘记的，学会忘记就等于远离了烦恼。

美国玫琳凯化妆品公司的创始人兼董事长玫琳凯，是化妆品业的巨头，她以自己的智慧缔造了世界化妆界的神话。玫琳凯化妆品公司成立时仅有 9 个人，如今已发展成为拥有 75 万名员工的商业集团，公司年销售额达 25 亿美元。很显然，玫琳凯能够取得如此大的成功，是值得我们学习的。

其实，玫琳凯之所以成功，这与她从小养成的豁达性格有很大的关系。在她很小的时候，父亲因病住院，母亲为了照顾全家人的生活，从早到晚在外打工赚钱。玫琳凯7岁那年，便担当起重病中的爸爸的厨师与护士工作。当时，个子矮小的她站在椅子上给爸爸做饭，做饭时，她要打20多个电话给妈妈。在电话里，妈妈一直用话语激励着她："宝贝，妈妈知道你能做好，一定能！"正是妈妈这句话，让小小的玫琳凯有了自信，即使饭做得不好，她也不沮丧，而是充满信心地迎接第二次的工作。7岁的玫琳凯正是在做这一切时，使她拥有了豁达的心胸。

然而，命运使者好像有意栽培这个豁达的女孩，在她27岁那年，她的第一任丈夫离家出走，留给她的是三个孩子。没有工作，没有积蓄，没有经济来源的她，面临着重重困难。第二天，这个平凡而又坚强的女性强装笑脸，走上社会去谋生路。几经奔波，她终于找到一份既能照顾家又能干事业的直销工作。在工作当中，她以豁达的心胸对待竞争对手，以坦诚的笑容与顾客交心。不久，她成为年薪2.5万美元的销售强人，并开始一步步地走上公司的领导职位。

在那个时候，她心里开始勾勒创办自己公司的蓝图。在49岁那年，她看到孩子们已经有了一份好的工作后，就退休回家。退休后的玫琳凯筹划起她"梦想中的公司"，而这个公司正是后来享誉全球的"玫琳凯化妆公司"。

玫琳凯生性豁达，与众不同的经历和丰富的工作经验锻炼了她的口才。她曾用热情洋溢、充满激情的讲演激励着她的员工，激励着她的顾客。20世纪90年代的玫琳凯已经是曾祖母了，但她却笑着说："我觉得我才24岁。"在她眼里，豁达的心胸是不会随着年纪的增大而老去。她相信，一个豁达的人是永远年轻而有活力的。

这便是一种豁达的胸襟。豁达是对自身、对外界的透彻理解，万事顺其自然，荣辱不萦于怀。换一种说法，就是提得起、放得下、丢得开。

豁达可以让世界海阔天空，豁达可以让争吵的两个人重归于好，豁达可以让多年的仇敌化干戈为玉帛，豁达可以让兵戎相接的两国和平友好。豁达就是这样的一种大智慧。豁达对平常人来说，更是幸福生活的调节剂，是走向幸福生活的捷径。

有了豁达，我们才能真正地做到拿得起、放得下，才能真正地有徜徉在山水之间自由自在的从容，才有处世不惊的沉稳。豁达是理想与现实的契合点，是一种襟怀气度，是一种心境，更是一笔宝贵的精神财富。或许生活中总会有种种挫折和磨难，但是，只要我们怀着一颗豁达的心胸，相信天地会更宽广，生活会更幸福！

把宽容装进心，远离世事纷争

如今的世界太过喧嚣嘈杂，诱惑与纷争太多，要想做到简单真的不易。但是倘若能够，还是过一种简单的生活比较好。

简单说难也难，说易也易，要想简单，首先得有一颗简单的心。心简单了，世界就简单了；心复杂了，世界也就复杂了，简与繁其实全在一念之间。如果整日忙于争名夺利，盘算着蝇营狗苟，心便混浊昏暗，浮躁不安，又怎么可能活得简单？反之，如果将功名利禄视作身外之物，一切以平常心待之，自然能将复杂的俗事化作简单。

生活其实是可以简单些的。虽然这是个物欲横流的世界，“天下熙熙，皆为利来；天下攘攘，皆为利往”，但还是有那么一些人，躲在自己安静的角落里，不计得失，不问沉浮。想想人生匆匆如白驹过隙，我们终归只是时光长河中的过客，功名与财富都将消散，又有什么值得执着与贪恋？我们心目中的理想生活便是：有一份衣食无忧的工作，闲时读几卷好书，写几行小字，有娇儿承欢于膝下，有真情萦绕于心间，偶尔出门去远方云游，如沙鸥翱翔于天地间。人生至乐，夫复何求？

今生胸无大志，只想做心无城府之人，远离世事纷争，独处心灵一隅，过安静无求的生活，享受简单之中的清欢与真趣。

俗话说：“祸从口出。”纷争是祸的开端，万年平安只因无纷争，激流暗涌祸端只在言语中。面对他人的口误，不必为此大动干戈，笑一笑少一事，退一退平祸端。

有一位卖菜的大娘十分热情，她的菜也十分新鲜，有许多老顾客都来她这里买菜。由于她家的生意好，所以引起了别人的嫉妒与愤恨，邻居时常趁她不在的时候偷她一点菜扔了，或者是当着她的面给她难堪，让她下不了台。

有一次，一个大婶又来她这里买菜，她的邻居就叫卖自己的菜便宜给她，大娘家5角钱，他家算2角，大婶一听他家的便宜，就放下自己手中拿的菜来到了他家，大娘也没有说什么，只是笑了笑。

邻居很得意，随便抓起一些菜就称，可是大婶却不依了：“你称的这些菜都黄了，给我换一换吧！”邻居恼了：“菜这么便宜，还想要我换一换，可能吗？”大婶很生气，觉得这家卖菜的人不地道，明明是自己说的算2角，又没有人让他算2角，她越想越恼，同时又不好意思再往大娘那买菜，于是就离开了。

卖菜的一看大婶不要则十分恼怒：“都给你称过了，你却不要了，难道还要我再放回去不成？”大婶一听急了，这不要

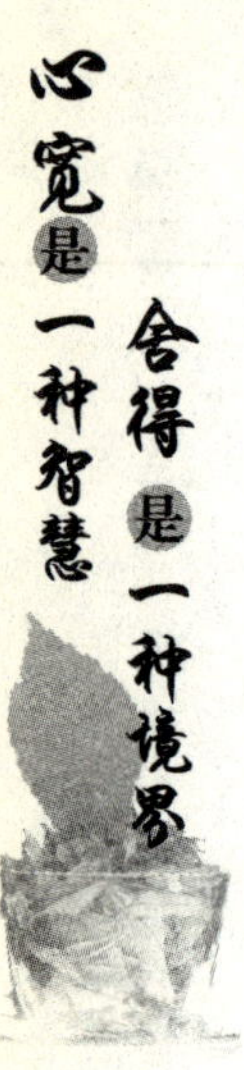

也不成了，不买菜也不行了，她感觉这个卖菜的十分不讲道理，于是两个人争吵了起来。

大娘知道其实这一切都源于一个“贪”字，如果人没有贪心，怎么可能生出这么一点事来？于是她笑呵呵地走到中间调解，把自己家的菜让给了那位大婶，并把钱给了那位卖菜的，用自己的热心平息了这场战火。

后来，大娘在邻居不在的时候总会帮他照看着生意，她觉得做生意只不过是为了生活，没有必要为了这点事情而弄得邻居不和，所以每一次邻居说什么不好听的话时，她从来不计较。这样邻居也有些不好意思了，再也不跟她争了，两家人就像一家人一样十分亲切。

口角纷争是避免不了的，不管走到哪里都会有小摩擦，但是面对这种纷争，我们应该退一步，不与人计较，放下心中的那一份不满，放下心中的那一口气，放下心中的那一种怨，笑一笑淡忘过去，那么你就会得到一种满足，一种快乐，一种坦然。

人在江湖，哪有不争之理？但是要分清是非，看什么该争，什么不该争，常言道：“佛争一炷香，人争一口气。”人争的是骨气而不是“面子”；争的是尊严而不是胡闹；争的是大局而不是琐事。如果每个人都为不该争之事而争，那么一天下来生活中的烦恼就会不断，生活中的争吵也会层出不穷，就连走个路都会磕磕碰碰。

所有的人都会说社会不太平，什么事都得争一争，可是为什么佛能静心？不是佛没有纷争，而是佛不为那些事情去争，他们清醒、多知，他们知道退一步风平浪静，他们懂得不为琐事所累。

2008 年 11 月 5 日晚，被告人何某与妻子小丽在岳父家，因家庭琐事发生争执，妻子小丽不停追骂何某，叫何某走，何某跑到楼上睡觉，小丽又到楼上将何某拖下床，何某于是躲进厨房。小丽以为何某走了，于是抱着女儿同表妹柯某一同追出去，要何某将女儿一同带走。何某听后很生气，从厨房拿了一把菜刀去追小丽，何某拿着菜刀朝小丽的头部、背部一阵乱砍。在表妹柯某的劝拉下，小丽趁机往家具车间跑，何某又追上去砍，砍了几刀后，何某气消了，看到血泊中的妻子，他知道自己犯下了杀人罪，他打过110后，于是跑到公路中央准备撞车自杀，但未得逞。经法医鉴定，小丽的伤主要在头部、左手，其中头部有九处创口，小丽的伤情为轻伤甲级。

法院认为，被告人何某持刀故意非法剥夺他人生命，其行为构成故意杀人罪，但何某在犯罪后主动打110报警，依法应当减轻处罚，且被害人在事情的起因中有一定过错，并原谅了被告人的过激行为，要求法庭对被告人从轻处罚，不收监关押。该案由家庭纠纷引起，法院认为对被告人不收监关押，不会危害社会，对被告人可适用缓刑，遂作出了缓刑判决。

如果一个人整天纠缠于琐事，那么最终琐事件件都很重要，但自己就不再重要了。

试着把宽容装进心胸狭窄处，无欲无争，纷争自然不会点燃。

如果你拼搏累了，则要把自己的心放回大自然。放下一种负担与累赘，把凡尘琐事从自己脑中抛掉，你会获得一种自由，一种爱心，一种满足，一种快乐！遇到事情很正常，但是却要避免纷争，只要你心中无事，便无纷争。

宽广心胸的人永远充满活力和热情

罗曼·罗兰曾经说过："让灵魂休息一下，养一养他在尘世中奔波所受的伤，然后再去奔波。"可见，真正让我们感觉到疲惫的并不是奔波本身，而是我们的思想、我们的心，以及我们不可触及的灵魂。

今天无论我们走到哪里，都会听到有人说累，而这种累、这种疲惫在公众中一经传播，更是能得到一呼百应的效果。为什么现代人会觉得累，觉得疲惫呢？是因为生活的压力、工作的繁重，还是因为流浪的灵魂找不到归宿呢？总之，现在的生活水平提高了，觉得累的人却更多了，而且累的理由也变得千变万化。

是谁让大家活得这么不轻松呢？事实上，"境由心生"，更多的人是被自己心中潜在的欲望所困扰。无论是从事体力劳动的人，还是从事脑力劳动的人，不同的人会面对不同的劳动强度和劳动难度，付出的多少往往源于自己对生活的追求，有的人希望得到更高的工资，有的人希望得到更好的岗位，而有的人则希望名利双收。正是因为心中无穷的欲望，才导致了心灵的疲惫。托尔斯泰曾说："欲望越小，人生就越幸福。"这句话蕴藏着深刻的人生哲理。著名哲学家卡内基说："要是我们得不到我们希望的东西，最好不要让忧虑和悔恨来苦恼我们的生活，且让我们原谅自己，学得豁达一点。"

对于很多事并不是我们所能左右的，而我们能做的就是要保持一个好的心态，让自己活得洒脱一点。而如果我们的身心已感到疲惫时，我们要及时地让自己从疲惫中走出来。

美国总统富兰克林·罗斯福在战争最艰难的时候，仍然保持着集邮的爱好。他每天用一小时的集邮时间，来摆脱周围的一切烦恼，来洗去心灵的疲惫。他把自己关在一间小屋子里，在里面摆弄着各种各样的邮票。每次他进去的时候都是脸色阴沉，心情抑郁，疲惫不堪，而当他从里面出来的时候，他的精神状态就会完全改变，一扫忧郁的神情，仿佛整个世界都变得明亮起来。对于这位繁忙的总统来说，这点时间使他换来了一个全新的精神面貌。

与罗斯福总统相比，英国的丘吉尔也是一位日理万机的大忙人。在第二次世界大战中，他肩负着领导英国人民与法西斯抗争的重任，繁忙之中一天只能睡三四个小时。他常常利用途中乘车的时间休息，他曾诙谐地说："我的觉一半是在车上睡的。"他善于工作也善于休息，是一位懂得适时放松心灵，摆脱疲惫的人。在工作闲暇之余，他经常去散步，还保持着泡热水澡的习惯，以此来让自己得到放松。在 1940 年不列颠战役期间，德军对英国的伦敦进行疯狂的轰炸，这时人们惊奇地发现，丘吉尔坐在防空洞里竟然能够泰然自若地织毛衣，原来这也是他独特的放松术。

只有懂得适时放松自己的人，才能够真正地抵抗住各种压力，才能够让自己在成功的道路上更加自信。远离心灵的疲惫，保持一颗平和的心态，给自己的心灵一点自由活动的余地，虽然我们达不到一种大彻大悟的境界，但我们至少应当有一种健康心态。每天适时地安排出一小时的时间来静心排除疲劳，将会使你的心灵变得更加美好，生活变得更加有情趣，生命也会更有意义。

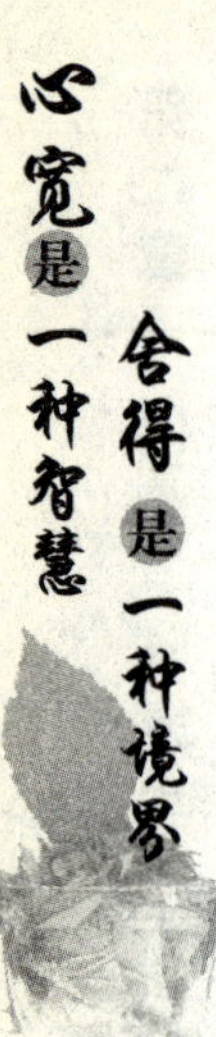

其实，一个真正有成就的人，能抓住的不仅是成就本身，他在控制自己的思想上也是游刃有余。一个人的快乐与疲惫往往在于自己的一念之间。在挫折和困境中，首先要调整的就是自己的心态，学会做自己的心理调节师。

纯洁的心灵、健康的体魄、宽广的心胸和坚强的意志是年轻的源泉，一个思想达观、爱护身体的人将会永远充满活力和热情。让我们都做个快乐的人吧，让我们用乐观的心态和洋溢的笑脸去面对困难，远离心灵的疲惫，让自己活得充实、洒脱、乐观一些。

良好的心态是成功人生的开始

良好的心态和快乐的感觉不会从天而降，它是由知识、修养和奋发向上、豁达开朗、宽宏大量、知足知止等品德组成的。它需要人们努力进行人格调理、滋润、丰盈，积极进行知识充电，然后才能得到。只有体悟到生命的无常，才能清醒地意识到不知何时灾难会突然降临，才能保持豁达从容应对。快乐需要智慧，快乐的人活得都很有味道，很潇洒，也很豁达。

任何人都会遇到不顺心的事，每个人都会有旦夕祸福，因为生命潜藏着未知数，所以，拥有一个好心态，以微笑面对坎坷的人生，才是人生路上始终充满快乐的真谛。也许你没有多大的权，也没有多少钱，更没有多高的名声，但拥有好心态，拥有快乐，你就是这个世界上最轻松、最惬意、最富有的人。

不管在什么样的环境下，只有当我们的心态处于积极健康状态时，才能正确地处理竞争、压力，才能正确地看待得失、成败，正确地对待他人、自己。由此可见，心态对我们的生活影响巨大。心态的影响力到底有多大呢？

有人做过这样一个试验：组织者一共找来了九个人参与实验，把他们带到一座曲曲弯弯的小桥旁边，对他们说：“你们九个人听我的指挥，走过这个小桥，千万别掉下去，不过掉下去也没关系，底下就是一点水而已。”

九个人听明白之后，“哗啦哗啦”很快都从桥上走过去了。走过去后，组织者打开了旁边的一盏黄灯，透过黄灯，九个人吃惊地看到，桥底下不仅仅只是一点水，而且还有几条因为饥饿正在蠕动的鳄鱼。九个人都吓了一跳，暗自庆幸自己刚才没掉下去。正在这时，组织者问：“现在你们谁敢再走回来？”组织者一连问了几声，竟没人回应。组织者又说：“你们只要勇敢一些，照样可以安全地走回来。不妨采用心理暗示的方法，想象自己是走在坚固的铁桥上……”他鼓励、诱导了半天，终于有三个稍微勇敢一点的人站出来，表示愿意尝试一下。第一个人颤颤巍巍地走回去了，但比上次走的时间多花了一倍；第二个人心理恐惧，哆哆嗦嗦地走了一半就再也坚持不住了，吓得趴在了桥上；第三个人才走了三步就吓趴下了。组织者这时打开了所有的灯光，大家这才发现，在桥和鳄鱼之间还有一层保护网，由于网是黄色的，所以刚才在黄灯下看不清楚。大家现在都不怕了，纷纷说：“要知道下面有保护网，我们早就过去了”。后来几个人就“哗啦哗啦”又走回来了。只有一个人不敢走，组织者问他：“你怎么回事？”这个人说：“我担心网不结实。”

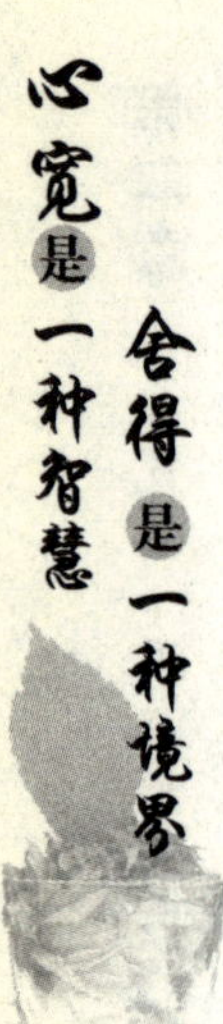

这个试验很好地证明了一个原理：心态对一个人具有巨大的影响力。

狄更斯说："一个健全的心态，比一百种智慧更有力量。"由于心态能左右一个人的一切，所以，无论情况好坏，都要抱着积极的心态，莫让沮丧取代希望。生命可以价值更高，也可以一无是处，关键是看一个人的心态如何。一个人有什么样的心态，便有什么样的人生。影响我们人生的绝不仅仅是环境，心态控制了个人的行动和思想，同时，心态也决定了自己的视野、事业和成就。

一位哲人说："你的心态就是你真正的主人。"一位伟人说："要么你去驾驭生命，要么是生命驾驭你。你的心态决定谁是坐骑，谁是骑师。"佛家常说："物随心转，境由心造，烦恼皆由心生。"歌德也曾经说过："人之幸福在于心之幸福。"以上所说的都是一个人有了什么样的精神状态，就会产生什么样的生活现实。

人生的方向是由"态度"来决定的，其好坏足以明确我们构筑的人生的优劣。心态的不同必然导致人格和作为的不同，而且会有天壤之别：不良的心态是形成不良性格与不良人生的罪恶根源，而好的心态却能带领我们走向人生的辉煌。

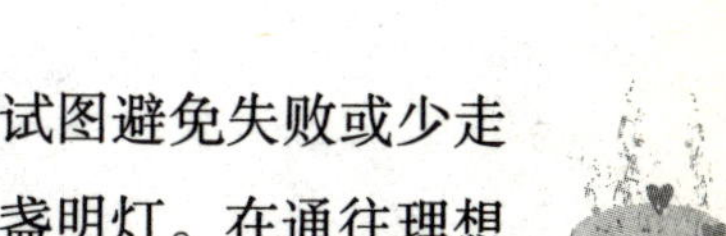

点燃生命之光，每天给自己一个希望

不论干什么事，我们都希望自己能够成功，都试图避免失败或少走弯路。每天给自己一个希望，正是指引你处世的一盏明灯。在通往理想的征途中，常常是荆棘丛生，险山恶水挡道。面对眼前有时无法避免的困难，我们需要希望来指引。

每天给自己一个希望，我们的人生就一定多姿多彩。每天给自己一个希望，就是给自己一个目标，就是给自己一点信心。希望是什么？是引爆生命潜能的导火索，是激发生命激情的催化剂。

在这个世界上，有许多事情是我们难以预料的。我们无法预知未来，却可以把握现在；我们不能控制机遇，却可以掌握自己；我们不知道自己的生命到底有多长，却可以安排当下的生活；我们左右不了变化无常的天气，却可以调整自己的心情。只要活着，就有希望。

有位医生素以医术高明享誉医学界，事业蒸蒸日上。但不幸的是就在某一天，他被诊断患有癌症，这对他不啻当头一棒。他一度情绪低落，但最终还是接受了这个事实，而且他的心态也为之一变，变得更宽容、更谦和、更懂得珍惜所拥有的一切。在勤奋工作之余，他从没有放弃与病魔搏斗。就这样，他已平安度过了好几个年头。有人惊讶于他的事迹，就问他是

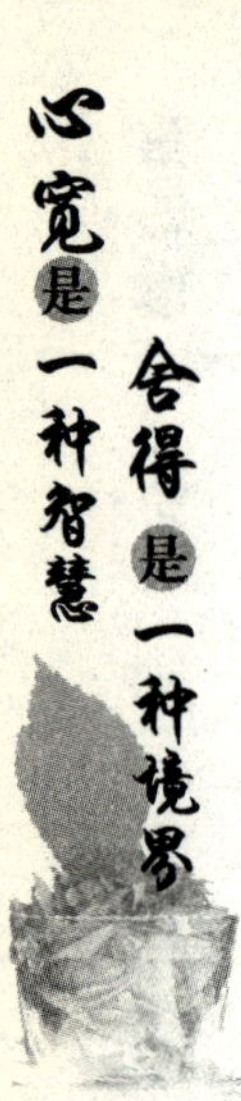

什么神奇的力量在支撑着他。这位医生笑吟吟地答道："是希望。几乎每天早晨，我都给自己一个希望，希望我能多救治一个病人，希望我的笑容能温暖每个人。"可见，这位医生不但医术高明，做人的境界也很高。

生命是有限的，但希望是无限的，只要我们不忘每天给自己一个希望，我们就一定能拥有一个丰富多彩的人生。每天给自己一个希望，我们将活得生机勃勃、激昂澎湃。哪里还有时间去叹息、去悲哀，将生命浪费在一些无聊的小事上呢？

第三章

心宽的人，路才能越走越宽广

投入生活，就会受到来自于诸多方面烦恼的干扰，这常常令我们身心疲惫、痛苦不堪，然而心病还需心药医，只有我们从内心摆脱这些烦恼的束缚，将它们全部抛开，才能让心灵得到真正的放松。所以，不论遇到什么样的苦难，我们都要敢于面对，因为生命还要继续，生活还要继续。在遭到挫折之后，我们要把自己的情感和精力转移到有益的活动中去，从而将不良情绪转向崇高的方向，使其得到升华。这是最为积极的方法。

有情不必终老，心宽天地宽

生活中，不如意事十有八九，这如意不如意之间，有些你可以回避，有些你是无法回避的，无论是可回避还是不可回避，首先都取决于你对人生的看法与态度，一个人的快乐不是因为他拥有的多，而是因为他计较的少。

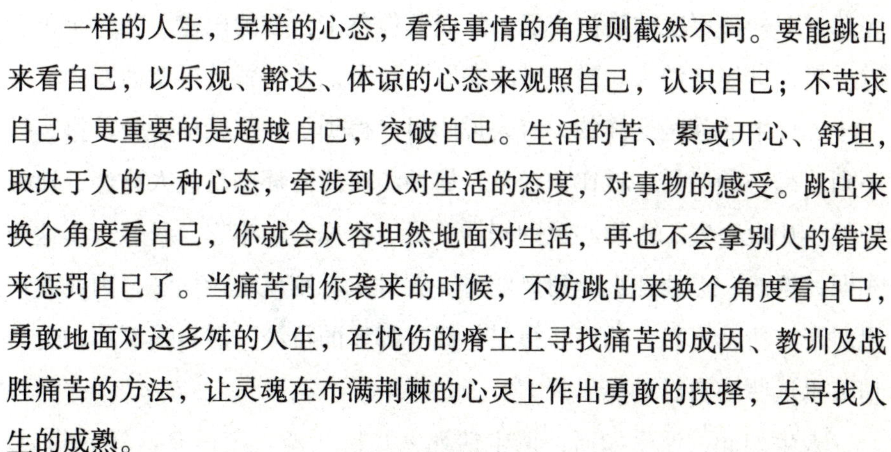

一样的人生，异样的心态，看待事情的角度则截然不同。要能跳出来看自己，以乐观、豁达、体谅的心态来观照自己，认识自己；不苛求自己，更重要的是超越自己，突破自己。生活的苦、累或开心、舒坦，取决于人的一种心态，牵涉到人对生活的态度，对事物的感受。跳出来换个角度看自己，你就会从容坦然地面对生活，再也不会拿别人的错误来惩罚自己了。当痛苦向你袭来的时候，不妨跳出来换个角度看自己，勇敢地面对这多舛的人生，在忧伤的瘠土上寻找痛苦的成因、教训及战胜痛苦的方法，让灵魂在布满荆棘的心灵上作出勇敢的抉择，去寻找人生的成熟。

有位老妈妈生养了两个女儿，大女儿嫁给了一个卖伞的生意人，二女儿在染坊工作，这使这位母亲天天忧愁。天晴了，她担心大女儿的伞卖不出去；天阴了，她又忧伤二女儿染坊里的衣服晾不干。她就这样晴天忧愁，阴天也忧愁，不多久就白

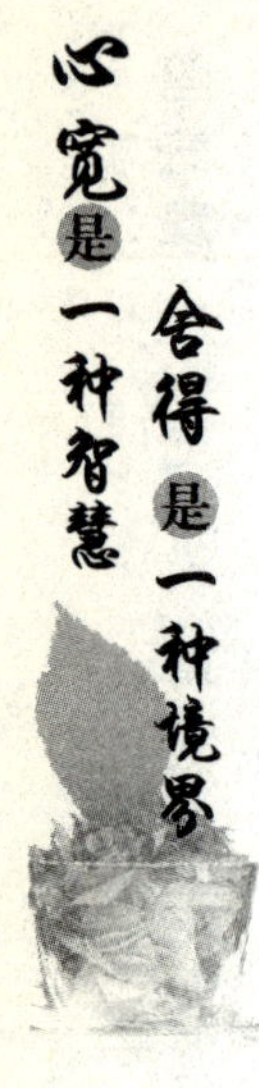

了头。一天，一位远方亲友来看她，惊讶她的衰老，问其原由，听后不觉好笑，那亲友说："阴天你大女儿的伞好卖，你高兴才是，晴天你二女儿染坊生意好，也该高兴才是。这样你每天都有快乐的事，天天是好日子，你干嘛不捡高兴专拾忧愁呢？"老妈妈想："言之有理！"从此，她笑口常开，幸福每一天。

人的一生总免不了磕磕碰碰，遇到不快而生气，遇到天灾人祸而痛不欲生等等。每当这个时候，我们是怎样去处理的呢？记得有位哲人曾说："我们的痛苦不是问题的本身带来的，而是随着我们对这些问题的看法而产生的。"这话很有哲理，它引导我们学会解脱。

在很多时候，我们所有的苦难与烦恼都是由于过去生活中，所得到的经验做出的错误判断。这时，我们不妨跳出来换个角度看自己，你就不会为战场失败、商场失手、情场失意而颓唐；也不会为名利加身、赞誉四起而得意忘形。换个角度看待自己，是一种突破、一种解脱、一种超越、一种高层次的淡泊宁静，从而获得自由自在的乐趣。转一个角度看世界，世界之浩大；换一种心态看人看事，人生就会得意而安。

也许生活就是这样的，有人说的对，得到了往往就不会去珍惜，得不到才是一种境界。就比如初见，那种淡淡的情怀倒是让人释怀、让人坦然、让人心安。一句心灵的问候，足以让你一生难忘，我想人生这个东西，淡然一点往往会是清风明月，太过执着则就是迷惘了，因此我情愿对于友情、恩怨、功过、得失、钱财都看的再淡一点，情愿那初见的情节永远留在自己的梦里。

人生如此，浮生如斯，情生情死，乃情之至。记得有这样一句话：有情不必终老，暗香浮动恰好，无情未必就是决绝，我只要你记着：初见时彼此的微笑……

人生若只如初见，所有往事都化为红尘一笑，只留下初见时的惊艳、倾情，忘却也许有过的背叛、伤怀、无奈和悲痛。这是何等美妙的人生境界。

善待逆境，用宽心挖掘逆境这块试金石

顺境使我们的精力闲散无用，使我们感觉不到自己的力量，但是障碍却唤醒这种力量而加以运用。逆境是块试金石，面对逆境，是强者的，就会战胜它，取得成功；是弱者的，就只有面临失败的结果了。善待逆境，阳光总在风雨后。拥有宽心的头脑，挖掘逆境这块试金石，期盼生活的彩虹。

梁启超曾说：“患难困苦，是磨练人格之最高学校。”只有在患难困苦面前始终听从内心中正确的声音，我们才会有良好的人格。

吴敬梓就是一个面对逆境不服输，努力奋斗的人，他写出了《儒林外史》这部名著。他从 37 岁开始写这部书，依靠典当衣服、卖文和友人的周济维持生活。冬天天气寒冷，家中没有火取暖，夜间写书更是寒冷，他就邀朋友乘月光绕城跑步取暖，他就在这样困苦的 3 年时间里完成了 33 万字的巨著《儒林外史》。面对逆境，吴敬梓不曾退缩半分，而是努力想办法，这种精神是值得我们学习的。

拿破仑曾说过：“人生之光荣，不在于永不失败，而在于屡仆屡起。”也就是说，我们如果面对的是逆境，我们也要去战胜它，就算是失败了，也要重新振作起来，继续努力奋斗。逆境的确能够磨练出人的坚强意志。

尼克松小时候家里的生活比较艰苦，为了生计，尼克松的父亲开了一家小小的汽车加油站兼食品杂货店，年仅10岁的尼克松每天必须到店里帮忙干活。长大一点之后，他便独自承担起采购水果和蔬菜的任务，这个工作是相当艰苦的，他必须每天凌晨4点起床，以便5点之前把马车赶到菜市场。当他把采购好的货物运回后，还必须争分夺秒将其洗净、分级，送上货架陈列好，到8点则要赶到学校去上课。下午放学之后，他第一个任务不是回家完成功课，而是要去店里干几个小时的活。因此，他几乎每天到了深夜才能做完功课，做完功课刚睡了一会儿，则又要去采购了。当年的加利福尼亚州对不畏艰苦的人来说，似乎是一个有无穷机会的地方，少年时的尼克松就是在这里受到了磨练。进入中学以后，为了锻炼自己的竞争能力，减轻生活压在自己身上的重负，他与足球结下了不解之缘。由于他具有坚强的意志和良好的自我约束能力，尽管学习环境艰苦，但他的学习成绩却一直很好。尼克松面对那么大的压力却没有放弃，面对逆境，他勇敢地迎了上去，于是他成功了。

伏尔泰曾说：“人生布满了荆棘，我们知道的唯一方法就是从那些荆棘上迅速踏过。”这就是一个人面对逆境应有的态度。

咬紧牙关，人生没有过不去的坎儿

这是发生在日本的一个真实的故事。

有一个人为装修家里而拆开了墙壁。日本式住宅的墙壁是中间加了木板后，两边是泥土，里面是空的。

他拆墙壁的时候，发现一只壁虎困在那里，一根从外面钉到里面的钉子钉住了那只壁虎。主人觉得既可怜又好奇，仔细地看了一下那根钉子，他很惊讶，因为那根钉子是 10 年前盖那栋房子的时候钉的。到底怎么回事？那只壁虎困在墙壁里整整活了 10 年！在黑暗的墙壁里待上 10 年，真不简单！

尾巴被钉住了，一步也走不动的那只壁虎到底靠吃什么活了 10 年？

主人暂时停止了装修房屋工程。过了不久，不知从哪里又爬来一只壁虎，嘴里含着食物……呵，爱情！那无比高尚的爱情！为了被钉住不能走动的壁虎，另一只壁虎在这 10 年的岁月里一直在喂它。

听到这件事的所有人，都深深地被那种爱的力量所感动！

生命是一种爱，除了这样的解释，我们恐怕很难再找到说服自己的

答案。

罗伯特与妻子玛丽终于攀到了山顶而眺望，两人高兴地手舞足蹈，对于终日劳碌的他俩来讲，这是一次难得的旅行。突然，罗伯特一脚踩空，高大的身躯打了一个趔趄，随即向万丈深渊滑去……短短地一瞬，玛丽就明白发生了什么，她下意识地一口咬住了丈夫的上衣，她被惯性带到岩边，仓促中她抱住了一棵树。

罗伯特悬在空中，玛丽牙关紧咬，她的牙齿承担了一个高大魁梧身躯的全部重量。

玛丽不能张口呼吸，一小时过后，过往的游客救了他们。而这时的玛丽，美丽的牙齿和嘴唇早被鲜血染红。

有人问玛丽如何能挺这么长时间，她回答说："我一松口，他肯定会死。"

死神也怕咬紧牙关！

也许在我们听到这个故事时，总会在心中自问"在生命中有什么样的力量有爱那样伟大？"

在施瓦辛格主演的《魔鬼终结者2》中，有这样一个场景：施瓦辛格扮演的冷酷的机器人终结者问小孩："你们人类为什么要哭？"小孩一下答不上来。直到影片最后，一直保护着小孩的终结者为销毁储存在脑中的芯片，不得不将自己融化在钢水中时，小男孩留下了难过的泪水。这时终结者方才明白，他说出了他的最后一句话："我已经明白了，你们为什么要哭！"随后，毅然地滑入沸腾的钢水之中……

人类为什么会哭？因为他们有生命，因为他们懂得爱，懂得爱是必死与不朽的交汇点。

终结者认识到了这一点，他认为这是他赢得的最好的一场胜利，可以无憾而去了。

生命中最重要的是什么？在我们寻求成功的人生道路上，在我们经过艰苦努力实现自我的奋斗中，我们确实变得越来越强大。与此同时，我们常常会在才能增长的同时，却忽略了心灵的成长，就像影片中的终结者一样，拥有无坚不摧的能量，但是不知道哭是什么，更不知道爱为何物。这才是对生命最大的不敬。

敢于面对苦难，这是通往快乐城堡的大门

苦难一直都是人类生活的一部分，我们只有实实在在地去面对，才是最正确可取的办法。

意大利杰出的小提琴家帕格尼尼在监狱里用破旧的小提琴练习和演奏；波兰伟大诗人密茨凯维支在牢房里构思诗作，在放逐途中创作著名的《十四行诗集》。我国优秀田径运动员胡祖荣下肢瘫痪后，转向著书立说，编写了《身体训练1400例》和《撑竿跳高》两本书，为祖国的体育事业做出了贡献。

很多古人就是这样，在苦难挫折面前，他们敢于面对，奋发图强，在逆境中升华了自己的生命力量，“文王拘而演《周易》；仲尼厄而作《春秋》；屈原放逐，乃赋《离骚》；左丘失明，厥有《国语》；孙子膑脚，《兵法》修列；不韦迁蜀，世传《吕览》；韩非囚秦，《说难》、

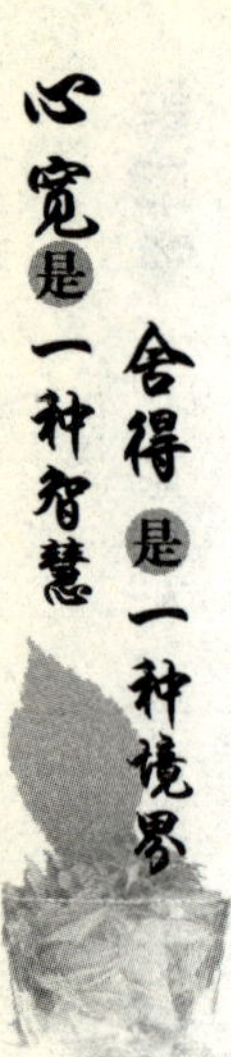

《孤愤》；司马迁遭宫刑而著《史记》；《诗》三百篇，大抵圣贤发愤之所作也。”

“失之东隅，收之桑榆”，在挫折和苦难面前，当你用理智来驾驭恶劣情绪时，逆境不但不会把人打倒与压垮，反而能让人的潜能最大限度地得到发挥，从而创造出超出平常的成绩。

生命里的许多问题，其发生与否，并非是我们所能左右的，这些问题可以使你更软弱或更坚强，使你力争上游或自甘堕落，或此或彼，完全取决于你的个人态度，不过，你要是能控制对这些问题的反应态度，就等于你控制了它们对你的影响。

所以，不论遇到什么样的苦难都要敢于面对，因为生命还要继续，生活还要继续。所以在遭到挫折之后，要把自己的情感和精力转移到有益的活动中去，从而将不良情绪转向崇高的方向，使其得到升华。这是最为积极的方法。

善于采取升华这种积极的方式，就能像贝多芬说的一样“通过苦难，走向欢乐”。

要相信人生只有走出来的美丽，一味地逃避和等待创造不出辉煌。因此，直面人生，化解痛苦才能真正战胜种种不幸，没有必要因叶落而悲秋，也没有必要因痛苦而放弃抗争，因为一花凋零荒芜不了整个春天，一次次痛苦也荒废不了前进的脚步。

对生命赐予的苦难怀有感恩之心

我们或许可以衷心地感谢别人对我们的帮助，却很难同样感激别人对我们的伤害。我们感谢生活给予我们丰富的果实，却不能感谢它给予我们的苦难。

但是这样的感恩是不完整的，它固然会令你的精神得到向上的力量，但还不能让你的灵魂达到自由的飞跃。

南非非国大领袖曼德拉因为领导反对白人种族隔离政策，被白人统治者关在荒凉的大西洋罗本岛上达数年之久。可就在他 1994 年出狱当选总统后的就职典礼上，他却邀请了 3 名罗本岛的看守，并且站起身恭敬地向这 3 名曾关押过他的看守致敬。这个举动震惊了整个世界，在场的所有贵宾肃然起敬。

后来，曼德拉向朋友们解释说，自己年轻时性子很急，脾气暴躁，正是在狱中学会了控制情绪才活了下来，他的牢狱岁月使他学会了如何处理自己遭遇的苦难和痛苦。他说，感恩与宽容经常是源自痛苦与磨难的，必须以极大的毅力来训练。

我们之所以总是被烦恼包围，总是充满痛苦，总是怨天尤人，总是有那么多的不满和不如意，是不是因为我们缺少曼德拉式的宽容和感恩

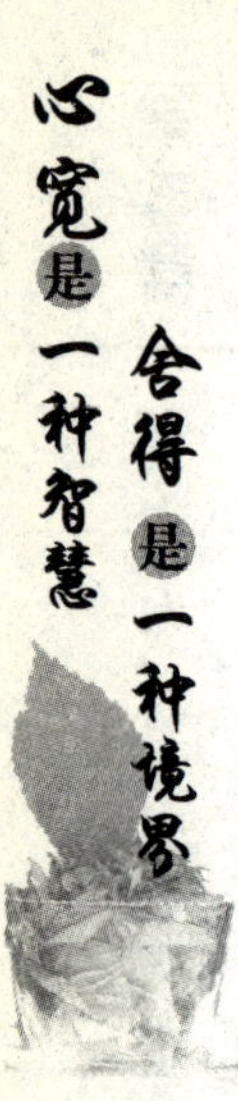

呢？当我们的思绪身陷囹圄的时候，应该想想曼德拉获释出狱当天的心情："当我走出囚室，迈过通往自由的监狱大门时，我已经清楚，自己若不能把悲痛与怨恨留在身后，那么我其实仍在狱中"。

你是否把自己的心灵囚禁在了牢狱里，选择了怨恨，却放弃了让自己生活得更好的可能？得失之间，务必慎重啊！

我们不是圣人，可能无法做到去爱那些伤害、侮辱过我们的人，可是为了我们自己生活得健康和快乐，选择原谅和遗忘也是明智之举。把怨恨从心里驱走，才有更大的空间来承载爱和感谢。

"二战"期间，一支部队在森林中与敌军相遇，激战后有两名战士与部队失去了联系，这两名战士来自同一个小镇。

两人在森林中艰难跋涉，互相鼓励，互相安慰。十多天过去了，他们仍未与部队联系上，而食物则是越来越少了。一天，他们打死了一只鹿，依靠鹿肉又艰难地度过了几天。也许是战争使动物四散奔逃或被杀光，这以后他们再也没看到过任何动物。他们将仅剩下的一点鹿肉背在身上，这是他们最后的依赖了。这一天，他们在森林中又一次与敌人相遇，经过再一次激战，他们巧妙地避开了敌人。就在他们自以为已经安全时，只听一声枪响，走在前面的战士中了一枪，伤在肩膀上。后面的士兵惶恐地跑了过来，他害怕得语无伦次，抱着战友的身体泪流不止，他赶快把自己的衬衣撕下包扎战友的伤口。

晚上，未受伤的士兵守护着受伤的战友，他一直念叨着母亲的名字，两眼直勾勾的，他们都以为他们熬不过这一关。尽管饥饿难忍，可他们谁也没动身边的鹿肉。天知道他们是怎么过的那一夜，第二天，部队救出了他们。

事隔30年，那位受伤的战士说："我知道谁开的那一枪，他就是我的战友。

当时在他抱住我时，我碰到了他发热的枪管。我怎么也不明白，他为什么对我开枪。但当晚我就原谅了他，我知道他想独吞我身上的鹿肉，我也知道他想为了他的母亲而活下来。此后30年，我假装根本不知道此事，也从不提及。战争太残酷了，他的母亲还是没有等到他回来。退伍后，我和他一起祭奠了老人家，那一天，他跪下来请求我原谅他，我没让他说下去，我们又做了几十年的朋友。”

可以试想一下，受伤的战士如果始终记恨他的战友，那他能从中得到什么？报复！仇恨！这些对他的生活全无益处，反而会使他失去一个朋友和心灵的平静。

每个人都会犯错，也都可能会伤害到别人。别说是生死大事，就算是谁踩了谁一脚，谁说了几句不中听的话，可能都会有人记恨一辈子。怨恨就像毒蛇，可是它咬噬的不是你的仇敌，而是你自己。

民国初年，军阀割据时期，一位高僧受某军阀邀请赴素宴。席间，他发现在满桌精致的素肴中，竟有一盘菜里有一块猪肉。高僧的徒弟故意用筷子把肉翻出来，高僧却立刻用菜把肉掩盖起来。过了一会儿，徒弟又把猪肉翻出来，想让军阀看到，高僧再度把肉遮盖起来，他在徒弟的耳边说：“如果你再把肉翻出来，我就把它吃掉！”徒弟听到后，就再也不敢把肉翻出来。

宴散后，高僧辞别了军阀。归寺途中，徒弟不解地问：“师傅，那厨子明明知道我们不吃荤，为什么还把猪肉放在素菜中？这不是有心坏我们的修行吗？应该让大帅知道，处罚他一下。”

高僧说：“每个人都会犯错，无论是‘有心’或‘无心’。如果刚才大帅看见了猪肉，盛怒之下严惩厨师，这不是我所愿见的，要知道就因这一块肉，厨师可能会搭上一条命啊。所以

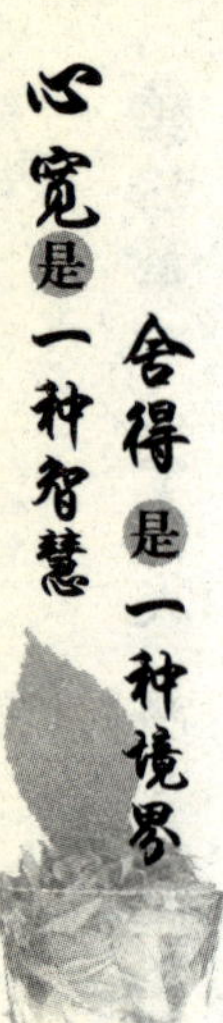

我宁愿把肉吃下去。”

徒弟点着头，深深体悟着这个道理。

我们所收获的就是我们所栽种的，种下仇恨，收获的就是灾难、痛苦；种下宽容，收获的则是感激、快乐，与其憎恨敌人，不如原谅他们，并感谢上天没有让我们经历跟他们一样的人生吧。面对生活给予我们的苦难，不如选择坦然面对，去感谢上天没有给我们更糟糕的生活。

不要把时间浪费在愤怒、仇恨、责难、攻击和埋怨中，去把时间用在更好地生活上吧。以感恩之心对待一切，苦难也就变得无足轻重了。

有一个没有双手的女孩，以自己顽强的毅力考入了大学，当别人问起她求学经历的时候，她眼含泪水说：“我永远都感激我的小学老师，是他为我打开了知识的大门。”

那是一个冬天，天气非常冷，女孩因为自己的残疾而不能进入学校读书，可是她是那么渴望上学，于是她就顶着寒风趴在教室外的墙上听老师讲课。教师提出了一个问题，班里的学生都回答不上来，已经听得入迷的女孩忘了自己是在偷听，就把答案喊了出来。

老师听到教室外传来的声音，感到很惊讶，就推开门出来看。女孩吓坏了，她以为这下子一定会被老师批评。没想到老师把她领进了教室，对学生们说：“以后让她和你们一块儿上课吧，大家不要告诉学校。”就这样，她上完了小学，并且取得了全县第一名的考试成绩。

可是，没有一个中学肯录取她，因为她没有双手。辍学在家的女孩除了做些简单的家务，还自学了中学的课程。她会用脚切土豆丝、蒸包子、包饺子，还会用脚画画、写毛笔字。她的字端正大方，根本看不出来是用脚写的。

后来，女孩被一所大学破格录取。军训时她叠被子的情景

让领导吃惊，说那是最标准的“豆腐块儿”，领导说要把她叠的被子的录像放给那些入伍的新兵看，让他们瞧瞧有人用脚比他们用手做得更好。

女孩子的双手是因为母亲离家出走而失去的，有人问她恨不恨那个不负责任的母亲，女孩子说：“不，我从来都不恨她，我爱她。我总是觉得对不起她，她是因为精神有问题才会经常离家出走的。”一次，她的母亲又一次出走后，就再也没有回来。后来，人们在河里找到了母亲的尸体。一想起来，女孩子就泪流满面，说：“是我没有照顾好母亲。”

没有双手，没有母亲，没有一个富裕的生活环境，可是女孩从不怨恨，她曾写过一篇作文，题目是《我最幸福》。这篇作文里没有一句抱怨，有的全是对生活的感激，这篇作文在全县组织的一次征文中获得了一等奖。

她的经历如此坎坷，真是承受了太多的苦难。可是她却感觉自己最幸福，把苦难全部接受，并当做是一种施与，以感恩之心面对苦难。她的生活因此不曾被苦难所束缚，而是不断地向她展现美好，让她越走越开阔。

感谢生活赐予给我们的苦难，因为这是我们难得的人生经验。有了盐的对比，糖才更加甜；有了痛苦和磨难，生活的美好才愈发让人珍惜。

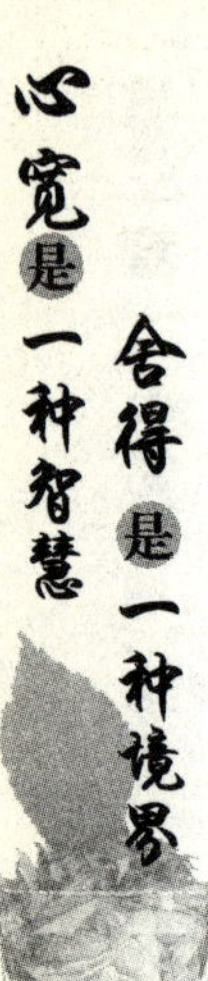

经历一番寒彻骨，生命才会愈发光彩

有一天，两个强盗偶然路过一座吊死犯人的绞架，其中一个便叫起来："如果没有这该死的吊死犯人的绞架，我们的职业是多么好呀!"另一个强盗接着说；"呸！你这笨蛋，好在有这架子，如果没有的话，人人都要做强盗了，哪轮得到你我?"

其实，世界上的各种职业、技艺与事业莫不如此，都是因为困难吓退了一些庸碌的竞争者。斯潘琴说："许多人的生命之所以伟大，都来自他们所承受的苦难。"最好的才干往往是从烈火中冶炼的，都是从坚石上磨砺出来的。

世界上有许多人因为没有经历苦难的磨练，激发不出他们体内潜伏着的力量来，所以他们的才能得不到淋漓尽致的发挥。只有努力奋进，才能帮助人们达到成功的境地，只有尽力奋斗的人，才会获得自己心中期望的东西。

困难与障碍并不是我们的仇人，而是我们的恩人。因为我们人人都有一种逆反心理，这种逆反的心理在人体里发展了反对的力量。正是苦难与障碍的出现，使得我们体内克服障碍、抵制苦难的力量得以发展。这就好像森林里的橡树，经过千百次暴风的摧残，非但不会折断，反而愈渐挺拔。正像暴风雨吹打橡树一般，人们所承受的种种痛苦、折磨和悲伤，也在启发人们的才能，都在锻炼他们。

在克里米亚的一次战争中，有一枚炮弹击中一个城堡后，毁灭了一座美丽的花园。可在那个炮弹落下的深穴里，竟不住地流出泉水来，后来这里成了一个流淌不息的著名喷泉。同样，不幸与苦难也会将我们的心灵炸破，而在那炸开的缝隙里，也会时刻流出奋斗前进的泉水来。

许多人不到丧失一切、穷途末路的地步，就不会发现自己的力量，有时灾祸的折磨反而足以使人发现真实的自己。困难与障碍好似凿子和锤子，能把生命雕琢得更加美丽动人。一位著名的科学家曾经说过，每当他遇到眼看不能克服的困难时，总是会有新奇的发现。

失败往往激发人的潜力，唤醒沉睡着的雄师，引人走上成功的道路。有勇气的人会把逆境变为顺境，如同河蚌能将讨厌的沙泥化成珍珠一样。

一旦雏鹰能起飞，老鹰便会立即将它们逐出巢外，让它们在空中做飞翔的锻炼。而雏鹰因为有了这样的锻炼，掌握了这种本领，将来才配做百鸟之王，才会凶猛敏捷，才能做追逐猎物的高手。

凡是在幼年时常遇阻碍和挫折的孩子们，往往有可能发展；而从没有遇过挫折的人，反而很难有出息。

贫穷与困难都是一种激励，能坚定人们的思想，发展人民的精力。钻石愈坚硬，它的光彩也愈眩目，而要将其光彩显示出来，所需的琢磨也要有力，只有琢磨，才能显露出钻石全部的美丽。

火石不经摩擦，不会发出光；同样，人们不遇刺激，人体里的力量将永远不会发挥出来。

在马德里的监狱里，塞万提斯写成了著名的《唐吉诃德》，那时他穷困潦倒，甚至连稿纸也无力购买，他把小块的皮革当做纸写。有人劝一位富裕的西班牙人来资助他，可是那

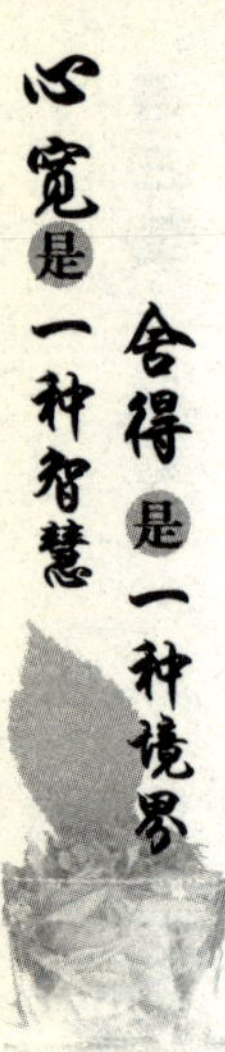

位富翁答道："上帝禁止我去接济他的生活，惟因他的贫穷才使世界富有。"

监狱往往能唤起许多高贵人士心中沉睡着的火焰。《鲁滨孙飘流记》一书也是写在牢狱中的，一部《圣游记》也诞生在贝德福德的监狱中。瓦尔德·罗利爵士著的《世界历史》，也是在他被困监狱的13年当中写成的。

马丁·路德被监禁在瓦尔特堡的时候，把《圣经》译成了德文。但丁被宣判死刑，在他被放逐的20年中，他仍然孜孜不倦地在那里工作。约瑟尝尽了地坑暗牢的痛苦，终于做到了埃及的宰相。

有史以来，犹太人便一再受尽异族的压迫，可是世界上最可贵的诗歌、最明智的箴言、最悦耳的音乐，却都是由犹太人贡献的。对于他们来说，仿佛是不断的压迫给了他们繁荣。如今，犹太人依然很富有，不少国家的经济命脉几乎就是控制在犹太人手中。对于他们，困苦是快乐的种子，正是由于隆冬的严寒杀尽了地下的害虫，植物才能繁茂地生长。

音乐家贝多芬在他两耳失聪、穷困潦倒之时，创作出了他最伟大的乐章。席乐病魔缠身十五年，却在此期间写就了他最好的著作。密尔顿是在他双目失明、贫困交加之时，写下他最著名的著作。所以，为了得到更大的成就与幸福，班扬甚至说："如果可能的话，我宁愿祈祷更多的苦难降临到我的身上。"

一个真正勇敢的人，愈是环境所迫，反而愈加奋勇，不战栗、不逡巡，昂首挺胸，意志坚定。他敢于对付任何困难，轻视任何厄运，嘲笑任何障碍，因为贫穷困苦不足以损他毫发，反而增强了他的意志、品

格、力量与决心，这使得他成为所有人中最卓越的人。对于这样的人，命运是无法阻挡他们的前程的。

坦然面对生活的磨难，用心态改变命运

21岁的麦可进入军中服役，他在一次战斗中受了严重的眼伤，眼睛因此而看不见东西。虽然遭受到了这么大的伤痛，但他仍然很开朗，他常常与其他病人聊天、开玩笑，并把自己配给到的香烟和糖分赠给大家。

医师已经尽了最大的努力来帮助麦可恢复视力，但最终并没有什么明显的效果，医生决定把实情告诉麦可。

一天，主治大夫走进麦可的房间，对他说道："麦可，你知道我一向喜欢跟病人实话实说，从不欺骗他们。麦可，我现在要告诉你的是，你的视力不能恢复了。我很抱歉。"

时间似乎停了下来，房间里出现了可怕的安静。

"大夫，我，我不知道……"麦可终于打破沉寂，努力平静地回答医生的话，"非常感谢你为我费了那么多心力，其实我一直都知道会有这个结果。"

接着，他们谁也没有说话，大家都不知道该怎样去安慰这个还这么年轻的小伙子，只是在一边默默地看着他。

几分钟后，麦可终于恢复了平静，他对他的朋友说："我觉得我没有任何理由可以绝望。不错，我的眼睛是看不见了，

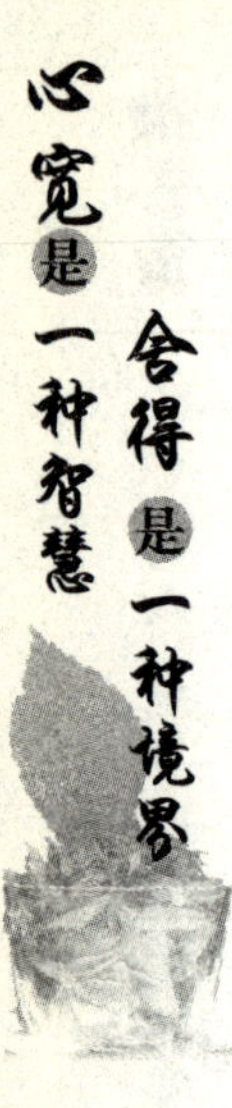

但我还可以听得很好，讲得很好呢！我的身体强壮，不但可以行走，双手也十分灵敏。何况，据我所知，政府可以协助我学得一技之长，那足以让我维持生计。我现在所需要的，就是适应一种新的生活罢了。”

这就是麦可，一个内心无比敞亮的年轻盲眼士兵。他没有去抱怨自己的不幸，没有诅骂上帝的不公，而是忙着计算自己所拥有的幸福，想着怎样去走好明天的路。这才是强者面对问题的方法。

人生不是一帆风顺的幸福之旅，而是时刻摇摆在幸与不幸、成功与失败的模式里。有时放弃未尝不是一件好事，上帝为你关闭了一扇门，同时也会为你打开另一扇窗。

放弃需要勇气，需要挑战自己，它并不意味着失败，而是象征着一个全新的开始。放弃是一种美丽，昙花放弃了生命，只为那美丽的一瞬间；生长在戈壁滩上的依米花积 5 年时光才绽放一次，两天后便香消玉殒，却留给人最美好的回忆。人生何尝不是如此，只要美丽一次，足矣。

生活不会随你的意愿而发生任何改变，只有学会如何去适应，如何去选择，才会使生活更有意义，人活得才更精彩。改变态度，坦然面对，塑造全新的自我。生活如同一篇文章，取其精华，去其糟粕，才会更有品位，更耐人寻味。若为太多的琐碎事所累，就会寸步难行，大胆的放弃，享受一身轻的快乐。人不是万能的，不可能集所有成功于一身，要想在某一领域有所成就，就必须放弃在其他领域的时间，把全部精力放在一处，否则你就不会有杰出的成就。

咬牙坚持，生命之路才会越走越宽广

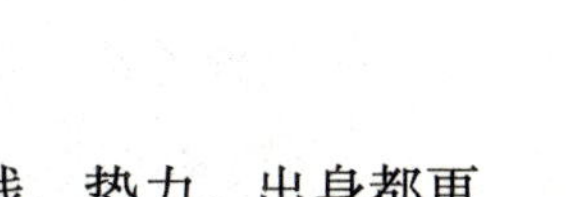

自信是人们从事事业最可靠的资本，它较之金钱、势力、出身都更有力量。一个人拥有自信就能排除各种障碍，克服重重困难，既使你的人生处在零度，坚定的自信心也能使你沸腾。

日本现有上万个麦当劳店，一年的营业总额突破40亿美元。拥有这两个数据的主人是一位叫藤田田的日本老人，他是日本麦当劳社名誉社长。

藤田田1965年毕业于日本早稻田大学经济系，毕业后在一家大电器公司打工。1971年，他开始创立自己的事业，经营麦当劳生意。麦当劳是闻名全球的连锁快餐公司，采用的是特许经营资格和经营机制，而要取得特许经营资格是需要具备相当财力和特殊资历的。藤田田当时只是一个才出校门几年，毫无家族资本支持的打工一族，根本不具备麦当劳总部要求的75万美元现款和一家中等规模以上银行信用支持的苛刻条件。

只有不到五万美元存款的藤田田，看准美国连锁快餐文化在日本的巨大发展潜力，决意要不惜一切代价在日本创立麦当劳事业，于是他绞尽脑汁东挪西借起来。事情进展并不顺利，五个月下来，他只借到了四万美元。面对巨大资金的落差，要

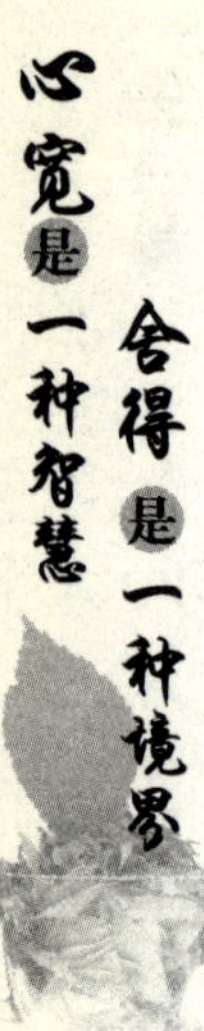

是一般人也许早就心灰意冷，前功尽弃了。然而，藤田田却偏偏有对困难说“不”的勇气和坚定的自信。

于是，在一个风和日丽的早晨，他走进了住友银行总裁的办公室。藤田田以极其诚恳的态度，向对方表明了他的创业计划和求助心愿。在耐心仔细地听完他的表述之后，银行总裁说：“你先回去吧，让我再考虑考虑。”

藤田田听后，心里即刻掠过一丝失望，但他马上镇定下来，恳切地对总裁说了一句：“先生，可否让我告诉你，我那五万美元存款的来历呢？”

回答是：“可以。”

“那是我六年来按月存款的收获。”藤田田说道，“六年里，我每月坚持存下三分之一的工资奖金，雷打不动。六年里，面对无数次过度紧张或生活拮据的尴尬局面，我都咬紧牙关克制欲望，硬挺了过来。有时候，碰到意外事故需要额外用钱时，我也照存不误，甚至不惜厚着脸皮四处告贷，以增加存款。我必须这样做，因为在跨出大学门槛的那一天，我就立下宏愿，要以10年为期存够10万美元，然后自创事业，出人头地。现在机会来了，我要提早开创事业……”

藤田田一口气讲了10分钟，总裁越听神情越严肃，并向藤田田问明了他存钱的那家银行的地址，然后对藤田田说：“好吧，年轻人，我下午就会给你答复。”

送走藤田田后，总裁立即驱车前往那家银行，亲自了解藤田田存钱的情况。柜台小姐了解总裁来意后，说：“哦，是问藤田田先生，他可是我接触过的最有毅力、最有礼貌的一个年轻人。六年来，他真正做到了风雨无阻地准时来我这里存钱。老实说，这么严谨的人，我真是要佩服得五体投地了！”

听完柜台小姐的介绍后，总裁大为动容，立即拨通了藤田田家的电话，告诉他住友银行可以毫无条件地支持他创建麦当劳事业。藤田田追问了一句："请问，您为什么决定支持我呢？"

总裁在电话那端感慨万分地说："我今年已经58岁了，再有两年就要退休，论年龄，我是你的两倍，论收入，我是你的30倍，可是，直到今天，我的存款还没有你多……光说这一点，我就自愧不如，敬佩有加了。年轻人，好好干吧，我敢保证，你会很有出息的！"

果然，藤田田成功了，而且取得的是让人刮目相看的大成就。

想要收获人生的幸福与成功，在关键时刻一定要有知难而上的勇气和信心。在人生的关键时刻，只要我们坚持住了，我们的人生之路才会越走越宽，事业也才会越来越成功。只有通过不断的努力获得的成功，才更具有魅力，只有努力去奋斗的人生，才是快乐而富足的人生！

人生路上的艰难是很多的，只要你展示给人的是一种自信、勇敢和无所畏惧的印象，只要你拥有坚定的信心，敢于迎难而上，你成功的道路就会更加宽广，你的事业也必定会获得巨大的成功。

世上只有完美的心，没有完美的人

墨子说过："甘瓜苦蒂，天下物无全美。"世间没有绝对完美的事物，存在缺陷并不可怕，关键在于我们的心态是如何看待缺陷。世间没有完美的人，只有完美的心，一个能正视缺陷的人，他的世界观、人生观、价值观才是健康的。

残缺有时候也是一种美，关键在于我们用什么心态去看待。圆明园用自己残缺的美来让世人更深刻地了解战争，更深刻地体会到清政府的

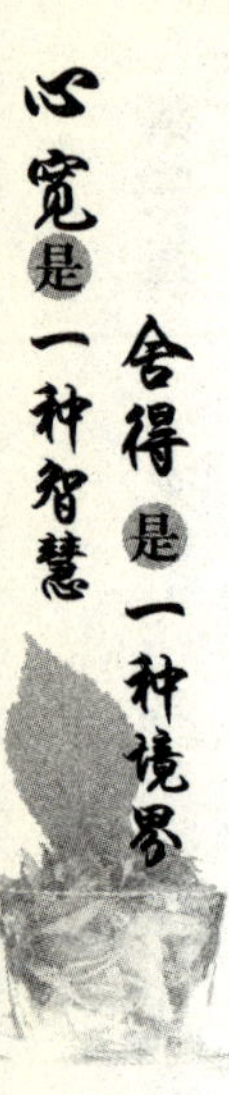

腐败无能，它的存在是一种让人心痛的残缺的美。

缺陷并不可怕，怕的是你没有接受缺陷的勇气，我们要能够正确地认识到自己的缺陷和不足，找到属于自己的位置，用自己的长处去弥补自己的缺陷。缺陷有时候会成为我们前进的动力，张海迪、史铁生他们在身体上都有残缺，但是这并没有成为他们自甘堕落的理由，反而成为了他们奋发图强的动力和勇气。他们身体上的残缺让他们的灵魂得到了更完美的升华，也让整个世界的人们为他们而感动。秋天失去了夏天的勃勃生机，只剩下了枯黄的落叶，但是却是别有一番风景。初一的月牙固然没有十五的月亮皎洁明亮，但是它依然能够煽动你的情怀。

一个人能够正视自己的缺陷，不仅是一种勇敢的表现，更是一种智慧的体现。只有缺乏自信心的人才不敢面对自己的缺陷，正所谓“尺有所短，寸有所长”、“人无完人，白璧微瑕”，世上没有绝对完美的事物，就像号称中国古代四大美女的西施、貂蝉、王昭君和杨玉环也都有各自的缺陷和不足。例如杨玉环有狐臭，西施体弱多病，但是她们不但知道自己的缺陷，而且还懂得从其它方面来弥补。杨玉环制作了花露水，而西施皱眉抚胸的样子更是被世人称美。我们可以没有大海的壮阔，但还可以拥有小溪的优雅，我们可以没有大树的高大，但还可以拥有小草的坚韧，我们可以没有蓝天的辽阔，但还可以拥有白云的飘逸。我们可以通过自己的努力来获得自己想要的东西，有不足之处意味着我们还可以继续努力，因为拥有追求的人生才是最完美的人生。

保加利亚有一个男孩，身材矮小不足一米五，为此他经常受到同伴的嘲笑和讥讽。但是他并没有因为自身的不足而自暴自弃，而是成功地将自己本身的缺点转化成了优点。他利用自身矮小的优势参加举重训练，经过坚持不懈的努力，几年之后，这个身材矮小的男孩成功地站在了奥运会最高领奖台上。

由此我们发现，缺陷只能妨碍我们在某一方面的发展，它所能够限

制我们做的事情只能是一个圆，而不管这个圆有多大，在这个圆之外的空间则是无限广阔的，因此我们所能做的事情也是无限的。正如坐在轮椅上的罗斯福，他用自己坚强的意志和智慧的头脑改变了世界的格局，将美国人民重新带入了幸福的生活。只有正视自身的缺陷，我们才能更好地去实现自己的人生理想，才能让自己拥有一颗完美的心。

美国有一个叫科尔的青年，他在20岁的时候突遇一场车祸，从此以后腰以下的部位全部瘫痪。但是残废的身躯不仅没有让他的人生毁灭，还让他重新获得了新生。他依靠自己的意志力和耐力，每天坚持锻炼，就像吃饭、穿衣这样的事情都要重新学习。身体的残缺激发出了他的斗志，他开始以更加积极的态度面对人生。以前他只是一个加油站的工人，每天浑浑噩噩地度日，人生没有追求，也没有目标。但是经历了这场车祸后，他开始更深刻地思考人生，他去读了大学，而且还获得了语言学学位，他还替人做税务顾问，在业余时间他还经常参加射箭比赛和钓鱼活动，他的生活充满了更多的乐趣。

身体的痛苦让你的内心变得更加的清醒。一个人在痛苦的时候更容易反思自己，重新开启自己的内心世界，并且规划出更美好的人生，带来更明确的前进方向。缺陷已经无法改变时，就要学会正视它，让缺陷化为成功的动力，而不是沉重的负担。要勇于承认自身的不完美，我们每个人都有自己的缺陷，同时也都会有自己的优点，我们要学会扬长避短，突出自己的优点。不完美是我们人生的一部分，而拥有缺陷则是我们人生另一种意义上的完美和成熟。

世界永远存在缺陷，我们每个人也就难免会有缺陷。缺陷人人会有，而关键在于我们如何去对待它。我们只有接受缺陷，才能够看到更完美的人生，我们要学会欣赏自己的不完美，学会利用缺陷，将它转化为成功的有利条件。正视缺陷，它将激发出我们更大的创造力和激情。

自助者天助，做自己生命的支点

有一个男孩在读小学六年级的时候，因为考试得了第一名，老师奖励给他一本世界地图。他很高兴，一路跑回家就开始看那本世界地图。

不过，这天正好轮到小男孩为家人烧洗澡水，他就一边烧水，一边在灶边看地图。看到一张埃及地图，想到埃及很好，有金字塔，有埃及艳后，有尼罗河，有法老王，还有很多神秘的东西，他心想长大以后一定要去埃及。

正想得入神的时候，突然有一个人从浴室里冲出来，用很大的声音对他说："你在干什么？"男孩抬头一看，原来是爸爸，就说："我在看地图！"爸爸很生气："火都烧熄了，看什么地图！""埃及地图。"小男孩没有注意到爸爸的表情。他的父亲跑过来，"啪、啪！"给了他两个耳光，然后说："赶快生火！看什么埃及地图！"接着，又朝他屁股上踹了一脚，一下子把他踹到火炉的旁边，接着用很严厉的声音说："我给你保证，你这辈子不可能到那么遥远的地方！赶快生火！"

男孩呆住了，心想："我爸爸怎么会给我这么奇怪的保证，真的吗？我这一生真的不可能去埃及吗？"

20年后，男孩终于有了一次出国的机会，他一下子就选择了埃及，他的朋友都问他：“到埃及去干什么呀?”因为那时候还没有开放观光，出国是很困难的。男孩说：“因为我的生命不要被保证。”然后，自己就跑到埃及去旅行了。

这一天，他来到金字塔的下面，坐在金字塔前面的台阶上，买了张明信片写信给他的爸爸。他写道：“亲爱的爸爸：我现在在埃及的金字塔前面给你写信，记得小时候你打我两个耳光，踢我一脚，保证我不能到这么远的地方……”。

每一个人出生在什么家庭，有多少财产，有什么样的父亲，有什么样的地位，有怎么样的亲朋好友，这些都不重要，重要的是我们不能将希望寄托于他人，必要时要给自己一个趔趄，只要不轻易放弃，不丧失自立、自信、自强，就没有什么实现不了的事。“给我一个支点我就可以撬起整个地球。”而你生命的支点就是你自己。我们的眼睛总是不知疲倦地搜索世界，从一个落点到另一个落点，而如果连续搜索不到任何一个落点的话，就会变得紧张不安，甚至失明。有个年轻人被判终身监禁，他失去了活下去的勇气。在准备结束自己的生命之前，他回想了一下活在这个世上的20多年，家人、亲戚、同学、老师，有谁曾对自己说过一句鼓励、温暖的话。他想，我只要能搜索到一句，我就不死，就为这一句话而活下去。他苦苦思索，猛地想起了半句，那是在读中学时，他将一副恶作剧的作品交上去时，美术老师说过的一句话：“你画了些什么？色彩倒还漂亮。”这句话成了年轻人搜索过去的一个落点，他活了下来，不过活着不仅仅是为那句话。那句话给了他活下去的勇气，让他找到了些许的自信，但他知道，他不能让自己仅仅活在别人的一句话里，他必须自强、自立。当人开始自立自助时，就开始走上了成功的坦途。天助自助者，经过努力，他最终成了一名作家。

人们对人对物总是很容易形成一种自然的依赖心理，总是需要朋友、亲人的爱来帮助我们克服困难，渡过难关。这种外在的支撑固然重要，但更多时候需要的是我们自己支撑自己，就像跌倒，你要靠自己的力量站起来一样，不要总是期望会有个人过来拉你，你是自己的生命支点，一切都要靠你自己。当抛弃了依赖时，也就找到了自己走向成功的金钥匙。

第四章

心宽福自来，时刻保持一份淡然的心境

世间有许多诱惑：桂冠、金钱……但那些都是身外之物，只有生命最美，快乐最贵。我们要想活得潇洒自在，要想过得幸福快乐，就必须做到：学会淡泊名利，割断权与利的联系，无官不去争，有官不去斗；位高不自傲，位低不自卑，欣然享受清心自在的美好时光，这样就会感受到生活的快乐和惬意。否则，太看重权力地位，让一生的快乐都毁在争权夺利中，那就太不值得，也太愚蠢了。

心胸豁达，做人大度

自古以来，胸怀大志者多把求名、求官、求利当做终生奋斗的三大目标。三者能得其一，对一般人来说已经终生无憾，若能尽遂人愿，更是幸运之至。然而，从辩证学角度看，有取必有舍，有进必有退，有一得必有一失，任何获取都需要付出代价。往好的、乐观的方向看，必将会希望无穷；反之，一味地往坏的、悲观的方向看，定觉兴致索然。

凡事往好的方面想，自然会心胸宽阔，也较能容纳别人的意见。宽大的心胸，不但可以使人由其它的角度去看事情，更能使自己过着无忧而自得的日子。有一回，释尊的一位大弟子被一位婆罗门侮辱，但他对于婆罗门的辱骂只是充耳不闻，未予理会。因为他知道，一个会以辱骂别人来凸显自己的人，说明他的修养和品行有问题。婆罗门见到他无端被自己辱骂，不但没有生气，且微笑地答辩，真不愧是圣者，终于自知理亏愤愤地离开了。这便是豁达，即佛家所谓的圆融。

豁达一些，也要大度一些。就拿鞋子来说吧，我们买鞋子都知道要多预留一点空间，否则穿久了，会因脚和鞋子摩擦得太厉害而起水泡，甚至磨破皮，以致痛苦难忍。又如赴约，应提早 5 分钟或 10 分钟到场，也一定比剩最后一分钟赶到的心情轻松多了。谚云“宰相肚里能撑船”，英国首相丘吉尔就是最好的例证，他对于化解愤怒的方法便是幽默。

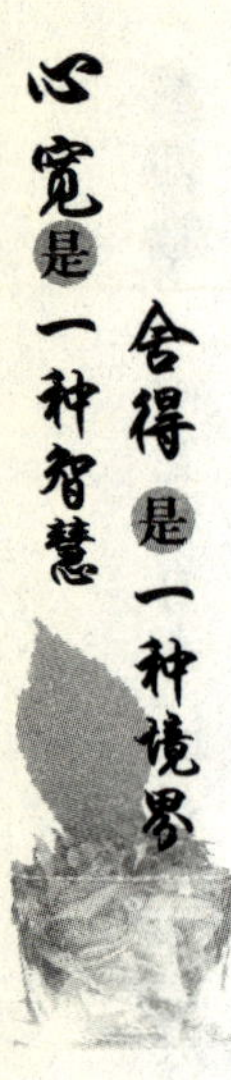

一次，丘吉尔在演说前遇到一位不赞同他的人，递给了他一张纸条，上写着“笨蛋”两字，丘吉尔看了之后，并没有生气或不悦，只是拿着那张纸条幽默地说：“我常常接到许多忘了签名的信，今天我第一次接到没有内容，却有签名的信，难道这是他的签名吗?”随后将纸条展示给在座诸位观看，引得哄堂大笑。愤怒是不好的情绪，但大多数的凡夫俗子往往控制不住它，只有少数有智慧、有度量的人才能适时疏导这种不好的情绪。

我们都有过这种经验，就是盛怒之后再反省，便会发现：“我当时也可以不必那么愤怒的，其实，事情也不是那么严重，不知道他（受气者）现在的感受如何?”但当遇到那种使人愤怒的情景时，往往又会按捺不住怒火。于是，我们必须透过日常生活不断地磨练自己，使自己也拥有化解、疏导愤怒的智慧和能力。由于我们不是顿悟的圣者，便只有靠着“时时勤拂拭，勿使惹尘埃”的功夫，使自己臻于能忍辱、容人的境界。是的，希望我们都能在生命之河的洗练中，慢慢磨去我们不知足的坏习性，使我们也能迈向圆融的人生。

我们应该效仿弥勒佛笑口常开的个性，并学习他用积极开朗的态度去解决一切问题。在这个充满争斗的繁华世界中，唯有以最自然无争的态度，处处流露服务他人的意念，才能散发人性至真、至善、至美的光明面。

西方谚语说：“当你笑时，全世界都跟着你笑；当你哭泣时，只有你一人哭泣。”如果你想要福气的话，每天在出门前就多练习笑容吧！

少一点儿贪婪，知足让生命更富足

只有懂得节制自己欲望的人，才会真正体会到快乐。只有懂得知足的人，才会有时间和心情去感受快乐带给我们的美妙感觉。快乐无价，只有懂得知足，我们才会更快乐。少一点贪婪，少一点自私，让我们学会知足，去享受生命带给我们的快乐吧！

托尔斯泰曾经讲过这样一个故事：

有一个人想要得到一块土地，地主就对他说："清早，你从这里往外跑，跑一段就插个旗杆，只要你在太阳落山前赶回来，插上旗杆的地就都归你"。

于是，那个人就拼命地跑，太阳已经偏西了，他还妄想再跑上一段路程，此时他已经精疲力竭，不小心摔了个跟头，就再也没有起来。有人就在他倒下的地方随便挖了个坑，就把他给埋了。牧师在给他做祷告的时候说："一个人需要多少土地呢？就这么大。"正如《伊索寓言》所说："有些人因为贪婪，想得到更多的东西，却把现在所有的也失掉了。"

生活就像是一杯白开水，盛水的杯子华丽与否，决定了这个人的贫与富。但是杯子里的水清澈透明，没有颜色，没有味道，对任何人都是一样的，在接下来的时间里，你可以任意地加糖、加盐，只要你喜欢。

于是，便有人无谓地往杯子里添加各种作料，直到杯子里的水已经溢了出来，最后你喝到嘴里的水却是一种苦涩的味道。

几个人在岸边钓鱼，旁边有游客在欣赏美景。这时只见一名垂钓者把钓竿一扬，钓上好大一条鱼，足有3尺长，鱼落在地上依然翻腾不止。垂钓者摁住大鱼，解下鱼嘴里的鱼钩，顺手却将大鱼投进了海里。

周围观看的人们发出了一阵惊叹声，难道如此大的鱼还不能让他满足吗？这个垂钓者可真够贪心的。

就在围观者屏息以待之时，垂钓者的钓竿又是一扬，这次钓上来的鱼也不小，足有2尺长，垂钓者仍旧是不看一眼，顺手又把鱼丢进了海里。

第三次，垂钓者的钓竿再次扬起，这次钓上来的这条鱼不足1尺长，围观的人们以为这条小鱼也定会被扔进大海，没想到垂钓者却将鱼解下，小心翼翼地放进自己的木桶里。

观看的人百思不得其解，就问垂钓者："你为什么舍大而取小呢？"想不到垂钓者的回答竟是："哦，因为我家里的盘子最大的不过1尺长，太大的鱼带回去，盘子盛不下。"

欲望永远都不会得到满足，它不停地诱惑着我们去追逐物欲和金钱，然而过多地追逐利益只会使我们迷失生活的方向，因此，做人千万不要太贪，贪得无厌必将得不偿失，只有适可而止、知足常乐的人才是真正的智者。

伊壁鸠鲁说："谁不知足，谁就不会幸福，即使他是世界的主宰也不例外。"

贪婪就是贪得无厌，它是一种过度膨胀的私欲。然而欲望没有止境，就如同人心不足蛇吞象一样，不论是对美食、金钱还是权力等等，永远都得不到满足。因此，当欲望产生时，再大的胃口也无法填满，贪多的结果只能给自己带来更多的烦恼与麻烦。

正如《伊索寓言》里所讲的："有些人因为贪婪，想得到更多的东西，却把现在所有的也失掉了。"

所以，我们应该明白：在生活中，就算是你可以拥有整个世界，一天也不过只能吃三餐。这是人生思索后的一种醒悟，谁懂得其中的含义，谁就过得轻松、活得自在，知足常乐，睡得安稳，走路也会踏实，回首往事也不会存有遗憾。

因此，不论是喜欢上一样东西也好，或是喜欢一个位置也罢，与其让自己负累，倒不如轻松面对，即使放弃或者离开，也会使你学会平静。所以，在诱惑面前切记要保持一颗清醒的头脑，因为生活中鱼和熊掌不可能兼得。人生是如此的短暂，我们纵然身在陋巷，也应享受每一刻美好的时光。

贪婪很难说是一种恶行，然而一切恶行都是围绕着欲望而生的，都不过是满足欲望的手段。贪婪是一种被扭曲了的自尊心，是自尊心过分的表现，是一种以追求物质满足为目的的。一个人一旦被贪婪冲昏了头脑，为了获得满足欲望成为现实的快感，常常就会丧失理智，不顾后果。

赵洁原来是县城里一个十分优秀的中学英语教师，深得领导的器重和学生的爱戴。可是，在这个物欲横流的社会，赵洁每每看到周围的朋友一个比一个风光，就感觉心里不是滋味。最后实在是经受不起金钱和物质的诱惑，她辞职去了一家外企公司，由此迈出了她人生错误的第一步。她说："走出的这一步，使我失去了太多，有做人的尊严，内心永远的不安宁，甚至是最为珍贵和纯洁的感情。"

进了外企之后，赵洁的收入明显地比以前多了好多，可是和其他女孩子相比，却仍是小巫见大巫。尤其是面对老板情人的趾高气扬，赵洁心里就更不是滋味：她一没有我赵洁漂亮，二没有我的学历高，凭什么就过着我辛辛苦苦工作也赚不来的

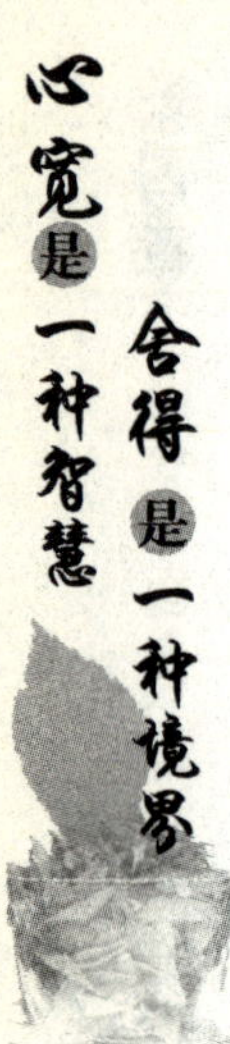

优越生活呢?

后来她知道了与自己一起住的女友经常去歌厅、酒吧坐台,挣了很多外快,禁不住诱惑的她也去了。可以说,那个地方向来是城市的一个暗角,里面有各种各样的人物。结果一次不小心,她竟然接触到了一伙毒贩子,极大的虚荣心促使她去贩毒。后来,她被抓获归案,此时她终于明白,是贪婪害了自己。

贪婪的人往往无暇去顾及别人的感受和评价,只要是能给自己带来好处,能够带来荣誉的机会,他们一定不会放过,甚至不计后果。这种贪婪的人只能把自己一步步推向痛苦的深渊,直到撞到南墙,他们才会明白是因为自己的贪婪,扼杀了本该属于自己的幸福。所以,我们一定要节制自己的欲望,不可有贪得无厌的心理,一定要学会知足,懂得在知足中享受人生的快乐!

踏实做人,心灵充实

踏实做事不是要我们埋头苦干,不管做什么工作,只知道盲目蛮干是不行的,埋头苦干,只能说明一个人的工作态度。做人做事,只有做到尽心尽力,才能把事情做的尽善尽美。做人要用心,做事要尽力,用脑思考,用心做事,不要为欲望所驱使,不要成为欲望的奴隶,要以一颗平常心来踏实做事,只有这样,才能给我们带来真实的成就感。

佛尔年轻的时候曾经是一名邮务生，工作之初，他和其他的邮务生没有任何区别，一直在用陈旧的方法分发信件。这是一种效率非常低的发信方法，经常会有很多信件因为方法陈旧而耽误几天甚至几周之久。

佛尔对这种现状自然不满意，他无时无刻不在想尽办法来提高自己的工作效率。白天的时候，他用心观察自己的工作情况，晚上躺在床上的时候，他还会用心思考如何解决工作效率低下的问题。没过多长时间，他竟然想到了一种把信件集合寄递的办法，这对信件的投递速度有了极大的提高。

这种方法很快就被推广开来，佛尔也因此升了职，他不再是邮务生了，在新的岗位上，他依然是尽力做好每一份工作，用心思考工作。5 年之后，他被提升为邮务局帮办，没过几年，他又被提升为总办，最后他凭借这种尽心尽力做事的精神，升任为美国电话电报公司的总经理。

把工作当成事业来做，按部就班地去做，只能把事情做对、做完。而只有尽心尽力去做，才能把工作做得更完美，优秀的人才会更优秀。优秀的人总会用心做事，把事情做得更好更完美。

尽心尽力、踏踏实实工作，把平凡的事情做得不平凡，才能把每一件事做好，这本身就是一种成功。

意大利著名指挥家、大提琴演奏家阿尔图罗·托斯卡尼尼，一生到过很多地方，指挥过无数的乐团，也见过数不清的达官显贵。在托斯卡尼尼 80 岁的时候，他的儿子曾好奇地问他："你觉得一生中做过的什么事是最重要的？"

托斯卡尼尼说："我一生中最重要的事情，就是我现在在做的事。对我来说，不管是去指挥一个交响乐团，还是在沙发上剥一个桔子，都是重要的事。"

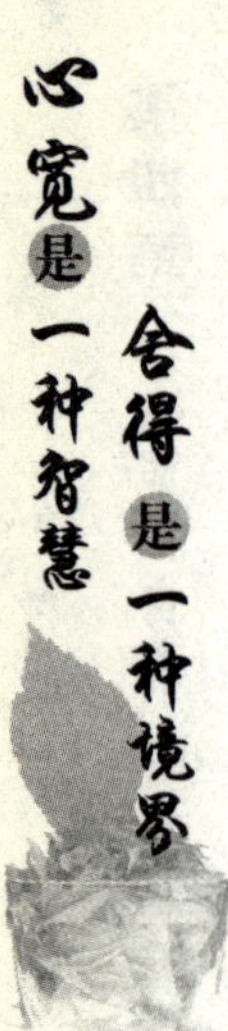

“我一生之中最重要的事情，就是我现在在做的事。”对任何事来说都是一样，不管大事小事，只有做好了才是一种成功。做好每一件平凡的事，这本身就是一种不平凡。

踏踏实实做事，不管做什么事都要尽心尽力，这样才能把任何一件事都能做到尽善尽美。只要用心思考，用心办事，任何人都有成功的希望。只有踏实做事，认真做人，才能一步一步靠近成功，从而体会到真实的成功感。

很多人在找工作的过程中很容易产生一种浮躁心理，尤其是那些刚刚走出大学校门的大学生。实际上，浮躁对我们做事毫无益处，反而会成为我们成功路上的障碍，不管碰到多少次失败，我们都必须保持平静的心态，认真总结自己的经验和教训，锲而不舍。只有这样，我们才能真正地体会到成功的感觉，哪怕是微小的成功，带给我们的依然是幸福感。

张明举是一个头脑非常聪明的人，从小学到大学，他都是备受老师关注的尖子生。大四时，他参加了研究生考试，很多人起早贪黑地学习都没有考上，可是他轻而易举地就考上了一所非常不错的学校。

但是，让人不可思议的是像他这样出类拔萃的人，却在求职路上栽了一个又一个跟头。他在找工作时，对一般的公司根本就不屑一顾，他觉得以自己的能力至少应该在一个著名的企业中担任经理职位，他相信自己一定可以碰到能够慧眼识珠的老板，在茫茫人海中把他这匹千里马挑去，然后把公司交给他管理。

周围的人都觉得他太浮躁了，于是劝他不要过于着急，凡事都应该慢慢来，现在找工作不要要求过高，将来在工作中如果表现好的话自然会升职的，可是他根本就听不进去。在求职过程中，一开始老板都对他非常赏识，可是当他提出自己的要求时，老板都笑笑说：“那是不可能的。”在接二连三的求职失败后，他终于看清了现实，最后还是在一家普通公司找了一份工作，他想起自己当初放弃了许多条件不错的工作，心里后悔不迭，可是又有什么办法呢？

张明举求职之所以失败，主要原因在于他过于急于求成，给自己定出了一个不切实际的目标。职场如同战场一样，尽管你的能力很高，但都需要在实际的工作中来检验，没有哪个工作单位会在一开始就给你安排重要的职位。你可以给自己定很高的目标，但是工作单位接不接受是另外一回事。求职是一个台阶，是一个展示自己才能的舞台，在这个时候，不能过多地去考虑薪水和职位之类的问题，浮躁对你毫无益处，老老实实地找个工作，在工作中尽情地展示自己的才华，这才是最重要的事情。

浮躁心理是求职的大敌，是引发众多心理压力与心理障碍的根源之一，戒骄戒躁是求职者首先应该做到的求职前提。

一、做好求职前的准备工作。你要了解自己面试的是什么公司，然后根据公司的性质来恰如其分地表现自己。比如你应聘的是销售岗位，你就应该积极主动地去表现自己，因为销售人员需要的是热情和活力；如果你应聘的是市场推广岗位，你应该尽可能地表现出自己与众不同的想法和创意；如果你应聘的是行政单位，你的一举一动都应该谨慎稳妥。

二、选择利于自己长期发展的工作。有的求职者在选择工作时只考虑公司的待遇，只要公司有名，薪水高，其它的都不考虑，就算工作和自己的专业不对口也毫不介意。这种求职心理只可能使你在短期内得到利益，可是对你将来的发展却是非常不利的。你应该静下心来想清楚，自己到底喜欢什么工作，到底适合什么工作，什么单位更有助于自己以后的发展，这才是你求职应该关注的中心。

三、心态一定要平和。在求职中不要急于求成，不要总认为自己了不起，不要对工作挑来挑去，一定要考虑自己的实际情况，心平气和地去找工作。

总之，不管做人也好，做事也罢，一定要脚踏实地，不要好高骛

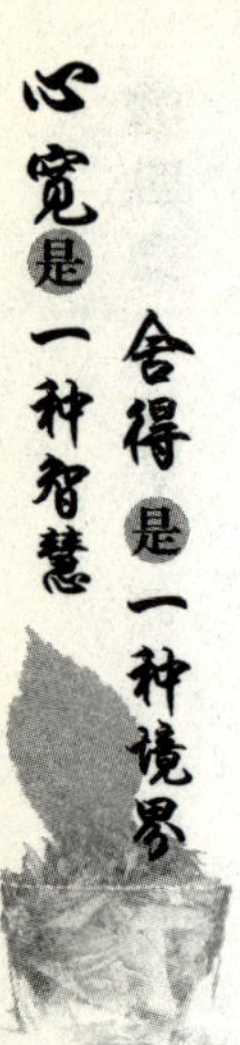

远。只有踏实做事，我们才会有所收获。如果不能够踏实做事，我们只能与成功擦肩而过。相比一无所得，不如选择认真做事，用自己的努力，换取微小的成功带来的幸福感，而这种幸福感不是用金钱或物质可以比拟的，这是一种心灵上的富足。只有踏实做事，我们才能更快乐，我们的生活才会更完美！

真诚是一种海阔天空的胸襟

真诚做人，是做人的一种境界。真诚做人，才会用平和的心态来看待利益、得失，才能做出正确的选择。真诚做人，才会懂得宽容别人，才能被人们所赞赏、钦佩，做事才能更踏实、更实际，认真做好每一件事。

真诚做人，不虚伪，不造作，不假惺惺，不卷进是非，不招人嫌，不招人嫉，只有这样才能踏实做事，才能有良好的人际关系。真诚做人，才能创造一个良好的人际关系，才能远离尔虞我诈的纷扰，才能收获人生的幸福。

一天下午，本来好好的天气，大雨突然倾盆而至，一位穿着非常简朴的老太太被大雨淋成了落汤鸡，狼狈不堪地走进了美国费城的一家百货公司。在场的很多售货员看到老太太穿着非常普通的衣服，所以，都没有对她表现出应有的热情。

这个时候，一位年轻的售货员走到老太太面前，诚恳地对老太太说："夫人，我能为您做些什么吗？"

老太太尴尬地笑了一下："不用了，我只是想在这里避一下雨，我很快就会离开。"老太太说完又感到不妥，毕竟借人家的地方避雨，却一点东西都不买，似乎有点不近人情。于是，老太太开始思考买点什么东西，哪怕是头发上的一个小饰物也可以，至少能够让自己可以在这里心安理得地避雨。

正在老太太思考的时候，那位年轻的售货员又回来了，只见他搬着一把椅子，诚恳地对老太太说："夫人，您不必为难，我给您搬来一把椅子放在门口，您安心坐着休息就可以了。"

大约两个小时后，大雨停了，老太太向那个年轻的售货员要了张名片，看了看，亲切地说："菲利，非常好听的名字，我记住你了，谢谢你！"然后匆匆离开了百货公司。

一段时间以后，费城百货公司的总经理詹姆斯在翻看来信的时候，非常意外地看到了一封信，发信人希望费城百货公司能够派菲利去苏格兰办一件事，签订一整座城堡的装潢订单，而且委托菲利负责几个大公司下一季度办公用品的采购工作。总经理詹姆斯马上算了一下，结果让他大吃一惊，这封信给公司带来的利益，几乎等于公司两年利润的总和。

詹姆斯马上与写信人取得了联系，原来写信人正是几个月前在百货公司避雨的老太太——美国亿万富翁"钢铁大王"卡耐基的母亲。

在菲利准备好行装将去苏格兰时，他已经成了费城百货公司的合伙人了，不再是一般的售货员了。那年，菲利仅仅22岁。

年轻的售货员菲利，用自己的真诚感动了那位老太太，而老太太则用真诚回报了年轻的售货员菲利。真诚做人，就像是种下了一粒种子，总有开花结果的那一天。做人就是这样，只有真诚待人，才能够得到别人的帮助，才能做好每一件事，这也是成就大事的重要素质之一。

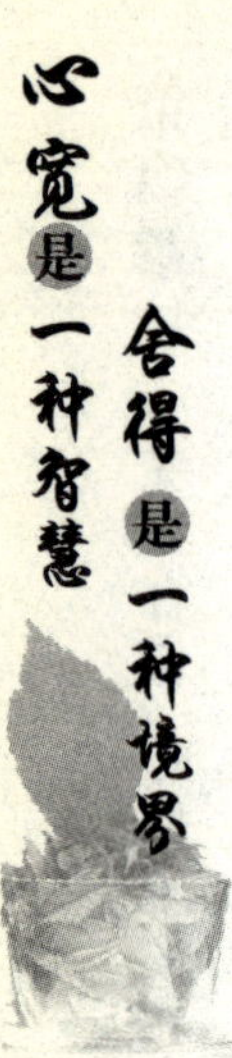

我们都知道山东人爽快、豪迈，说到底，就是做人真诚，一种骨子里的真诚。正因为这种真诚，让很多商人都愿意与山东人做生意，更愿意在山东人困难的时候拉上一把。

早在上世纪80年代初期，济南钟表厂生产的康巴斯石英钟的精确度是非常高的，日误差小于0.8秒，一节电池可以一年不用换，钟表耐用，使用年限较长。在当时来说，康巴斯石英钟是计时、美化室内环境的好产品。

但是，由于济南钟表厂经营不善，市场萎缩，企业几乎到了濒临破产的边缘。无奈之下，该厂厂长走投无路，不得不千里迢迢赶到北京找到中央台台长，把3000元钱放到台长的桌子上，说："从产品质量来说，我们厂的产品是最好的，但是，市场却是最差的，工厂快要倒闭了，这是全厂最后的3000元钱，您看着办吧。"

这个真诚的山东人让在场的所有人都深深地感动了。没过多长时间，人们在看完中央电视台《新闻联播》后，就会听到康巴斯那清脆、悦耳的钟声。

没过多长时间，依然是那个真诚的山东人，他再次来到了中央电视台，为中央电视台带来了数百万元的广告费用，企业想继续在中央电视台做广告。

同样是真诚，打动了中央电视台的领导，让康巴斯从一隅之地走向了全国，使企业迈出了重要的一步。

总之，真诚做人是一种宝贵的品格，是一种良好的修养，是一种海阔天空的胸襟，是一种高明的智慧。《中庸》说："诚者，天之道也；诚之者，人之道也。诚者不勉而中，不而得，从容中道。圣人也。"不是每个人都可以成为圣人的，但是，每个人都可以拥有圣人的品德。真诚是做人之本，是做事之基，是每个人都应该具有的一种基本素质。以诚待人，方能让他人以诚待我。只有真诚做人，才能得到别人真诚的回报，做事才能做好，这也是成功的重要素质之一，更是幸福的密码之一。

笑对人生得失，让生命活得更洒脱

孙子在《军争篇》中指出："军争之难者，以迂为直，以患为利。"在《九地篇》里说："投之亡地然后存，陷之死地然后生。夫众陷于害，然后能为胜败。"这两句话意思是说，军队争取先机之利最困难的地方，是要把迂回的弯路变为直路，要把不利变成有利。将士卒投入危地，才能转危为安；陷士卒于死地，才能转死为生；军队陷入危境，然后才能夺取胜利。历史上不少名君良将正是运用孙子这一用兵思想，导演了一幕幕转败为胜、转死为生、转患为利的活剧。我国古代著名战将韩信井陉背水之战，就是以患为利的著名战例。人生竞争如同战场竞争，逆境可以激励弱者，造就强者；逆境可以磨练意志，笑对人生。

北宋名将曹玮有一次率军与吐蕃军队作战，初战告胜，敌军狼狈溃逃。曹玮命令士兵驱赶着缴获的一大群牛羊往回走，牛羊走得很慢，落在了大部队后面。有人看了觉得不得了，万一敌军突然杀个回马枪，自己不是死得很惨？于是跑去向曹玮建议："牛羊用处不大，又会影响行军速度，不如将它们扔下，我们也能安全、迅速地赶回营地。"曹玮不接受这一建议，也不作任何解释，只是不断派人去侦察吐蕃军队的动静。

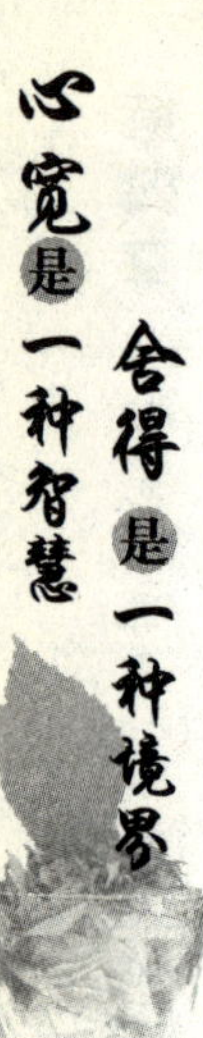

吐蕃军队的大将军狼狈逃窜了几十里，听探子报告说，曹玮舍不得扔下牛羊，致使部队乱哄哄地不成队形。大将军暗喜，还以为这个曹玮是个什么了不得的人物，连几头牛羊都舍不得放弃，鼠目寸光，真是成不了大气候。如此一想，便掉头赶回来，准备袭击曹玮的部队。

曹玮得到这一情报，便让队伍走得更慢，到达一个有利地形时，便整顿人马列阵迎敌。当吐蕃军队赶到时，曹玮派人传话给对方大将军说："你们远道赶来，一定很累吧。我们不想趁别人劳累时占便宜，请你让兵马好好休息，过一会儿再决战。"吐蕃将士正苦于这百十里地跑得太累，很乐意地接受了曹玮的建议。等吐蕃军队歇了一会儿，曹玮又派人对其统帅说，"现在你们休息得差不多了吧？可以上阵打一仗了！"于是双方列队开战，只一个回合，就把吐蕃军队打得大败。

后来，曹玮才告诉部下："我扔下牛羊，吐蕃军队就不会杀回马枪而消耗体力，这一去一来的，毕竟有百里之遥啊！我如下令与远道杀来的吐蕃军队立刻交战，他们会挟奔袭而来的一股锐气拼死一战，双方胜负难定。只有让他们在长途行军疲劳后稍微休息，腿脚麻痹、锐气尽失后再开战，才能一举将其消灭。"

生活中，不好的境遇有时会不期而至，使得我们猝不及防，这时我们就要学会放弃，放弃焦躁性急的心理，安然地等待事情的转机。

生活就像是我们在列车上的一次长途旅行，到了站点，你就必须下车，沉迷于过往的人将永远生活在痛苦和遗憾之中。

一只倒霉的狐狸被猎人套住了一只爪子，它毫不迟疑地咬断了那只小腿，然后逃命。放弃一只腿而保全一条生命，这是狐狸的哲学。人生亦应如此，当生活强迫我们必须付出惨痛的代价时，主动放弃局部利益，而保全整体利益是最明智的选择。智者云："两弊相衡取其轻，两利相权取其重。"趋利避害，这也正是放弃的实质。

我们的人生要有一种超然的关照，即使我们达不到这种境界，我们也要学会放弃，争取活得洒脱一些。

放下无谓的欲望，解开心灵枷锁

在很多人看来，只有实现的“欲望”越多，才会更幸福。但是，事实上是这样吗？为什么许多有钱人的幸福指数甚至还没有一个街头乞丐高？为什么国王的幸福指数低于一个厨师？

幸福与否，并不是看你拥有多少东西，过多的东西，会成为阻碍你走向幸福的路障。因为人的欲望是很难得到满足的，拥有了一样东西，还会渴望拥有另一样，反复无穷。而若想让自己多一份幸福感，只能是克制自己一些不必要的欲望，比如，现在房价飞涨，而你不满足于自己的小蜗居，明知道要花很多冤枉钱，但还是狠下心来贷款买房，为自己平添很多烦恼，还做了冤大头，得不偿失，更不要说有什么幸福感了。

张辉打算买辆新车，找了一个朋友陪他去车市选购。

张辉是工薪族，收入有限，于是他主动给自己设了一道底线：包括上牌，买汽车不能超出六万元。张辉早就看中了一款车，于是，带着朋友直接去4S店。迎面而来的导购小姐，用职业化的微笑、优雅的手势，熟练地介绍这款车的性能、特点和价格，张辉一脸满意的样子。对张辉来说，这确实是一款不错的车，完全符合他的选择标准。

在对车子了解得差不多的时候，张辉准备去签合同。但是，就在张辉和朋友走到玻璃桌的当头，导购小姐冲他们一笑，看似不经意间说了一句："其实这辆车是前两年的老款了，最近公司推出了新款，外观更漂亮，设计更合理，价钱也就是多了几千块钱，您要是感兴趣可以看一看。"冲着这款车设计得更合理，张辉有些心动了，因为价钱差别不大。

新款车的外观确实漂亮多了，张辉显然动心了，他准备放弃买老款，而去买新款车了。这个时候，导购小姐转而向张辉推荐别的系列，她说："其实，这一系列的车安全性稍弱一些，你不如考虑一下××系列的车，价格比您选中的这辆车只高出6000元。"

当张辉带着朋友坐上新车时，张辉自我解嘲道："没想到，我就这么一点点地掉进导购小姐设置的圈套里面了，原本只打算花6万元买车，开回家的却是12万元。我房屋按揭刚刚还清，现在又得按揭汽车了。"

有人说痛苦是轮回的，依笔者看来，这是欲望的不断升级的结果。人的不满足，人的欲望，人的苛求完美，让本来可以接近的幸福走远了。就像故事中的张辉那样，他本来是想买个6万的车，结果在欲望的不断诱惑下，居然买了12万的车。不得不说，过多的欲望带给我们的是不满足，是不断降低的幸福指数。

一位朋友在结婚前买了一套新房，房子面积不大，只有80多平方米，装修也很简单，没花多少钱。朋友说，对于他的收入来说，这样的面积和装修是合理的。如果买流行的100多平方米的房子并进行豪华的装修，那在以后的几年里，他必须有节制地消费，有计划地还房款，生活将不再从容。朋友说住进新房后他感到很满足，他不会羡慕别人面积更大、装修更漂亮的房子，更不会羡慕有钱人的豪华别墅，因为那样会使他一辈子都不快乐。

朋友真是一个聪明的人，他懂得对欲望说“不”。我们能做的，就是尽力把它修剪得更美观。放任欲望，它就会像疯长的灌木，丑恶不堪。但是，经常修剪就能成为一道悦目的风景。对于名利，只要取之有道，用之有道，利己惠人，它就不应该被看作是心灵的枷锁。

知足，然后随遇而安

“随遇而安”和“知足常乐”，这是两个人们非常熟悉且经常使用的成语。这两个成语的涵义相差无几，它们告诉人们同一种处世哲学和生活态度，要求人们在任何的环境中都能乐天知命，安于现状，与世无争，悠然自得，没有更高的要求，感到满足。

因此，有一些长者经常以教训的口吻指责一些对这也不满、那也不满的小辈说：“何必与自己过不去呢？何必经常自寻烦恼呢？看我，生活得多自在。知足者，常乐也。”

在现实生活中，也的确有不少人经常用“随遇而安”和“知足常乐”作为自己与世无争的座右铭，希望自己安安稳稳，希望他人不要前来打扰，平平静静地走完一生。问问他们为什么这样，得到的回答是：“何必呢？不争，也不错，生活得蛮不错。”

如果从心理学上来分析“随遇而安”和“知足常乐”，可以将其看作是人们适应社会的一种方式。适应社会有两种方式：积极适应和消极

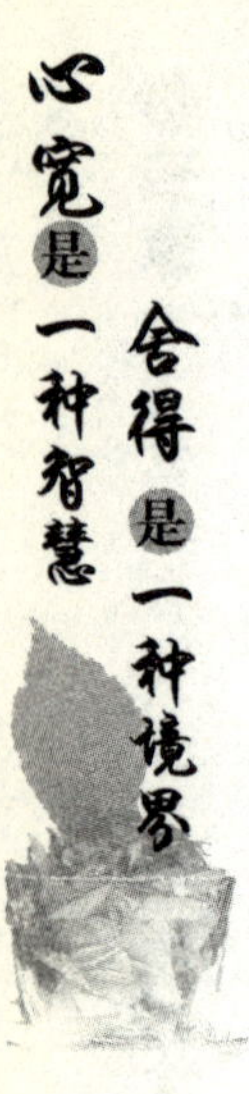

适应。所谓积极适应，指的是个体试图通过积极的努力，增强自己行为的动机和态度，使自己对变化了的环境，获得一种优势的或支配性的地位。所谓消极适应，指的是对变化了的环境采取没有摩擦的、简单反应的方式，或是跟随大流，或是心甘情愿地使自己处于服从他人的地位，这类人没有过高的要求，有时对自己的合理的需求反而采取压抑的方式去顺应他人。那么，“随遇而安”和“知足常乐”属于哪一种社会适应呢？不同的人有不同的回答，而我的观点是：有积极的一面，但基本上属负性的，因为它的基本特征是：“满足现状”和“以不变应万变”。

当看到自己的欲望难以达到时，人们可以用它来抑制不切实际的欲望，因而“只知耕耘，不问收获”，这类人一般不会欲壑难填，不会犯人心不足蛇吞象的错误，心态很是平稳，日子过得倒是太平。

当人们缺乏适应、创新能力时，可以用它作为“阿Q的自潮方式”来重新平衡自己的内心的矛盾，解除因欲望不满带来的痛苦，这类人不会自寻烦恼，更不会自我折磨；在竞争非常剧烈的情况下，它还可以使一些人将它作为退出竞争的“理由”，减少人际之间的冲突，而他人因为看到这类人构不成对他利益发展中的威胁，也就不会找上门来挑衅、寻事生端，也有不少人将它作为自己对他人“谦让”的信条。

因此，不能将“随遇而安”和“知足常乐”认为是绝对的消极。但是，鉴于“随遇而安”和“知足常乐”的基本内涵，在现实生活中可以常常发现以下这样类型的人具有它的特征。

第一，胸无大志，无所要求的人。这类人满足于现在的利益，比上不足，比下有余，混混庸庸，缺乏积极的进取精神，没有更高的欲望和要求，只求平安，但求无过，安于现状，没有积极进取心；

第二，屡遭挫折，心理上受到严重创伤的人。这类人本来对生活充满了希望，也有积极上进、奋斗的精神，但是，面对他的却是经常的失败，而且经常遭到意外打击，又找不到原因，心理负担很重，创伤也很深。结果呢？严重的挫折磨掉了他原有的锐气，只得将“随遇而安”和“知足常乐”作为他适应社会的一种方法；

第三，生活环境优越，不想积极进取者。这类人从一出生起，世界就为他准备了一切，优越的经济物质条件、不同寻常的社会地位等等。对于在甜水里泡大的他呢？一切的一切都坐享现成，满足现状，没有更高的或更多的要求；

第四，缺乏竞争能力者。这类人能力低下，也没有办法与他人竞争，在百般无奈的情况下，只能采取这种安于现状的做法；

第五，看破功名利禄或看破红尘者。这种人类似于过去的出家人，对社会、对人生看得很透，自己也有一段不寻常的生活经历，悟出了一条真缔：“与世无争”。最典型的代表就是清朝的顺治皇帝，好好的皇帝不当，却削发为僧，归依了佛祖。

正因为在现实生活中随遇而安和知足常乐大量地反映在上述人的身上，因此才充分显示出它的负面意义和消极作用。

例如，对于一个社会或群体的成员来说，如果其成员缺乏竞争心理，对生活和社会没有更高的要求，满足于现状，随遇而安或知足常乐，这个社会怎能有生气？这个社会怎能发展？中国是一个文明古国，但发展何其慢也，为何？国民们太知足常乐了，我们社会的成员中持有随遇而安心理的人太多了，因而不思进取，不能快速进步、强大，因而落后挨打。

对于一个民族来说，如果其成员都采取诸如随遇而安的中庸之道，都采取“现在比过去好一点就知足常乐”，都采取安于现状的夜郎自大、坐井观天的病态性谦虚，那么，如何形成一个积极进取的民族文化心理环境？如何发展提高全民族的素质？

对于一个人来说，如果他们的心态都是“小富而安”，没有足够的、持续的向上动力，没有足够的与他人竞争的勇气，没有积极的进取心，没有大胆的首创精神，这个人的聪明才智怎能有所发展？将随遇而安和知足常乐作为自己生活信条的人，实际上是在扼杀自己充分施展才能的可能性。而事实上，在当前的经济发展水平的条件下，随遇而安和知足常乐实际上是在“安贫”，是在盲目发展人们的依赖心理，于个人的发展是没有益处的。

无需太多，刚刚好才是最好

人生在世，所需无须太多，一箪食、一瓢饮足以。

喧嚣的都市，被太阳炙烤得灼热的马路上，行色匆匆的奔波者个个面目狰狞。为了追求永远挣不完的物质财富，人们甘愿被身外之物奴役。只是他们都忘了，世界如此之大，这渺小的双手怎能抓住太多。弱水三千，我只能取其一瓢。

在无止境的欲望的驱赶下，太多的人一路直奔目的地，却忽略了沿途美好的风景。其实，累了就该停下来歇歇，细数自己拥有的，蹲下来静静听花开的声音，也是一种人生乐趣。何必丢了信仰、失了纯真，去填补欲望的无底洞呢？

知足者常乐，金钱勿需太多。

钱财乃身外之物，生不带来，死不带去。人生在世，短短数十载，弹指一挥间已灰飞烟灭。金钱只是用来维持生活，勿需太多，够用即可。富人亦有富人的烦恼，今日怕偷，明日怕盗，夫妻为了财产两分离……穷人自有穷人的快乐，没有很多钱，却有同甘共苦的幸福，享有天伦之乐的晚年……

知足者常乐，权力勿需太多。

滚滚红尘，大千世界，人人都有属于自己的一方土地。权力就如同一把双刃剑，可以助人实现宏图大志，也可能让人坠入罪恶的深渊。放眼社会，有多少贪官污吏为了自己大了又大的欲望，不择手段地追逐权力，终是逃脱不了法网恢恢。

知足者常乐，爱勿需太多。

人间有爱，世界才会更加美好。古往今来，历史的长河中关于爱的神话世代传颂。然而，“无情不似多情苦，一寸还成千万缕”，爱太多易伤神，爱太多就会背上滥情的包袱。爱和付出是息息相关的，付出了才会深爱。爱太多，则身心俱疲，把握真爱，珍惜拥有，一颗知足的心才能让爱长久。

知足者常乐，看透人生亦了解“非淡泊无以名志，非宁静无以致远”。即使一无所有，独守一片林，垂钓一方水，在每个清晨来聆听鸟的歌唱，夜幕降临时看夕阳的余辉洒在田间房上……人生何所求，如此亦足以。

知足者常乐，人生之最美莫过于回眸那一瞬。回头想想，日落月升，生死轮回。宇宙何其大，烦恼何其多。我又何必庸人自扰，一味地追求得不到的许多。

所以，朋友，不必埋怨人心的险恶、社会的不公、所得的太少。改变自己的心境吧，前方永远是捡不完的金子，且一块更比一块大；人生是永远爬不完的山，且一山更比一山高。那么，何不停下来欣赏自己的所得，这收获的快乐且不比苦苦填补欲望的深渊好的多？

人生说长太长，沧海桑田；说短亦短，弹指一挥间。在这有限的生命里，何苦为难自己，为那可有可无的身外之物鞍前马后的奔波。

人外有人，天外有天。不必艳羡别人的满腹才情，勿需眼红别人的飞黄腾达，珍惜所有，爱我自己，知足者方能常乐。

如果我们将思想转向帮助旁人，或许我们可以找到平静心境和快乐。因为我们太热衷于自己，才使我们不快乐。

一位行善的基督徒，临终时想看看天堂和地狱究竟有什么差别。于是他请求天使在把他带到天堂之前，先带他去地狱看看。

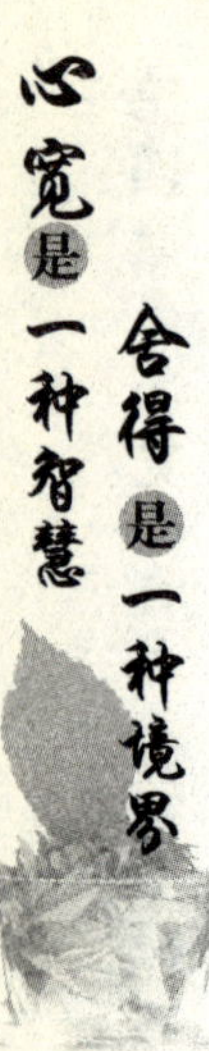

天使答应了他的请求，把他带到地狱。在地狱里，他看见一桌丰盛的晚餐，鸡、鸭、鱼、肉应有尽有。他很惊讶地问天使：“地狱的生活也不错嘛，难道生前做恶的人也不用受苦吗?”天使冲他微微一笑，说：“上帝是爱我们的，他不会主动惩罚每一个人。人们之所以受到惩罚，都是他们自己的过错。”基督徒听后还是不太理解。

这时，地狱的晚餐开始了。只见一群骨瘦如柴的饿鬼疯抢着坐到座位上，他们每个人都拿着一双十几尺长的筷子，都在努力试着用这双长筷子夹到美味的食物，但是筷子实在太长了，无论他们怎么努力，也无法把夹到的食物放到自己的嘴里。

基督徒看着他们，好像明白了什么。这时天使对他说：“你看，他们每个人都夹得到食物，却吃不到，你不觉得可惜吗？我再带你去天堂看看吧。”

于是，基督徒跟随天使来到天堂。在天堂里他同样看到一桌丰盛的晚餐，每道菜都和地狱里的一模一样。每个人用的筷子也和地狱里的一样，所不同的是，他们每个人都把夹到的食物喂给别人吃，而自己也不断地品尝到别人喂过来的食物，所以他们每个人吃得都很愉快。

天使说：“这就是天堂与地狱的区别：你不愿意帮助别人，你就生活在地狱里；你助人为乐，你就生活在天堂里”。

这是一个短小的故事，却给我们的启示很大：在我们的生活中，总会有地方需要别人的帮助。同样，我们身边的人也需要我们的帮助。只有互相帮助，我们才能生活得更美好、更快乐。

助人是一种高尚的行为，就像阳光一样，无私地普照着大地，让每一个热爱生活的人都能感受到阳光的灿烂；助人为乐是“此处无声胜有声”的，它只在默默无闻中播撒着美好的种子，让其在每一个受助者的心中开花。

第五章

与人为善，路越走越宽广

心存善念，不论人生有多少磨难，不论悲欢离合怎样纠缠，永远保持善良心念，善心善行，恒久永远，生死不变！有句话说得好：“幸福并不取决于财富、权力和容貌，而是取决于你和周围人的相处。”你想做个幸福的人吗？那么就从与人为善开始吧！懂得善待他人，也就懂得了善待自己。

与人为善，便是于己为善

有句话说得好："幸福并不取决于财富、权力和容貌，而是取决于你和周围人的相处。"你想做个幸福的人吗？那么就从与人为善开始吧！懂得善待他人，也就懂得了善待自己。

生活就像山谷里的回声，你付出什么，就将得到什么；你耕种什么，就会收获什么。帮助别人就是强大自己，帮助别人也就是帮助自己，别人得到的并非是你失去的。在一些人固有的思维模式中，帮助别人，自己就要有所牺牲；别人得到了，自己就一定会失去。比如你帮助别人提了东西，你就会耗费了自己的体力，耽误自己的时间。其实很多时候，帮助别人并不意味着自己吃亏。如果你帮助他人获得他们需要的东西，你也会因此而得到想要的东西，而且你帮助的人越多，你得到的也越多。

与人为善是我们在寻求幸福、寻求成功的过程中必须遵守的一条基本准则。在当今这样一个合作的社会中，人与人之间更是一种互动的关系。只有我们先去善待别人，善意地帮助别人，我们才能处理好人际关系，从而获得他人愉快的合作。

孟子曾经说过："君子莫大乎与人为善。"那些慷慨付出、不求回报的人，往往容易获得成功。而那些自私吝啬、斤斤计较的人，不仅找不到合作伙伴，甚至有可能成为孤家寡人。有的人会问：怎样才算与人

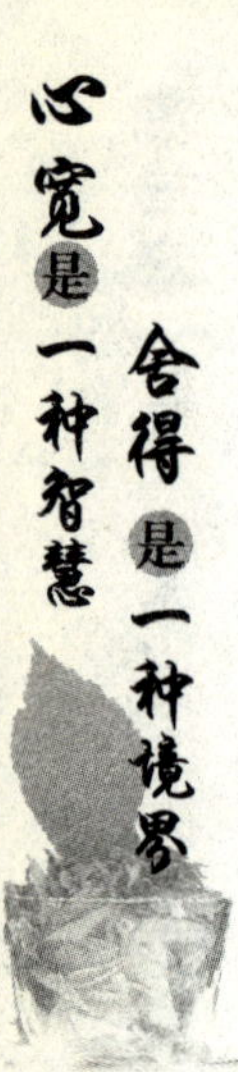

为善呢？与人为善说起来很简单，做起来却不是一件容易的事，它包括相当广泛的内容。如：关心他人，当朋友遇到困难的时候，主动伸出友谊之手；尊重他人，不去探究他人的隐私；不在背后议论、批评他人；善于和别人沟通、交流；善于和那些与自己兴趣、性格不同的人交往；承认对方的价值和努力，对于错误要负起自己该负的责任……

总的说来，善待他人的最重要原则就是“己所不欲，勿施于人”，凡事要从对方的角度来考虑。如果你能遵从这个原则，你将拥有许多朋友。

慷慨大方，不做吝啬鬼

在人际交往中，慷慨大度的人容易得到朋友，赢得好人缘，而一毛不拔的“吝啬鬼”则是极不受人欢迎的。

吝啬之人都非常计较个人的得失，遇事总怕自己吃亏。他可以大慷公家之慨，对个人利益却丝毫不予让步，总是低估别人高估自己，永不知足。

吝啬之人非常看重自己的财富与利益，为了既得利益，他们可以六亲不认，对别人的苦楚显得冷漠无情，毫无怜悯之心，甚至落井下石。巴尔扎克笔下的葛朗台老头就是一个金钱执著狂，为了钱他可以把妻子折磨死，欺骗亲生女儿，剥夺她的财产继承权。

吝啬之人都很少参与社会活动，也不关心周围的事物，他们不愿帮助别人，因此很少有知心朋友，有了困难也就很难得到他人的帮助。

吝啬之人缺乏社会责任感，他们自私、冷漠，对社会、他人乃至亲属不负责任，或者只站在狭隘立场来看待自己的责任与义务。

吝啬作为一种自私、冷漠的病态行为，有着极大的危害性。

首先，它破坏了人类所固有的仁爱之心、同情之心。“人非草木，孰能无情?”人与动物最大的区别就在于人类具有社会性，人与人之间存在着各种互助关系，相互关心、相互帮助是人类美好的属性。吝啬之人都极度自私，不给别人任何帮助，将人的本性降格为动物般的本性。吝啬破坏了人类美好的社会关系、伦理关系与道德关系，吝啬之人也必将受到社会的谴责和遗弃。

其次，物质与精神上的吝啬心理将会对一些社会成员造成精神及肉体上的伤害。试想，被子女抛弃的老人，被父母遗弃的女娃，他们面对的将是怎样的生活？一个被父母重养轻教长大的孩子，他们的灵魂又是多么的空虚？一个面临困境向他人伸出求援之手的人，得到的只是白眼，他的心里有多痛苦？作为人，实在不该有吝啬之心。

所以，立身处世，我们要学着慷慨大方些。要改变以往的吝啬形象，你不妨试试下面的做法：

（1）仔细想想你和别人打交道时，因为吝啬而造成的后果。

（2）看看别人在付出之后得到了什么。

（3）培养淡泊的心态。

（4）把你平时独享的好茶分给同事一份。

（5）向乞讨者施舍财物，哪怕一分钱也好。

（6）下次跟朋友一起吃饭时，你来买单。

（7）举行赈灾活动时，把你过时不穿的衣物捐出两件。

（8）学着爱护公共财物，并努力与破坏公共财物者作斗争。

（9）坐公交车时，把座位让给他人。

（10）为保护环境做一点儿贡献。

慷慨大度将赢得好人缘，一毛不拔则只能遭到众人的排遣。

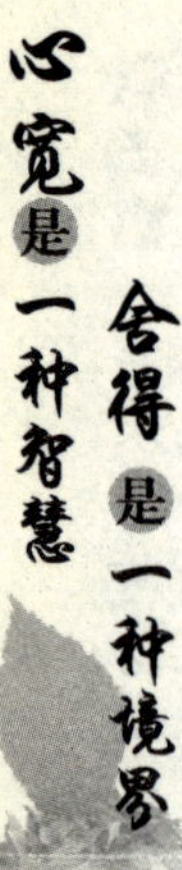

给人留余地，便是给自己留退路

宽容别人，给别人留余地，也就是为自己留余地。学会宽容，我们才会发现生活很美好，世界很美丽。只有懂得宽容，我们才会有良好的人际关系，路才会更宽广，人生才会多一分快乐，少一分烦恼！

俗话说："三十年河东，三十年河西。"其实这句话是有源头的，以前黄河河道不是固定的，经常会因为河水泛滥而改道。有个地方原来在河的东面，但是过了若干年后，黄河改道，这个地方竟然变成了河西之地。这句话在今天经常被人们用来比喻人事的盛衰兴替、变化无常，难以预料。

而这句话所蕴含的人生哲理，自然是说做人要厚道，要给自己留足后路，给他人留足余地。

清朝吴敬梓所著《儒林外史》中的第四十六回，有这样一段话。

"大先生，三十年河东，三十年河西。就像三十年前，你二位府上何等气势，我是亲眼看见的。而今彭府上，方府上，都一年胜似一年。"

所以，做人不要太嚣张，得饶人处且饶人，给人留足余地，避免来日落魄之时，遭到他人的侮辱和迫害。

能容人处且容人，说话做事给自己留足余地，也要给他人留有余地。在生活中，我们无私地宽容他人，给他人留足了余地，也是为自己留下了余地，给他人台阶下，也是给自己台阶下。

小张是一个毕业了三年的女大学生，跟小刘是同事，他们同一年进入这家公司，两个人在一间办公室里工作。公司的人都称他们是金童玉女，天生的一对。但是，小刘从来不会多看小张一眼，小张对小刘也是冷若冰霜。

其中原因很简单，两个人已经为入住隔壁那间经理室已暗斗了三年。

女人有时候为了达到自己的目的，甚至会做出一些出乎自己意料的举动。很多时候，连小张自己都会觉得自己卑鄙。小张常会在小刘不在的时候，将他审查完即将送交的文案迅速永久删除。尽管小刘对这一切都看得很清楚，但是，他依然装作一无所知。

一次，公司组织游玩，晚餐的时候，小张喝了很多饮料，不顾一切地跑进厕所。

但是，小张在进入厕所以后，才发现小刘在里面，裤子的拉链都没来得及拉上。当小张意识到自己走错了厕所的时候，一下呆在那里，不知所措。

而小刘只轻轻地说了一句："还不快走。"

小张急忙满脸通红地退出。尽管心中还在感激小刘的平静，但是，却又想到小刘肯定会把这事传到其他人耳中，说不定还会添油加醋，毕竟小刘在公司是她唯一的竞争对手。

但是，小张迟迟没有等来别人的嘲笑，这段尴尬的插曲好像就不曾发生一样，一个多月过去了，甚至没有人对小张露出讥讽的眼光，这当中也包括小刘。

小张明白了，小刘宽容地原谅了自己过去的算计，自己过往那些卑劣手段，现今成为了小张心中永远的结。

没过多久，小刘入住了隔壁那间经理办公室，而小张则成

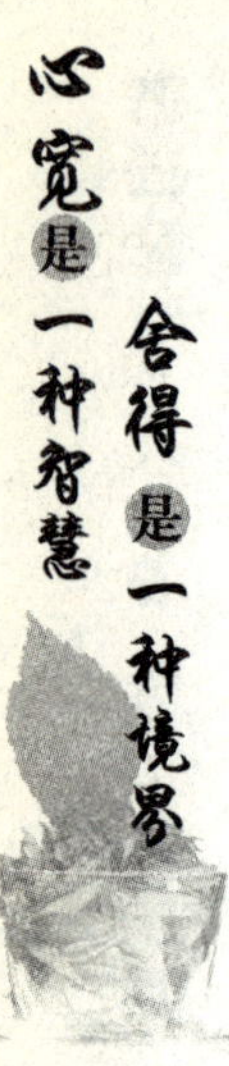

为了小刘的下属。在小刘正式升职那天，他微笑着对小张说：“其实你做的一切我早就知道了，只是我觉得，报复不会让一个人成功。”

小张的心结彻底打开了，报复并不能让一个人成功，能带来的只有无休止的忌恨与痛苦。而宽容则是战胜仇恨的最好武器，是走向成功最重要的砝码。从来不曾安心工作的小张，坐在自己的办公桌前安心地做着文案，因为她知道，自己住在宽容的隔壁。

“海纳百川，有容乃大”，宽容是一剂打开心结，化解坚冰的良药，有了宽容，世界才会更美丽，有了宽容，生活才会更美好。能容人处且容人，这是一种为人处事的智慧，是美好人生的魔法棒。宽容别人，给别人留余地，为自己留余地。学会宽容，我们才会发现生活很美好，世界很美丽。心头的乌云终究挡不住宽容的阳光，它终将照亮世界上每一个黑暗的角落。

释迦牟尼说：以恨对恨，恨永远存在；以爱对恨，恨自然消失。宽容是一种博大的精神境界，是一种高贵的美德。有了宽容，人与人之间才会多一些理解和真善，世界才会变得更美丽；有了宽容，人生之路才会越走越宽。

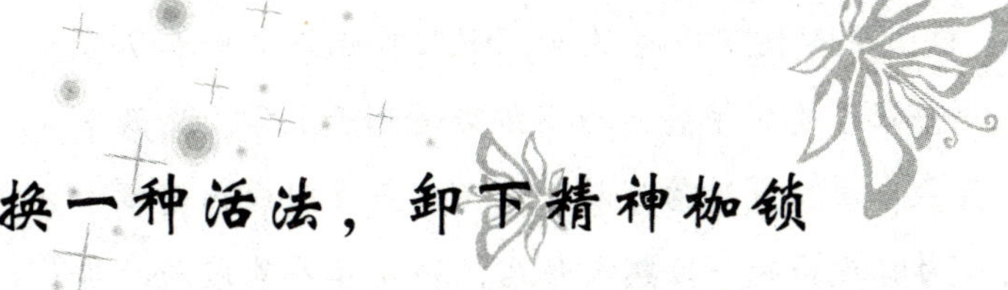

换一种活法，卸下精神枷锁

现代都市的生活节奏一天快过一天，学生面对越来越重的学习要求；上班族们面临随时的失业，和同事的艰难相处，繁重的本职工作；生意人要对待竞争对手、顾客、职员的管理，等等。在这样现代的都市中，昂贵的住房，看不起病的医院，不可缺少的生活，工作、生活都是困难的，压力无处不在。人却必须在这样的环境中跑步向前，不快你就要被吃掉；快了，压力也就来了。

压力的主要表现有：工作头绪多，期限要求紧，学习负担重，家务较多，时间紧张；生理上的反应包括精神紧张，容易疲劳，偶尔发生无名的头痛，背经常酸痛；情绪低落，容易生气，感到生活枯燥，缺乏情趣和快乐，甚至对未来产生迷茫。

生活中的压力无处不在，科学家对于这种心理隐形杀手的研究日深。压力本身就是生活的一部分，压力并不是一种情绪，而是人对发生在他周围或在他身上的事物的一种反应。从压力对个体行为的意义上分析，一些适度的压力可以给人以振奋，促进注意力的集中、提升工作的动机、引发正向情绪（如兴奋）、增加成功后的成就感等；而那些不适当的压力或者过度压力，往往会带来负面影响，甚至是破坏性后果，例如造成注意力狭窄、思维僵化、产生恐惧与逃避的心理、引起情绪与行为失控、长久压力导致身心疾病等。

马丁是A市科技局下属某事业单位的副主管，负责A市科技园和创业中心的各项具体业务。为了今后个人的发展，马丁还在上MBA在职研究生班。这一天，马丁像往常一样早晨6点半起床，洗漱完毕便下楼买早点，回来时正好妻子和7岁的儿子起床，一家人吃完早餐，马丁匆匆送儿子上学。离开学校，马丁赶紧乘车去预算外管理局，上午8点在门口和同事小C会合。两人由财政局的一位熟人介绍，和预算外管理局的负责人和经办人洽谈有关本单位的预算外资金管理问题。离开预算外管理局，9点半马丁乘车去市计委，向基建科和重点项目办公室咨询创业中心扩建工程立项问题。由于项目建议书必须要由有资质的机构制作，所以马丁又来到市工程咨询院，了解和洽谈委托的具体内容。上午11点，马丁回到市科委向分管领导汇报具体情况。中午回家的路上，马丁深感疲惫，在公交车上睡着了，差一点下错站。

中午吃完饭，马丁稍事休息，下午2点又乘公交车去远在开发区的单位上班，单位领导已经急等着和马丁商议工作。这时，MBA班的同学来电话，通知下学期专业报名和英语过关考试的事。3点半，马丁召集有关人员开会，讨论和布置单位预算外资金管理的具体事宜。4点半，马丁终于空闲下来，正准备思考一下人力资源的论文素材，此时又有外单位人员进门来洽谈业务。5点20分，快到下班时间，同事老Q来找马丁，告诉他以前的同事WM从美国回来探亲，约好晚上6点在“烧鹅仔”聚会。马丁赶紧和妻子联系，妻子告诉他自己晚上也要出席工作宴会，马丁必须在19点30分回家照看儿子。马丁心不在焉地参加了聚会，喝了几杯酒，主食没吃就匆匆回家。辅导完孩子的功课，马丁筋疲力尽。妻子回来不满地说，脸色怎么这么难看，胡子几天没刮，头发也乱。马丁带着

MBA 功课毫无进展的遗憾，简单洗漱一下就入睡了。

像马丁这样的人只是生活中的一个缩影，无数的人因各自的原因都在承受着压力。每个人都是有一定极限的，当压力达到一定界限的时候，人就会受不了。近几年来，特别是学校内，老会有一些学生自杀，而且自杀的样式还千奇百怪，为什么？就是想通过这种方式了结自己，发泄自己。

当我们到了这个地步的时候就不划算了，我们来到世上寄托着无数人的希望，承受着许多的关爱，这样的解脱方法是不可取的。觉得自己有压力的时候就要及时排泄，不能让压力积累，要找到一个平衡点，去寻找更多的良性压力，而尽量避免恶性压力的出现。

正确评价自己，不要过高要求自己，正确认识自己、评价自己是个性发展的重要前提之一。自己对自己的认识、评价是在发展过程中逐渐培养起来的，要对自己有正确的认识，做自己可以胜任的事情，对自己有个合理的预期和评价。

培养独立的人格，减少他人对自己的评价的影响。认识自己的价值，明确应该坚持什么、反对什么，有明确的是非界限，不能人云亦云，不要被周围所左右。

多与人交流沟通，及时倾诉自己感受到的无助和不快。交流是释放压力的有效途径，交流的过程也是自我反思的过程。通过与他人交谈，获取心理支持，增强自信心。

利用社会各种支持。任何心理成熟的独立的现代人，都需要他人的帮助，广泛的社会支持是缓解压力不可或缺的途径，而家人是社会支持网络的重要组成部分。此外，平时需注意扩大自己的交际范围，从没有利益冲突的第三方寻求心理支持。

从多角度审视自己，建立自我同一性。由于自我意识具有复杂性与多维性，就需要我们在多角度中审视自我、调整自我，寻找自我意识的统一点，整合自我意识，向理想自我靠近。

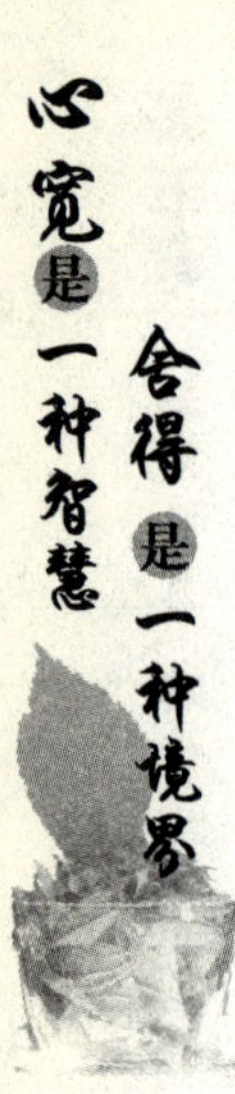

多做包括深呼吸和一种叫做冥想在内的思维引导方法，同时多进行体育运动，吃健康食品，休息时间充足以及平衡好工作与娱乐的时间。向朋友或家人宣泄感情，或者写下自己的感受，这些都有利于缓解精神压力。

压力是现代社会的隐形杀手之一，它会让我们情绪低落，每天都没有精神，没有心思做好事情，没有心思过好生活。而学会调节情绪，缓解压力，才能生活得更美好，工作才会更顺利。人活在世上就是要来好好欣赏世间美景的，不是让你痛苦地活着，因此，要学一学减压方法，让自己的生活轻松起来。

知恩图报，路越走越宽广

在人际交往中，我们每个人都曾得到过他人的恩惠，也曾施恩于他人；同时又不可避免地被他人所伤，也曾有意无意地伤害过他人。在受人恩惠后，我们是该知恩图报还是忘恩负义；被人伤害时，我们是该报仇雪恨还是忍让宽容，能够处理好这些问题，将直接关系到我们下一步交往的得失成败。

有些人恪守“受人滴水之恩，必当涌泉相报”的做人原则，得到恩惠后加倍地回报施恩者，使自己的良心得到莫大的慰藉；而有些人享受完恩情后，非但不领施恩之情，当利益与恩人产生冲突时，反而重利而轻义，竟对恩人无情地进行迫害。路遥知马力，日久见人心，狐狸的尾巴总有一天会露出来，这些忘恩负义的小人最终必将得到报应，被人们指责与唾弃。

面对仇恨时，有些人深谙“冤家宜解不宜结”之道，即使对方于己有天大的仇恨，也依然抱着一颗宽容之心去面对、去接受，结果真情软化了钢刀，仇恨烟消云散，敌人变成了朋友；而有些人耿耿于怀，睚眦必报，狭隘地以为“此仇不报非君子”，于是一直活在复仇的世界中，当穷尽一生未能达成愿望时，还把它强加给下一代甚至下下一代，殊不知，冤冤相报何时了，永不停息地相互厮杀，到头来只能落得两败俱伤的下场，于人于己都没有一点好处。

下面讲一个把“‘恩情’刻在石头上，‘仇恨’写在沙滩上”的故事，其中蕴含着极其深刻的关于“恩情”与“仇恨”的取舍之道。

在一个风和日丽的周末，阿里（阿拉伯著名作家）与朋友吉伯和马沙一同到野外旅行。三人行经一处山谷时，马沙不小心摔了一跤，向深谷滚去。眼看着就要掉进深谷，眼疾手快的吉伯拼命地抓住了他的衣襟，将他从死亡线上拉了回来。马沙起死回生，他知道，这次新的生命是吉伯给他的，为了永远记住吉伯的救命之恩，他在附近的一块大石头上用尖刀刻下一行大字：某年某月某日，吉伯救了马沙一命。

三人继续旅行，几日后来到一处沙滩。走着走着，不知为什么马沙和吉伯突然吵了起来，吉伯一气之下打了马沙一记耳光。马沙没有还手，只是一口气跑到远处的沙滩上，用手指写下了一行大字：某年某月某日，吉伯打了马沙一记耳光。

旅行很快结束了。有一天，阿里在回忆这段经历时，突然想起马沙两次刻字的事，便不解地问：“马沙，我的朋友，你为什么把吉伯救你的事刻在石头上，而把他打你的事写在沙滩上?”

马沙笑了笑，说：“别人对我的恩情，我要牢牢记住，把它刻在石头上，也刻在心里，风吹不掉，雨淋不掉；至于别人对我的仇恨，就让它像流沙一样立即消逝吧！”

阿里顿悟，从此对马沙的为人更加敬重，并且把这段不寻常的经历、这一富有哲理而又十分感人的故事写进了自己的著作。

是啊，把“恩情”刻在石头上，把“仇恨”写在沙滩上，这是一种多么令人起敬的举动，是一种多么富有哲理与深意的为人处世之道啊！如果我们每个人都能把仇恨忘掉，而只记住他人的恩情，那么人与人之间将变得多么地和谐融洽，这个世界将变得多么富有人情味儿啊！

谨记恩情，知恩图报，我们将得到更多的真情与关爱；忘却仇恨，化敌为友，人生之路就会越走越宽。

勿以恶小而为之，勿以善小而不为

从哲学上讲，量变积累到一定程度就会发生质变。因此，不论多么微小的事物，都应把它高度重视起来。世事皆如此，在善恶之间取舍也不例外。对于行恶与为善，我们应时刻谨记那条古训：勿以恶小而为之，勿以善小而不为。

大千世界，诱惑颇多，若不懂得抵制，反而主动去接近它们，一个人就容易腐化变质。时不时地光顾灯红酒绿的场所，一来二去就会沉迷于酒色之中，甚至沦为一个“色魔”；假日里跟朋友沉醉麻将桌前，手痒起来宁愿丢掉工作也要过把瘾，天长日久，就成了一个赌徒；为了满足好奇心，突然想吸毒，当你与它亲密接触后，你最终可能走上吸毒贩毒的道路；一时囊中羞涩，撬了一家商店，当下次手头紧张时，就还会有那种“走捷径”的冲动，以致最终沦为一名盗窃犯……许多人偏以恶小而为之，认为一两次越轨不会造成太大的偏差。殊不知，堤溃蚁孔，气泄针芒，小恶积累到一定程度就变成了大恶，可使人陷入无法自拔的境地。所以，要避免腐化变质，就要克己自律，防微杜渐，警惕“烹蛙现象”。古人说得好：勿轻小事，小隙沉舟；勿轻小物，小虫毒身。革除生活陋习恶习，始终保持个人良好的品德，不允许一丝一毫不良习惯的侵入，一个人才能永葆如玉般的品质。

恶虽小，亦不能为；而善再小，亦应去为。因为小事常常可以折射出一个人的德性与品质，而且做别人不屑去做的善事时，往往可以给自己带来好运。法国大银行家恰科的发迹史，就充分印证了这个道理。

还是在读书的时候，恰科就有志于在银行界谋职。起初，他去一家银行求职。一个毛头小伙子的到来，对这家银行的官员来说太不起眼了，恰科的求职碰壁了。后来，他又去其他银行，结果仍令他失望。但恰科要在银行里谋职的决心丝毫未受打击，反而更加坚定，他一如既往地到各家银行求职。

有一天，恰科来到一家最好的银行，直接找到董事长，希望董事长能雇佣他。然而，他与董事长一见面就被拒绝了，对恰科来说，这已是第52次被拒绝了。当恰科走出银行时，看见门前的地面上有一根大头针，他弯腰把大头针拾了起来，以免伤到其他人。

回到家里，恰科仰卧在床上，望着天花板直发愣，心想命运对他为何如此不公平，连让他试一试的机会也没有，他在伤心中睡着了。第二天，恰科又准备出门求职，在关门的一瞬间，他看见信箱里有一封信，拆开一看，恰科欣喜若狂，手里

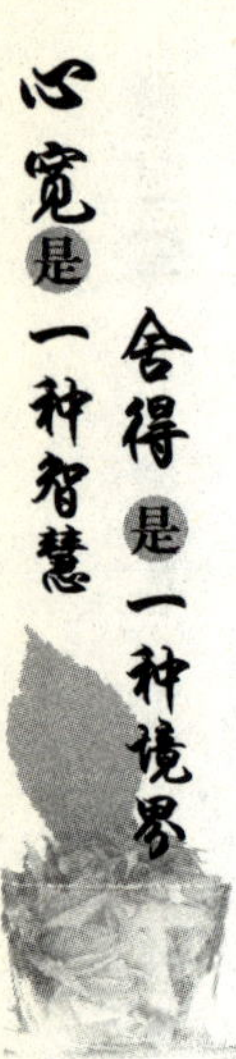

拿着的竟是一张录用书。原来，昨天恰科拾起大头针那一幕被董事长看见了，董事长认为如此精细认真的人，很适合当银行职员，所以改变主意决定雇佣他。从此，恰科开始了银行创业生涯。

下面这则故事，也说明了为善终得好报的道理。

在美国标准石油公司，有一个名叫阿基勃特的小职员，在每天下班回旅馆的时候，他总是在自己签名的下方写上“每桶四元的标准石油”字样。他的这种做法在书信及收据上也不例外，只要是签了名，就一定写上那几个字。因此，他被同事们戏称为“每桶四元”，而他的真名倒没有人叫了。

公司董事长洛克菲勒知道这件事后，感到惊讶：竟然有人如此苦心地为公司做广告，真是个难得的人才。他决定见见他，于是邀请阿基勃特共进晚餐。后来，洛克菲勒卸任，阿基勃特成了第二任董事长。

看似一件谁都可以做到的事，却只有阿基勃特一个人去做了，而且坚定不移，乐此不疲。嘲笑他的人中，肯定有不少人的才华、能力都在他之上，可是，最后只有他成了董事长。小恶不加控制，终将酿成大祸；小善经常为之，久可铸成大功。

不要计较鸡毛蒜皮小事

生活中鸡毛蒜皮的小事多如牛毛，若整天为这些小事耗神费力、斤斤计较，就会惹来一身麻烦，毫无快乐可言。比如，由于错误关机，电脑显示器烧了，一想起这事就自责愚笨；乘车时被人偷了钱包，一连几天闷闷不乐；打乒乓球被对手战败了，就心灰意冷、垂头丧气；开会发言时出了洋相，会后见人就躲着走；脸上长了几个青春痘，见人时就不敢抬头；为选择电视节目跟家人闹别扭……这些鸡毛蒜皮的小事，在不知不觉中让烦恼的皱纹替代了开心的笑容，细究起来是很不值得的。

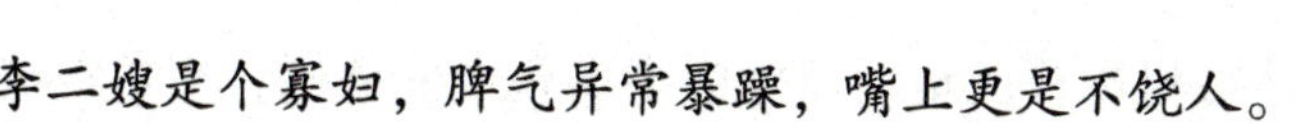

李二嫂是个寡妇，脾气异常暴躁，嘴上更是不饶人。

老王和老孙是李二嫂的邻居，邻里关系处得不是太好。

老王和老孙性格不同，老王豁达开朗，凡事想得开，整天乐呵呵的；老孙心胸狭窄，什么事也容不下，一天到晚总是闷闷不乐。

一天，李二嫂家一只老母鸡不见了。她以为是邻居搞的鬼，就在自家院里大骂："哪个老不死的偷了我家的老母鸡？谁偷了我的老母鸡，谁断子绝孙，死了闭不上眼睛！"

李二嫂骂得很难听，嗓门又大，邻居老王和老孙都听得一清二楚。

老王想："她没点名道姓骂咱，咱也没干那亏心事，随她怎么骂，这事跟自己不相干。"这样一想，心胸自然开阔，该干什么还干什么，一点儿也不往心里去。

老孙却不一样。他想："这婆娘真没口德，开口闭口老不死的，准是冲我来的。唉，真是气死人了！"老孙气得茶不思、饭不想，最后病倒了。

几天后，李二嫂在自家的柴草垛中发现了已经死掉的老母鸡。原来老母鸡觅食时钻到了柴草垛里面，还没出来时，正赶上李二嫂的儿子又放了几捆柴草，堵住了洞口。几天后，老母鸡饿死了。

李二嫂感到内疚，就向老王和老孙道歉。

老王摇了摇头，说："没什么，我一点儿都没生气，你不必难过。"

李二嫂随后来到老孙家，诚恳地向老孙道歉，老孙心中的怨气这才慢慢消了。

"唉，心眼儿小真是害死人呐！咱要跟人家老王似的，怎至于落到这种地步?!"事后老孙反思道。

人们往往可以勇敢地面对生活中那些大的危机，却常常被一些鸡毛蒜皮的小事搞得垂头丧气。

拜德先生发现，他手下的人能够毫无怨言地从事危险而又艰苦的工作，可是，有好几个同房的人彼此不说话，因为怀疑别人把东西放乱，占了自己的地方。有一个讲究空腹进食细嚼健康法的家伙，每口食物都要嚼 28 次，而另一个人一定要找个看不见这家伙的地方，才吃得下去饭。

实际上，要想克服一些小事引起的烦恼，只要把看法和重点转移一下就可以了。

作家荷马·克罗伊跟他的朋友说，过去他在写作的时候，常常被公寓热水灯的响声吵得快要发疯。“后来，有一次我和几个朋友出去露营，当听到燃烧的木柴发出‘噼噼啪啪’的响声时，我突然想到，这些声音和热水灯的响声一样，为什么我会喜欢这个声音而讨厌那个声音呢？回来后我告诫自己：‘火堆里木头的爆裂声很好听，热水灯的声音也差不多。我完全可以蒙头大睡，不去理会这些噪音。结果，头几天我还注意它的声音，可不久我就完全忘记了它。’很多小忧虑也是如此。我们不喜欢一些小事，结果弄得整个人很沮丧。其实，我们都夸张了那些小事的重要性……”

狄士雷里说：“生命太短促了，我们没有时间再为一些小事烦恼。”

是啊，人生只有短短的几十年，我们却浪费了许多宝贵时间为那些鸡毛蒜皮的小事烦恼，实在不值得。所以，我们要学会不为鸡毛蒜皮的小事烦恼，应把时间充分利用起来，去做那些有价值、有意义的事。

放下面子，放下负担

一个人太爱面子，必然会有所顾虑，顾虑太多则不敢面对现实。这样下去，他的人生之路就将越走越窄，成功、快乐和幸福也注定与他无缘。

一位千金小姐跟随婢女在饥荒中逃难，干粮吃尽后，婢女要小姐一起跟她去乞讨。

小姐傲慢地说：“你这个丫头太不懂礼数！我是千金之

身，怎能去干那种下贱的勾当？”

结果，婢女去乞讨活了下来，而那位千金小姐怕丢人，放不下面子，放不下架子，不愿去乞讨，被活活地饿死了。

俗话说：“脸皮厚，吃个够；脸皮薄，吃不着。”不顾面子，随便一些，大方一些，你就能放开手脚吃到想吃的东西；而处处顾虑，怕丢人，怕现眼，就会畏首畏尾，什么也吃不到。

太爱面子，一味地维护面子，结果并不一定可以为自己赢得自尊，相反常常会使自己陷入尴尬的境地，闹出一些笑话来。

一位博士结业后分到一家研究所，成为研究所里学历最高的人。

有一天，他到单位后面的小池塘钓鱼，正好正副所长在他的一左一右，也在钓鱼。

他只是微微点了点头，这两个本科生，有什么好聊的呢？

不一会儿，正所长放下钓竿，伸伸懒腰，“噌、噌、噌”地从水面上疾走到对面，入厕方便。

博士眼睛睁得都快掉下来了：啊，水上飞！所长不会是位武林高手吧？

正所长入厕回来时，又“噌、噌、噌”地从水面上疾步返回。

这到底是怎么回事？博士不好意思去问，自己可是个博士啊！

过了一阵儿，副所长也站起来，像正所长一样“噌、噌、噌”地飘过水面上厕所。这下博士更为震惊：不会吧，我来到了一个高手云集的地方？

时间不长，博士也内急了。池塘两边有围墙，要到对面厕所非得绕十分钟的路，而回单位又太远，怎么办？

博士不愿去问两位所长，憋了半天后，也起身往水里跨：我就不信本科生能过的水面，我博士生不能过。

只听“扑通”一声，博士栽倒在了水里。

两位所长将他拉了出来，问他为什么要下水，他不服气地问：“为什么你们可以走过去呢？”

两位所长相视一笑：“这池塘里有两排木桩子，由于这两天下雨涨水，正好在水面下。我们都知道这木桩的位置，所以可以踩着桩子过去。你怎么不问一声呢？”

博士生的故事告诉我们，太爱面子只能大栽跟头。只有放下面子，虚心向人请教，才能弄清事实的真相，才能在前进的道路上顺利地前行。

你如果想在社会上走出一条路来，那么就要丢掉面子，放下你的学历，放下你的家庭背景，放下你的身份，让自己回归普通人之列。同时，也不要在乎别人的嘲笑和讽刺，做你认为值得做的事，走你认为值得走的路。

不爱面子比注重面子的人在竞争上占有许多优势，能放下面子的人，他的思考富有高度的弹性，不会有刻板的观念，能吸收各种资讯，形成一个庞大而多样的资讯库，这将是他的本钱。

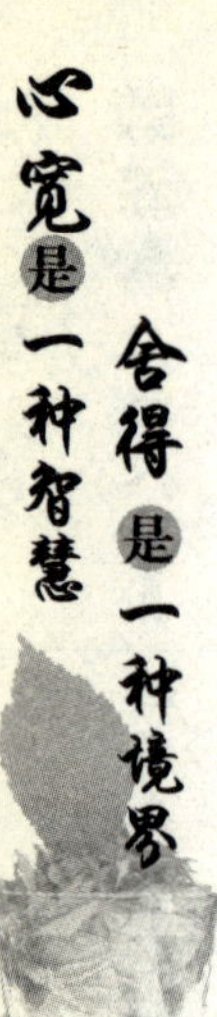

己所不欲，勿施于人

古人云："己所不欲，勿施于人。"意即自己不想做的，也不要留在别人身上，而让别人去做。己所不欲之事多为艰难之事，自己知道事情艰难，不想为难自己，便选择退却以明哲保身；难到为难别人，把别人当做替自己做事的工具，心里就过意得去吗？所以，在人际交往中，我们应时刻遵守"己所不欲，勿施于人"的为人处世之道。

一个青年男子来找本·派图拉比，请教他一个问题："市长要我去杀一个人，我要是不去，市长就会派人来杀我。在这种情况下，我该怎么办？"

本·派图拉比回答说："宁可让他杀你，你也不要犯谋杀罪。你为什么认为自己的血就比他的红呢？"

有两个人外出旅行，走进了荒无人烟的大沙漠，此时，两个人里只有一个人有一点儿水。这点儿水如果两个人喝，则两个人都将渴死在沙漠里；如果一个人喝，则此人可以活着走出沙漠。在这种情况下，人应该怎么办？

本·派图拉比教导说："拥有水的人应喝以活命。"

按照犹太人的观点，本·派图拉比对这两则故事之所以得出这样的

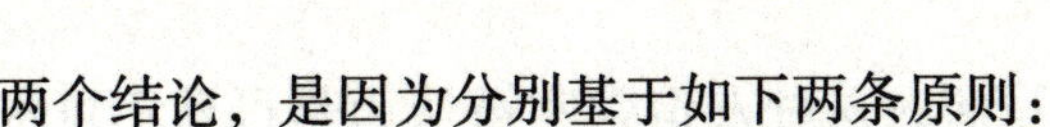

两个结论，是因为分别基于如下两条原则：

（1）人不应视自己的生命价值高于他人。

（2）一个人自己的生命价值决不低于他人。

我们将这两条原则结合在一起，则不难发现，这不正是一条人己关系双向对等的原则吗？

一个人没有权利把自己不愿意要的东西强加于他人，但一个人也不应该把一般人都不要的东西留给自己。而当人己双方都面临着人类所不要的东西，而又必须由其中一方承受下来时，就让每个人自己拥有的客观条件来决定，而不要进行人为干预。

这种把问题的解答同初始的物质条件相挂钩，不进行人为干预的方法，从形式上看，是暂时给道德原则加括号，把它悬置起来，借以回避问题。但从实质上看，不就是借道德之名，将不道德的要求强加给信守道德之人吗？

不可否认，任何道德体系都内在地具有抬高整体，包括作为整体之具体化的他人，而贬抑自我的要求这一根本倾向。犹太民族的道德信条也不可能完全消除这种倾向，除非不成其为道德。

然而，在道德有可能越了“道德”的范围，而成为某种不道德时，犹太民族却极为合理、极为道德地紧急制动，借悬置道德来给出了最为道德的准则。这种以物的合理性，即以物的归属来规定人的合理性（即理论或道德标准）的做法，正典型地体现了犹太智慧的一个极为意义重大、极具现代色彩的特征：主观合理性与客观合理性吻合，主观合理性受客观合理性决定，或者更确切地说，人的合理性与物的合理性的同一与融合。

把中国人的智慧改变一下，看起来是矛盾的，实际上却更深刻地体现了生存智慧：“己所不欲，勿施于人”和“人所不欲，勿施于己。”

把这种智慧运用到人际交往之中，你就能够得到真正的友谊，就能够在人际关系中树立自己的形象和地位。

人与人之间的关系，所追求的就是心灵的相通，“心有灵犀一点

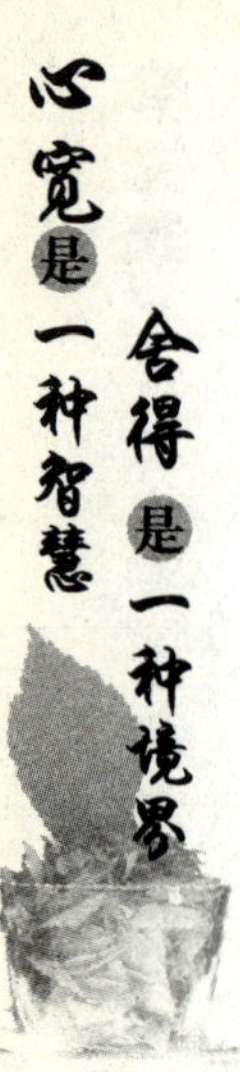

通”一直是友谊的自然天性写照，这种友谊常常被认为是可遇不可求的。其实，我们只要把自己的心理需要能够正确理解，也就能够理解他人，这样也就能够尊重他人，获得他人的友谊。

上善若水，顺其自然

随便一点，随和一些，“水自漂流云自闲，花自零落树自眠”。世间热闹纷扰，你抽身而出，不为利急，不为名躁，不激动，不冲动，进退有据，左右逢源，这样貌似糊涂的人生，何尝不是一种幸福人生？“春有百花秋有月，夏有凉风冬有雪，若无闲事挂心头，便是人间好时节。”这首诗出自无门慧开禅师。大自然非人力所能为，却一年四季各应其时，各有其美，与自然之美、生命之美相比，其他种种不过是闲事罢了。

有一天，一个朋友慌慌张张地跑来对美国作家爱默生说：“预言家说，世界末日就在今晚！”

爱默生望着他，平静地回答：“不管世界变成如何，我依旧照自己的方式过日子。”

爱默生的回答十分耐人寻味，他面对动荡不羁的人生，采取的是一种“随”的态度，并从中获得了快乐。

爱默生的生活态度，说明在世上想要享受真正的生活，一定不要在乎那些自己所无法掌控的坏消息。就算哪天世界末日真的会降临到你的身上，你也无须担心。世界末日你根本无法阻止，并且只会来一次。而现在世界末日也还没来，不是吗？

就像某位哲人所说的："我们不需要恐惧死亡，因为事实上我们永远不会碰到它。只要我们还在这儿，它就不会发生，当它发生时，我们就不在这儿了，所以恐惧死亡是没有意义的。"

有一天下午，周艳正在弹钢琴，7岁的儿子走了进来。他听了一会儿说："妈，你弹得不怎么动听！"

不错，是不怎么动听，甚至任何不认真学琴的人听到她的演奏，都会挑出不少错误，不过周艳并不在乎。多年来，周艳一直就这样不断地弹着，她弹得很高兴。

周艳也曾热衷于不动听的歌唱和不耐看的绘画，从前还自得其乐于蹩脚的缝纫。周艳在这些方面的能力不强，但她不以为耻，因为她不是为他人而活着，她认为自己有一两样东西做得不错就足够了。

生活中的我们常常很在意自己在别人的眼里究竟是一个什么样的形象，因此，为了给他人留下一个比较好的印象，我们总是事事都要争取做得最好，时时都要显得比别人高明。在这种心理的驱使下，人们往往把自己推上了一个永不停歇的痛苦循环中。

事实上，人生活在这个世界上，并不是一定要压倒他人，也不是为了他人而活着。人活在世上，所追求的应当是自我价值的实现，以及对自我的珍惜。不过值得注意的是，一个人能否实现自我，并不在于他比其他人优秀多少，而在于他在精神上能否得到幸福和满足。只要你能够得到他人所没有的幸福，那么即使表现得不出众也没有什么。

人的一生如同在江河中强渡，身边有时是惊涛拍岸卷起千堆雪，有时是长沟流月去无声……一味地强渡抢渡，最容易陷入举步维艰、事倍

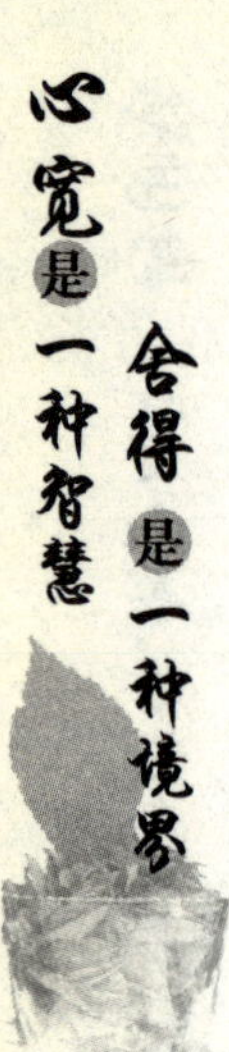

功半的境地。而如果你懂得了“随”字诀，对于人生的各种变故与动荡就不会那么手足无措，大可以在轻松写意中化解各种矛盾。

所谓“随”，不是跟随，而是顺其自然，不躁进、不强求、不过度、不怨恨。《道德经》中“人之生也柔弱，其死也坚强；草木之生也柔脆，其死也枯槁”，一语道破了顺其自然的根本理由——为了生存。有机的生命体从来都是柔性的，只有在死亡之后才变得坚硬。而坚硬的东西通常都易受损、易碎、易灭失，所谓“柔弱者，生之途；坚强者，死之途”。因此，生存之本是顺其自然，为人处世亦是如此。

所谓“随”，不是随便，不是随波逐流，而是一种有智慧的勇敢，它是怀着坚定的信念，顺天道、识大体、持正念、择正行，在顺应中努力，在屈中求伸。所以说我们要修成糊涂真功，先得学会“随”字心法。心境放随和了，身段就柔和了，能进则进，当止就止，于不经意间收获丰赡的人生。

老子曾经赞美水说：上善若水。他认为水有七种美德（七善），其中有两种分别为“事善能”、“动善时”。前者的意思是：处事像水一样随物成形，善于发挥才能。后者的意思是：行动像水一样涸溢，顺应天时。由此可见，道家的无为实质上是指遵循事物的自然趋势而为，即凡事要“顺天之时，随地之性，因人之心”，而不要违反“天时、地性、人心”，不要凭主观愿望和想象行事。

学会付出，体味给予的快乐

人是否拥有快乐，并不是由财富的多少来决定的。由衷的快乐是来自于分享与付出，让周围的人都能因为你而快乐，这才是一个人所拥有的真正快乐。事情往往是这样，当你是接受方的时候，你只能体会到一个人的快乐，如果你是给予者，你自己会快乐，同时接受的人也会快乐，这样你就拥有了双重快乐。

人世间不劳而获的事情终究太少太少，即使幸运之神光临到你的身边，你在取得之前还是要先学会付出。

有个故事说，某人在沙漠中穿行遇到暴风，使他迷失了方向。两天后，烈火般的干渴几乎摧毁了他生存的意志。沙漠仿佛是一座极大的火炉，要蒸干他周身的血液。绝望中的他却意外地发现了一幢废弃的小屋，他拼足了最后的气力，才拖着疲惫不堪的身子爬进堆满枯木的小屋。他定睛一看，枯木中隐藏着一架抽水机，他立刻兴奋起来，拨开枯木，用抽水机开始抽水。但折腾了好大一阵子，也没能抽出半滴水来。绝望再一次袭上心头，他颓然坐地，却看见抽水机旁有个小瓶子，瓶口用软木塞堵着，瓶上贴了一张泛黄的纸条，上边写着：你必须用水灌入抽水机才能引水！不要忘了，在你离开前，请再将瓶子里的水装满！他拔开瓶塞，望着满瓶救命的水，早已干渴的内心立刻爆发了一场生死决战：我只要将瓶里的水喝掉，虽然能不能活着走出沙漠还很难说，但起码能活着走出这间屋子！倘若把瓶中唯一救命的水倒入抽水机内，或许能得到更多的水，但万一汲不上水，我恐怕连这间小屋也走不出去了……最后，他决定把整瓶的水全部灌入那架破旧不堪的抽水机里，接着用颤抖的双手开始抽水……水真的涌了出来！他痛痛快快地喝了一顿，然后把瓶子装满水，用软木塞封好，又在那泛黄的纸条后面写上：相信我，这绝对是真的。

几天后，他终于穿过沙漠来到绿洲。每当回忆起这段生死历程，他总要告诫后人：在取得之前，要先学会付出。

人生中，在通往成功和富足的路上，我们往往不是缺少机遇，而是无法好好地把握它。生活有着它丰富的内容，它会以多种方式给予你无尽的快乐，只是有些人一开始就有些误解，总以为只有从生活中索取才能使一个人快乐。其实不然，站在生活这一繁琐的课题面前，我们应该明白一个道理，那就是给予比接受更令人快乐。

学会放下是精彩，懂得放弃是收获

同样的半杯水，乐观的人看到的是希望，而悲观的人却把自己引向绝望的深渊。现实生活中未尝不是这样，同样的2000元的工资，对于乐观的人来说，有一个安定的工作和稳定的收入，衣食无忧，足矣；但是，对于悲观的人来说，这些钱不过是维持温饱，宁可错过，也不愿意去工作。

生活中我们经常会接触到两种人：乐观者和悲观者。悲观者会认为自己是脚踏实地的人，他们坚持认为人生艰苦，成功并不是举手之劳。他们相信，如果你能预见到事情会出差错，当真的出错时你才不会失望。

悲观者想证明他们的负面假设是正确的，他们用负面经验来对抗乐观主义。他们以为乐观的人是鸵鸟，只会把头埋在沙子里，根本就不了解人生的现实与艰苦。

不过，乐观的人却知道，没人握有未卜先知的水晶球，没人可以准确地预知未来。在这个前提下，他们知道悲观主义者虽然很肯定事情定不会奏效，却仍任意猜测，并且假定这是真的。乐观的人相信由于没有人真的知道会发生什么事，所以还是乐观一点好，凡事往好的方向想，人生才会比较愉快，比较充实，内心才会有幸福感。

一个寒冷的冬天，纽约一条繁华的大街上，有一个双目失明的乞丐。那乞丐的脖子上挂着一块牌子，上面写着：“自幼失明。”此时，一个诗人走近他身旁，他便向诗人乞讨。诗人说：“我也很穷，不过我可以给你点别的！”说完，他便随手在乞丐的牌子上写了一句话。

那一天，乞丐得到很多人的同情和施舍。于是，疑惑的乞丐问身边的人：“他给我写了什么呢？”旁人便向乞丐念了诗人在牌子上写下的句子：“春天就要来了，可是我却不能见到它。”

其实，牌子上的意思是一样的，诗人只是换了种表达方式，却换来完全不同的结果。生活中，每个人都无一例外地、多或少地承受着生活的压力和不如意，用悲观的意识面对生活中的痛苦，只会让自己体会到更加深刻的痛苦和挫败感，而乐观的情绪却总会在不如意的境遇中发现希望，让阳光照进生活，让沉闷的心得到快乐，让人生从苦难的深渊走向幸福的殿堂。

有一个聪明的年轻人，很想在任何方面都比他身边的人强，他尤其想成为一名大学问家。可是，许多年过去了，他的其他方面都不错，学业却没有长进。他很苦恼，就去向一位大师求教。

大师说：“我们登山吧，到山顶你就知道该如何做了。”

那山上有许多晶莹的小石头，煞是迷人。每见到他喜欢的石头，大师就让他装进袋子里背着，很快他就吃不消了。“大师，再背，别说到山顶了，恐怕连动也不能动了。”他疑惑地望着大师。“是呀，那该怎么办呢？”大师微微一笑：“该放下，否则背着石头咋能登山呢？”

年轻人一愣，忽觉心中一亮，向大师道谢后走了。之后，他一心做学问，进步飞快……

其实，人要有所得必要有所失，只有学会放弃，才有可能登上人生的极至高峰。

在人生路上，每个人都是在不断地累积东西，这些东西包括名誉、地位、财富、亲情、人际、健康、知识等等，另外，当然也包括了烦恼、忧闷、挫折、沮丧、压力等等。这些东西，有的早该丢弃而未丢弃，有的则是早该储存而未储存。只有在了如指掌之后，才会懂得放弃并善于放弃，只有在懂得并善于放弃之后，才会敛集无尽的财富。

曾经有这样一个故事：古时候，一个少年背着一个砂锅前行，不小心绳子断了，砂锅也掉到地上碎了，可是少年却头也不回地继续前行。路人喊住少年问："你不知道你的砂锅碎了吗?"少年回答："知道。"路人又问："那为什么不回头看看?"少年说："已经碎了，回头何益?"说罢继续赶路。

听完这个故事，不知道你有没有一点感悟。这个少年是对的，既然砂锅已经碎了，回头看又有什么用呢?

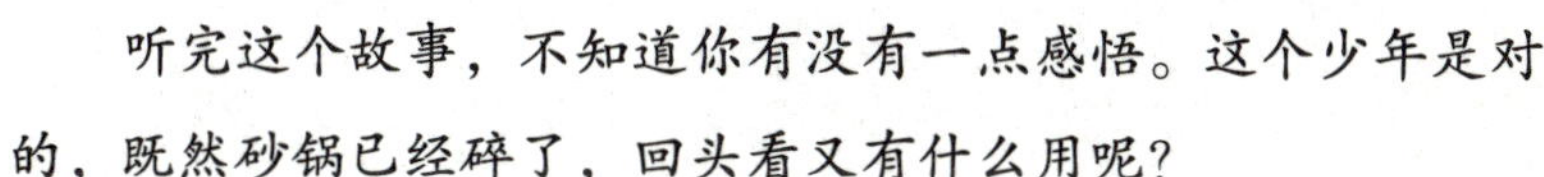

这正如人生中的许多失败一样，已经无法挽回，再去惋惜悔恨也于事无补。与其在痛苦中挣扎浪费时间，还不如重新找到一个目标，再一次奋发努力。还是让我们学会放弃吧！像那个少年一样，不要因为失败而作无谓的自责和叹息。当我们真正学会放弃时，会发现那才是一种真正的超越，一种真正的战胜自我的强者姿态。

也许有时我们只看到了放弃时的痛苦，而忘记了那些如果我们不放弃就会得到的更大的痛，所以我们要学会放弃。

泰戈尔在《飞鸟集》中写道："只管走过去，不要逗留着去采了花朵来保存，因为一路上花朵会继续开放的。"

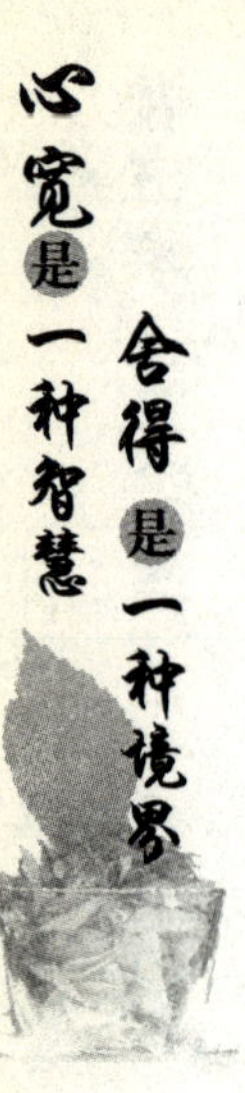

为采集眼前的花朵而花费太多的时间和精力是不值得的，道路还长，前面尚有更多的花朵，懂得放弃，让我们拥有更多的美好，拥有人生的精彩，让我们一路走下去……

第六章

为人大度，有容乃大

大肚能容，容天下难容之事；开口便笑，笑世间可笑之人。生活中为了一点小事就大吵大闹，工作上因为一点失误就怕这怕那，到最后是离婚协议拿左手，离职通知拿右手。看着两手空空，何不大度一点满足生活，看到一些不顺眼的事就包容一下，看到错误就大度一点，认真改过，把自己放低一点，把别人抬高一点，也许你会拥有更多的快乐。

宽容大度是人生的必修课

大度，就是气量宽宏能容人，豁达大度，大度包容。从这种解释看，要大度，就得心特宽，心特大，能容人，能容事。这种解释还说明，大度是人的一种品格、品行。品格、品行这东西属于道德范畴，不是天生从娘肚子里带出来的，而是后天经过磨炼逐步形成的。

古今成大事业者，无不需要处理好各种人际关系。而在处理好人际关系的长期实践中，则能够锻炼出一种大度容人的高贵品格。

古代有一个故事叫“管鲍之交”，说的是鲍叔牙和管仲的事。他俩共同经商，赚了钱，管仲将一大半钱纳入自己囊中，鲍叔牙朋友对他说，管仲重利忘义，不足与之为友。鲍叔牙却笑着摇头，说：“管仲家贫，又奉养老母，我们既为朋友，理应如此。”从此，鲍叔牙名声大振。我们现代人如何才能做到这一点呢？那就是在每个应得的利益面前不争不抢，自己少要一些，让别人多得一点儿。比如夏天单位分西瓜，西瓜有大有小，每份也有多有少，谁也不会按分量称份儿，大的别人拿走，你就拿最小的那份儿吧；分带鱼也如此，你就拿最少最窄的那份儿。

这样自己不是吃亏了吗？是的，但从长远看，别人都会说你是不计较个人得失的人，你赢得了别人的信任和尊重。这样看来，你虽然失去了小利益，却得到了花多少钱也买不来的好名声。

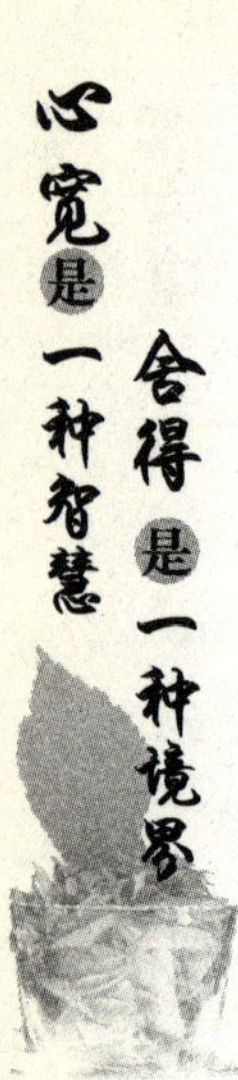

那么一般人为什么做不到呢？要知道人生下来就有自私的一面，见到利益，恨不得马上紧紧地抱到自己的怀里。可人也有理智的一面，这就要靠自己的自制力、自我的约束力。凡在这个时候要冷静，要看得远，虑得长。要知道，多了这点利益也富不了多少，少了这点利益也穷不到哪儿去。争抢的人遭人唾弃，礼让的人令人尊重，这就如“管鲍之交”。

即便是更大的利益也不争抢，更不能不择手段地搞阴谋诡计。你搞了，也成功了，只能风光一时。要知道，你搞得再诡秘，也得明白：要想人不知，除非己莫为。还有：天意不可违，民心不可欺，早晚有一天会暴露于光天化日之下，让你成为耻辱柱上的一名。而不计较个人利益，不搞阴谋诡计的人，处处光明正大，便会赢得广大群众的拥护。

再有，对于伤害过自己、强占过自己利益的人，则需要宽容大度，不去报复，不与争斗，在无声中更会赢得大家的赞美。

古人有“不饮盗泉之水，不食嗟来之食”之语。不管你是官是民，要想这辈子留下好名声，先要宽容大度，不为利益所驱动。

人人心中有了宽容，社会就会变得温暖；生命间有了宽容，你就会更加光辉灿烂；整个世界充满了宽容，全球会变得美好和平。比陆地大的是海洋，比海洋大的是天空，比天空大的是人的胸怀。

大度是一种值得每个人终身学习的美德

所谓大度就是气量宽宏能容人，豁达大度，大度包容。做人应该大度，这个话题听起来很容易，但做起来却很难。古人说“宰相肚里能撑船”，其实这也是在说做人的一种品格，这种品格不是天生就有的，而是后天经过磨炼逐步形成的。

有一位著名的音乐家，在成名前曾经担任过俄国彼德耶夫公爵家的私人乐队的队长。

突然有一天，公爵决定解散这支乐队，乐手们听到这个消息的时候，一时间全都面面相觑、心慌意乱，不知道如何是好。看着这些和自己一起同甘共苦许多年的亲密战友，他睡不安寝、食不甘味，绞尽脑汁想来想去，忽然有了一个主意。

他立即谱写了一首《告别曲》，说是要为公爵做最后一场独特的告别演出，公爵同意了。

这一天晚上，因为是最后一次为公爵演奏，乐手们表情呆滞、万念俱灰，根本打不起精神，但是看在与公爵一家相处这些日子的情分上，大家还是竭尽所能，尽心尽力地演奏起来。

这首乐曲的旋律一开始极其欢悦优美，把与公爵之间的情感和美好的友谊表达得淋漓尽致，公爵深受感动。渐渐地，乐

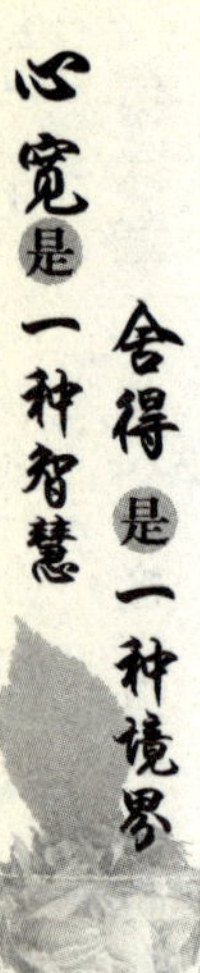

曲由明快转为委婉，又渐渐转为低沉，最后，悲伤的情调在大厅里弥漫开来。

这时，只见一位乐手停了下来，吹灭了乐谱上的蜡烛，向公爵深深地鞠了一躬，然后悄悄地离开了。过了一会儿，又有一名乐手以同样的方式离开了。就这样，乐手们一个接着一个地离去了，到了最后，空荡荡的大厅里只留下了他一个人。只见他深深地向公爵鞠了一躬，吹熄了指挥架上的蜡烛，偌大的大厅刹那间暗了下来。

正当他也像其他乐手一样，准备独自默默地离开时，公爵的情绪已经达到了顶点，他再也忍不住了，大声地叫了起来："这到底是怎么一回事呢?"他真诚而深情地回答说："公爵大人，这是我们全体乐队在向您做最后的告别呀!"这时候公爵突然醒悟了过来，情不自禁地流出了眼泪："啊！不！请让我再考虑一下。"

就这样，他用一首《告别曲》的奇特氛围，成功地使公爵将乐队全体队员留了下来。他就是被誉为"音乐之父"的世界著名音乐家海登。

在滚滚红尘中，作为芸芸众生的你我，有不少人会这样做：你对我不好，我也不会对你好。比如，在被抛弃、被辞退、被退学的时候，往往会愤愤离去，甚至采取报复行为；还有这样一种情况，有的人在抛弃对方或者准备跳槽时，也不愿意给对方留下一个好的印象，结果出现了一种糟糕的结局。相反，海登深知，即便是最后的时光，也要一样无限美好地离去，为的是给双方留下一些更美好的或是更值得他日回忆的东西。结果，他的真情大度告别扭转了局面。

聪明如你我者，当你对他人多一点宽容，多一点大度，多一点容忍，多一点体贴，多一点谅解，与此同时，你自己也会少一些忧愁，少一些烦恼，少一些郁闷，就会降低耗气伤神的砝码，增加健康快乐的基

调。言外之意，善待他人益于己，即便是你不唱高调，也不说空话大话，全权只当是为你个人的长远利益着想，宽容大度一点儿没错！有谁会说宽容大度不是一种美德呢？

我们每个人的性格不同，生活在世界上为人处事的方式也不尽相同，而人活着就会有酸甜苦辣，有烦恼忧愁，有是是非非。面对尘世间的纷争，人与人的交往，各种飞短流长、蝇头小利、爱恋情感、伤痛不快时不时会给人带来困扰、烦恼、迷惘和惆怅。而往往大度的人就能够把一切看开，不被烦恼所左右，而那些遇事斤斤计较的人就会经常被小事困扰，从而生活中充满了不快乐。

一只河蚌安逸地住在河里，它无忧无虑与世无争，一天，一粒沙子闯进了它的身体。沙子在河蚌的肉体里蠕动，因摩擦造成的疼痛，让河蚌撕心裂肺、肝胆欲碎。赶不走又吐不出沙子，河蚌只有用自己分泌的"心血"去包容沙子，天长日久沙子被包容成了一颗珍珠，疼痛没有了，包容痛苦的结果使河蚌的身价倍增。"

其实人生何尝不是如此呢！河蚌包容沙子的结果，使它变成了一只高贵的蚌，同样我们包容生活中的苦难、伤痛、诽谤和误解，也会结出美丽的果实。大度包容是美德，就像大海容纳百川才有了浩瀚博大，山川容纳万树才有了葱郁秀丽，面对生活中的"沙子"，我们试着大度包容吧，用一颗博大的心胸去包容苦难和伤痛，那样生活才会更加充实美好！

古语云："海纳百川，有容乃大。"天下没有过不去的河，没有爬不过的山，只要心里拥有大海的容量，就没有解不开的心结。

宽容是一种无声的教育。宽容别人是大度，宽容自己才是豁达。

宽容是一种美德，是一个人品格情操、镇静的风度以及精神世界的自然流露。

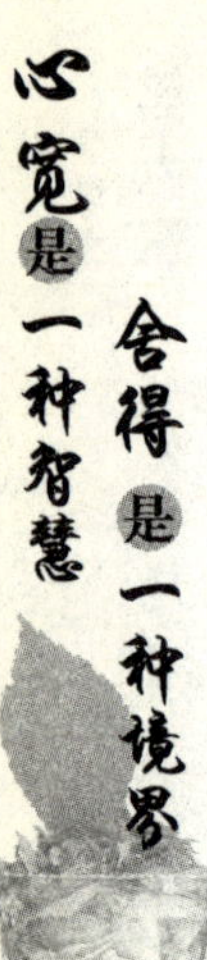

宽容大度，收获挚友

什么是宽容大度呢？法国思想家伏尔泰说：“宽容是什么？它是人性的特点。让我们相互原谅彼此的愚蠢吧，这是自然的第一法则。”简言之，宽容大度就是对人宽厚大度、有气量，表现为对人的深刻理解和极大的信任，宽容大度、胸怀坦荡的心理品质，能使人笑傲人生，积极进取。

“人”一撇一捺，一撇是“我”，一捺是“你”，你我两人或更多人才能组成这个世界。人活着，就是“与人共处”在同一个地球上。难怪英国哲学家培根说：“缺乏真正的朋友，乃是最纯粹、最可怕的孤独。没有朋友，世界不过是一片荒漠。”我们每个人都想拥有朋友，那么怎样才能拥有朋友并能长久地维持友谊呢？如果我们伸出双手以拳相击，两手都会感到疼痛；如果将一手换为掌，再以拳掌相对，疼痛感就大大减轻了。同学们相处在一起不免会产生矛盾，一味地以拳相击，只会两败俱伤，而拳掌相对才会化解矛盾，“掌”就是包容，就是宽容大度。退后一步海阔天空，宽容不仅能让你得到友谊，而且还能让友谊不断走向新的起点。

当然，宽容大度不是无原则地迁就、放任和姑息；忍让也不是软弱，而是一种风度和境界，是理解人、有爱心的表现。宽容大度能使人性情和蔼，使心灵有转折退让的余地，简化复杂的人际关系。过分精明等于不超脱；事事好强，处处计较得失，活得必然紧张、沉重。一个人要宽容、大度，乐于助人，才会拥有真正的朋友。

宽容大度不仅让我们拥有朋友，还会感化一些有狭隘猜疑心理的人，使其摆脱狭隘猜疑，学会宽容大度。“一只脚踩扁了紫罗兰，它却把香味留在那脚跟上，这就是宽恕。”当一个人对伤害自己的人报以宽容谅解时，不但会化解、避免很多无谓的矛盾，而且还会产生出一种温暖的自我完美感，可以消融自己的痛苦、烦恼。我们生活在人群之中，只有你对别人多一份理解，多一份同情，多一份宽容，才能被别人回赠同样的内容。待人宽厚，将使你朋友多、人缘好，具有良好的人际关系，将是你在学习和事业上获得成功的有力保障。

给人方便是一条最好的路

我们说有的人很自私，这里的“自私”在很多种情况下，其实指的就是不愿意帮助别人。生活中这样的例子并不鲜见，举手之劳就能给人以方便，就能帮助别人，可偏偏不愿意做。为什么？舍不得属于他自己的那一点点时间、那一点点精力、那一点点金钱。在这样的人看来，舍弃自我利益去帮别人，而自己却什么也得不到，很不划算。这实在是一种短见。

从前，有一个生活困苦不堪的年轻人。

有一天，当他正要经过十字路口时，一位老人挡住了他的去路，他的背驼得十分厉害，连站都站不稳：“年轻人，你愿意帮助我走过这条马路吗?”

当时，他实在心烦意乱，对什么事情都提不起精神。不过，他看到这位老人实在很可怜，最后，他还是扶着老人的臂膀，穿过那条车水马龙的大街。

“你觉得好些了吗?”老人微笑着问他。

“噢！是的……我想是的!”他觉得在帮助别人之后，心里舒坦多了。这时，老人突然挺直了腰杆，身子骨也变得硬朗了起来，年轻人看后惊讶得说不出话来。

“刚才看到你一副愁眉不展的样子，我就决定要帮帮你。一个失意的人如果去帮助那些比他更失意的人，他就会好过些，所以我就装扮成刚才的那个样子。年轻人，不要有太多的忧虑，一切都会过去，上帝会对你很公平的!”说完，老人就在年轻人的面前消失了。

当你在帮助他人的时候，感觉到了自己的重要性，心境也就会变得开朗。于是你帮助他人过马路，其实也就是在帮助自己走出心灵的阴霾。

生命像回声，你送出什么，它就送回什么，你播种什么就收获什么，你给予什么就得到什么。你想要别人是你的朋友，首先你得是别人的明友。心要靠心来交换，感情要用感情来交换。

把别人的忧虑当成自己的忧虑的人，别人也会忧虑着他的忧虑；把别人的快乐当成自己的快乐的人，别人也会快乐着他的快乐。用利益帮助别人的人，别人也会用利益帮助他；用道德对待别人的人，别人也会用道德回报他。这就是人性，这就是人情。

得到大多数人帮助的人，成功就大；得到少数人帮助的人，成功就小；得不到别人帮助的人，就只有失败，没有成功。所以说，希望获得别人帮助的人，首先是要帮助别人。

有一年冬天，年轻的哈默随同伴来到美国南加州一个名叫沃尔逊的小镇，在那里，他认识了善良的镇长杰克逊，正是这位镇长，对哈默后来的成功影响巨大。

那天，天下着小雨，镇长门前花圃旁边的小路成了一牛泥淖。于是行人就从花圃里穿过，弄得花圃一片狼藉。哈默不禁替镇长感到痛惜，于是不顾寒雨淋身，独自站在雨中看护花圃，让行人从泥淖中穿行。

这时，出去半天的镇长满面微笑地从外面挑回一担煤渣，从容地把它铺在泥淖里。结果再也没有人从花圃里穿过了，镇长意味深长地对啥默说："你看，给人方便，就是给自己方便，我们这样做不是很好吗?"

每个人的心都是一个花圃，每个人的人生之旅就好比花圃旁边的小路，而生活的天空不仅有风和日丽，还有风霜雪雨。那些在雨中前行的人们，如果能有一条可以顺利通过的路，没有人愿意去践踏美丽的花圃，去伤害善良的心灵。

将欲取之，必先予之。

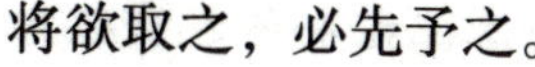

常言道："投之以桃，报之以李。"意即只有付出之后，才能有所回报。人们常说"没有无缘无故的爱，也没有无缘无故的恨"。同样，你也不会无缘无故得到上天给予的恩赐。天下没有免费的午餐，在取得之前，你必须学会付出，这是人际交往中获得回报的最起码要求。如果你只想索取而不付出，那无异于一场黄粱美梦，根本无法实现。即便侥幸美梦成真，也会因你的"非法所得"而无法赢得对方的心，或许还会失去一位很要好的朋友。

阿力与阿宝曾经是一对很要好的朋友。最近，阿力因个人需要急需购置一台电脑，但因手头紧张，一直未能如愿。关键时刻，他想到了阿宝。

一个星期六的下午，阿力来找阿宝，对阿宝说要把他一年

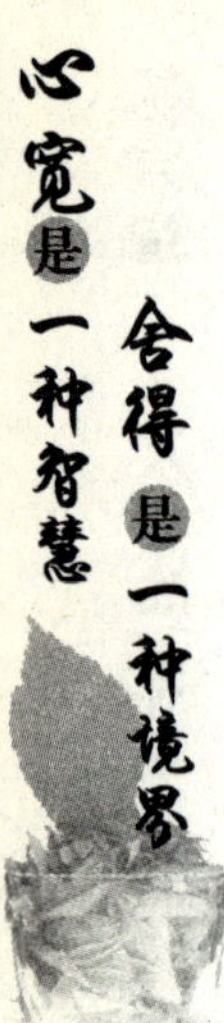

前买来的电脑借用一下。而阿宝此时正在赶一批活儿，电脑非用不可，于是答应阿力一星期后把活儿忙完再借给他。

一星期后，阿力如期而至。阿宝言而有信，随即拆卸线路将设备装好。在阿力临走时，阿宝请他帮一个小忙儿。阿宝由于业务太忙脱不开身，无法按时将做完的活儿交到客户手中，他知道阿力与那位客户住得很近，便托他把刚刚制作好的两箱贺卡捎过去，这也算是一次等价交换吧。阿宝给了阿力一些补助：50 元车补，外加 100 元辛苦费。

阿力欣然应允，答谢阿宝后携财物而去。说来也巧，阿力最近急需一笔资金，由于财力有限，人缘又不太好，正愁于无处去借，他便打起了贺卡的主意。人总是自私的，阿力更是如此，他暗自思忖：再向阿宝借钱不好开口，而转卖阿宝的两箱货物，对于阿宝这样一个个体小老板来说，也不会造成太大的损失，于是他暗地里联系一家公司把两箱贺卡给卖了。

第二天上午，客户打来电话，责问阿宝为何没能及时交货。阿宝不明其故，连忙向客户道歉，并保证在中午之前给客户一个满意的答复。

应酬完客户，阿宝立即拨打阿力的电话，准备查清此事。可是一连拨打几次，都只听到听筒中传来“你所拨打的电话已关机”的回音。对于阿宝来说，客户就是上帝，所以他一刻不敢怠慢，放下电话立即前往阿力处。

当他叩开阿力房门的时候，一腔怒火顿时熊熊燃烧起来：阿力竟然在悠闲地打着网络游戏。阿宝是个理智的人，在没有查清事情的真相之前，他决不能胡乱发火。于是他心平气和地向阿力询问贺卡一事，经再三查问，阿力终于道出了实情。原来，阿力近半年来一直在“钻研”网络游戏，想通过出售游戏中的“设备”大赚一笔。然而，出售“设备”并非易事，为了获得更高的级别，也常常需要购进“设备”。阿力之所以偷偷卖掉那两箱贺卡，即是为此。

这一下阿宝再也忍不下去了，厉声呵斥阿力办事不利，让他在客户面前失去了信用；责骂他不讲情义，根本没把他这个朋友放在眼里。怒罢，快步走到电脑桌前切断电源，抱起电脑夺门而去，两人的友谊也从此土崩瓦解了。

这是发生在生活中的一件真实的故事，情节虽然简单，却深刻地揭示出了“取得之前先付出”的人际交往的真谛。

故事中，阿力若踏踏实实地付出，认真完成朋友阿宝托付的任务，相信他一定可以稳妥地得到朋友那台电脑的使用权，说不定讲义气的阿宝还会把那台电脑作为礼物送给他。可是阿力在面对朋友与利益时，完全被利益所驱使，竟然不惜抛弃朋友情义而做出不仁不义之事。最终非但没有得到电脑，还失去了一位真诚的朋友。

得失常在，开心难求

人无完人，事无完美，所以得失常有，而开心却不常有。世上有些事情不是都要你去关心、去抚平的，因为每一件事不管是开花还是结果，都有它自身的道理，所以你不能因为这些得失而影响了自己的心情。

有一位特别喜爱养兰花的老人，在他的正卧室里放了一盆养了几十年的兰花，有一天他要外出一段时间，但是自己这些花却不知道交给谁照顾，经过再三考虑，他就叫来邻居帮他照顾这盆兰花。

邻居很细心地照顾，知道他最喜欢这盆兰花了，所以一刻也不得闲，恐怕照顾不好这盆兰花。结果还是由于他不会养花，这盆兰花没几天就被浇死了，他感到十分难过和愧疚，打算等老人回来给他赔罪。

老人回到家里，听到他的诉说后，却没有生气只是笑着说："我种兰花，是希望能够陶冶情操，美化一下家里，并不是为了与好邻居怄气的，让我变得不开心。"

无论做什么事都不一定会得到让人满意的地步，只要自己努力了，就不必再去为这些不好的事情影响自己的心情，不然还不如不做呢，既然自己做坏了，又何必再去为这些事情而生气呢，这不仅会影响心情，还会使自己永远不开心。

放下心来，用自己的大度去包容一切，或许还有惊喜等着你，前方的路其实不远，只看你是不是能够心胸开阔，容纳所有的事件了！

不为难过羁绊，不为过去计较。再开心的人也有难过之事，他之所以常开心，是因为他不会为那份难过而烦忧，更不会停留在过去醒不来，他在难过之中却想着更美好的事，忘记那些不愉快的事，快步跟上前方的美丽，看得远了、久了，他就会一直开心下去。

有一个很有名望的画家，有一天他去树林里散步，在山道旁突然听到小孩子的啼哭声，就匆忙走了过去，看到一个不过三岁、长相灵秀的小孩，以为是走丢的小孩子，就带着他回家找妈妈。

可是他找了很久也没人认下这个孩子，不得已他只好抱回家自己养着，后来他给孩子起个名字叫“拾得”，拾得在他家住下了，并且开心地长成了一个大人。有一天，他的一个朋友来到他家里说：“如果世间有人无端地诽谤我、欺负我、耻笑我、轻视我、鄙贱我、恶厌我、欺骗我，我要怎么做才好呢？”

拾得就回答道：“你不妨忍着他、谦让他、避开他、尊敬他、不要理会他。再过几年，你再看他。”

拾得还说：“只有忘记过去的难过，不为过去的事情计较，就像我一样，如果一直想着自己的亲生父母不要自己，那么我这一生就不会开心，我又怎能看到画家爹爹对我的养育之恩与亲情呢？”

是啊，世上有太多的无奈迫使我们不得不面对，如果我们一直都在抱怨上天对我们的不公，那么我们又何时能回过头来去过自己想过的一生呢？做人就要学会自己影响自己，没有任何人可以给你快乐，只有自己用自己的心情升华自己。

不被无聊的事而纠缠，不被外表的苦而难过，回忆曾经的不如意，那都已成为过去。人要学会满足，学会感恩，跟着快乐和美好走，不管走到哪里都会有开心。

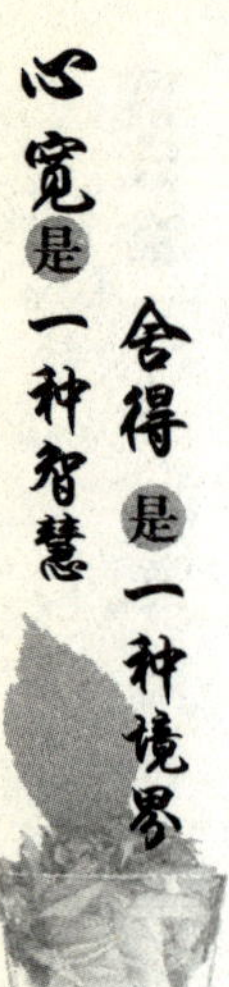

珍视他人的感恩之心

帮助别人要坚持不懈，不能一时风，一时雨，凭着自己的兴致来做；也不要这也帮、那也帮，不高兴的时候就谁都不帮。做一件好事并不难，难的是一辈子做好事。现代社会，在金钱的冲击下，很多人的一举一动都在考虑着自己的利益，不说帮助别人，坚持不懈地帮助别人更是侈谈，这也是社会为什么呼唤雷锋精神的真正原因。

帮助别人，不要居功自傲。帮助别人时应注意：不要使对方觉得接受你的帮助是一种负担；帮助要做得自然得体，也就是说对方在当时或许无法强烈地感受到，但是日子越久越体会到你对他的关心；帮忙时要高高兴兴，不可以露出心不甘、情不愿的样子。如果你在帮忙的时候觉得很勉强，那是因为意识里存在着“这是为对方而做”的观念。假如对方对你的帮助毫无反应，你一定会大为生气，认为我这样辛苦地帮助你，你却不知感激，太不识好歹了！如此态度甚至想法，最好是不要表现出来。

如果对方也是一个能为别人考虑的人，你为他帮忙的各种好处，绝不会像泼出去的水难以回收，他一定会用别的方式来回报你。对于这种知恩图报的人，应该经常给他一些帮助。

总之，人不是刺猬难以合群，人是情感动物，需要彼此互爱互助，不可像自由市场做生意那样赤裸裸地，一口一个“有事吗?”，“你帮了我的忙，下次我一定帮你”。忽视了感情的交流，会让人兴致索然，彼此的交情也维持不了多长时间。

一个篱笆三个桩，一个好汉三个帮。你拉着我的手，我拉着他的手，他拉着你的手，这个世界就属于你我他大家的了。

俗话说：“贫在闹市无人问，富在深山有远亲。”这是势利者心目中的人之常情，只不过在一般“正人君子”那里不愿意承认罢了。

但是，如果从长远利益看，一个人真的过分势利眼，得到的回报不一定会太好。这不是迷信，而是事所必然，因为中国人都相信“风水轮流转，明年到我家”、“太阳不会总在一家门口转”之说。所以，自古以来，一个个施恩得报的故事也被人们津津乐道地传诵了下来。不过不管怎么说，它确实从正面给我们以教育，即人生在世无论什么时候都不要太势利。

历史上许多重大事件都是从极小的疏漏开始的。千里之堤溃于蚁穴，星星之火可以燎原，只有从细微处入手才可能做到万无一失。比如，作为管理者要经常注意下属的情绪变化，施人以恩不在大小，感人之效却可以惊天动地。

《战国策·中山》中记载了这么一个故事：

中山君宴请都士大夫，司马子期也是其中一个。羊羹是一道美味的佳肴，可惜因准备得不足，司马子期没有尝到。司马子期因此感到羞愤难忍，他跑到楚国劝说楚昭王攻打中山。

中山国亡，中山君狼狈而逃，只有两个人还持戈跟随在后面，

中山君问他们：“事到如今，你们为什么还跟随着我呢？”

两人答道：“我们的父亲在快要饿死的时候，是您施与了一盒饭给他。后来，他临终时对我们兄弟说：‘中山国将来有祸事，你们一定要为之赴汤蹈火！’所以我们今日不惜以死来报答您。”

中山君听到这儿，仰天长叹一声，极为感慨地说："看来给予别人不在乎多少，却在于其适逢为难。和别人结怨也不在于事情大小，而在于伤害人的自尊。一道菜可以使一个国家灭亡，一盒饭却使人赴汤蹈火，可见小事不可大意。"

有句古话叫做"受人滴水之恩，当思涌泉之报。"这便是中国人的传统美德。中国四大民间传说之一的《白蛇传》更是把这种美德演绎得神乎其神，但事实上动物界也确有这种报恩行为，记得报刊上也曾不止一次地报道过有人救助动物，而动物反救人类或者届时回访的现象。这就说明动物尚能知恩图报，更何况人乎？

三国时蜀的创建者刘备经历过这样一件事。那时刘备还在读私塾，由于他既讲义气，又聪明，因此成了同学中的头儿，在这几年中，他经常帮助其他同学，与他们的关系处得非常好。后来长大了，大家都有自己的道路要走，刘备与这些要好的同学也就各奔东西了。

大家虽然分开了，但刘备与同学还保持着联系。其中有一位叫石全的人，是刘备读书时最合得来的朋友，此人在家供奉自己的老母亲，靠打柴、写字、卖花为生。刘备不嫌其清贫，经常邀请石全到他家做客，并适当给以周济，这样的聚会每次都很愉快，刘备与石全的关系也在不断地加强，情同手足。

后来，刘备为了实现心中宏伟的目标，带了一支队伍参加了东汉末年的大混战。初时，刘备军事实力很小，不得不依附他人，在一次交战中，刘备所带的军队被全部歼灭，只有他一人逃脱，被石全给隐藏了起来，逃过了一劫。

看来，人人都有知恩图报之心。但授人以恩必须在别人最需要的时候，才是最能打动人的。所谓"有衣送寒人"说的就是这个道理。

为人宽容，让爱永驻心间

在生活中，常看到一些人爱把“事不关己，高高挂起”奉为人生的信条，非但如此，还把这种思想灌输给自己的子女、亲人和朋友，仿佛这个世界上与己无关的事只要沾上边，就要招来祸患似的。实际上，现实并非他们想象的那样，我们应始终相信那句老话——好人终究是有好报的。

有位妇人看到三个留着长白胡子的老人可怜巴巴地站在她家门外。

妇人走出去，对他们说：“我想我并不认识你们，但看你们的样子，一定是饿坏了，就到我家里吃点儿东西吧！”

“请问男主人在家吗？”他们问道。

妇人回答：“他出门了。”

“那我们不能进去。”

到了傍晚，当男主人回到家后，妻子告诉他白天发生的事。

“去告诉他们我回来了，请他们进来吧。”丈夫说。

妇人到外面请他们进来。

“我们不想一起进去。”他们回答。

“为什么?”妇人疑惑地问。

一位老人解释道:“他的名字叫‘财富’。”他指着一位他的朋友说。随后,指着另一位说:“他是‘成功’,而我是‘爱’。”接着他又说:“你回去跟你丈夫商量,你们想要我们中间的哪一位进你的家门。”

妇人回到屋子,把事情一五一十地讲给丈夫听。

“太好了!”丈夫简直乐坏了,“既然如此,我们就请‘财富’进来,让他给我们带来一笔‘财富’吧!”

妇人却不赞成丈夫的看法,她说:“亲爱的,为什么不请‘成功’进来呢?我们只要成功了,就会有大笔大笔的财富。”

他们的儿媳妇在屋内的一角听到他们的谈话,也加进来提出自己的建议:“请‘爱’进来不是更好吗?那样的话,我们家就能充满‘爱’啦!”

“让我们接受儿媳妇的建议吧!”丈夫对太太说。

“好!那就请‘爱’当我们的客人。”

妇人走到外面问三位老人:“哪一位是‘爱’?请进来当我们今晚的客人吧!”

“爱”跨进大门向屋子里走去,其他两位也跟随而来。

妇人感到纳闷,就对“财富”和“成功”说:“我只请了‘爱’,你们怎么也跟进来了呢?”

三位老人一起回答说:“如果你只请‘财富’或是‘成功’,那么,另外两人将留在外面。但你邀请了‘爱’,‘爱’到哪里,我们就跟到哪里。哪里有爱,哪里就有财富和成功!”

一次明智的取舍,往往会有意想不到的收获。故事中,一家人抛弃“财富”与“成功”,选择了更有价值更有意义的“爱”,结果“财富”与“成功”也出人意料地伴随而至,这充分说明了“爱心”在人际交往中的重要作用。

在尼泊尔白雪覆盖的山路上，刺骨的寒气夹杂着暴风雪，让人无法睁开双眼。一个男人正在其间行走，他走了很久，却始终看不到人迹。这时远处走来一个旅行家，“同是天涯沦落人”，两人便成了旅途上的同伴。有了同伴，心里踏实多了，但为节省身体热量，两人只能用心灵对话，不敢张口。

半路上，他们看到一个老人倒在雪地里，如果弃之不顾，老人一定会被冰雪夺走生命。

“我们带他一起走吧！先生，请你帮帮忙。”男人说。

旅行家听到男人的提议，很生气地说：“这种恶劣的气候，照顾自己都难，还顾得了谁啊！”说完，独自离去。

男人只好背起老人继续往前走。不知过了多久，他全身被汗水浸湿，这股热气竟然融热了老人冻僵的身体，老人因此慢慢恢复了知觉。两人将彼此的体温当成暖炉相互取暖，慢慢忘却了天气的寒冷。

“得救了，老爷爷，我们终于到了。”远远看见村庄时，男人兴奋地对后背上的老人说。

当他们来到村前的路口时，看到一大群人正在议论纷纷。到底发生了什么事？男人挤进人群，探头一看，发现地上卧着一具男尸。定睛一瞧，竟是当初为了自己活命，而先行离开的那个同伴。

“爱别人就是爱自己”，这句话很经典，实质上道出了人际关系的“核心秘密”——“你付出别人所需要的，他们会相对给予你所需要的”。从某种意义上说，爱是一种能力、一种态度，爱既是与人相处的一种方式，也是一种对自己的升华。试着关爱身边的一切，让宽容替代怨恨、偏见、嫉妒和恶念，你会发现自己变得轻松了，也有力量了。就像那个背起老人的男子一样，温暖别人往往也就是在温暖自己，很少有人因恨而得利，却有很多人因爱而得救。

所以，让我们敞开怀抱把“爱”迎进家门，让爱永驻心间！

幸福生活靠自己掌控

心情的好坏是由自己决定的，宽心会让你笑口常开，在遇到不如意的事时，你就要换种角度想问题，让快乐始终陪伴自己。

好的心情对每个人来说都是非常重要的，心情决定你的行为，而行为又直接会决定你一生的幸福。因此，一定要把心情的修炼提升到一个至高的位置，把好心情贯彻到人生旅途中，把人生幸福握在自己的手中。

《安徒生童话》里有这样一个故事：

一个乡村里住着一对清贫的老夫妇，有一天，他们想把家中唯一值点钱的一匹马拉到市场上，去换点更有用的东西。老头子牵着马去赶集了，他先与人换得一头母牛，又用母牛去换了一只羊，再用羊换来一只肥鹅，又把肥鹅换成了母鸡，最后用母鸡换了别人的一口袋烂苹果。

在每次交换中，他都想给老伴一个惊喜。

当他扛着一袋子烂苹果来到一家小酒店歇息时，遇上两个英国人。闲聊中他谈了自己赶集的经过，两个英国人听后哈哈大笑，说他回去准得挨老太婆一顿揍。老头子坚称绝对不会，英国人就用一袋金币打赌，于是两人跟他一起回到老头子家中。

老太婆见老头子回来了，非常高兴，她兴奋地听着老头子讲述赶集的经过。每听老头子讲到用一种东西换了另一种东西时，她都充满了对老头子的钦佩。

她嘴里不时地说着："哦，我们有牛奶了！"

"羊奶也同样好喝。"

"哦，鹅毛多漂亮！"

"哦，我们有鸡蛋吃了。"

最后听到老头子背回一袋已经开始腐烂的苹果时，她同样不愠不恼，大声说："我们今晚就可以吃到苹果馅饼了！"

结果，英国人输掉了一袋金币。

看过这个故事，你可能才发现老太婆的心情一直都很好。老头子用一匹马换来换去，换到最后只换得一袋烂苹果，但她仍然没有生气，反而说："我们今晚就可以吃到苹果馅饼了！"是的，就算你只能得到烂苹果，又有什么关系呢？心情好才是最重要的。况且一种好心情收获的是一个意想不到的惊喜，自己为何不高兴？

有个女人习惯每天愁眉苦脸，小小的一件事情都能引起她的不安和紧张。她的孩子的学习成绩不好，会令她一整天忧心；先生几句无心的话，会让她黯然神伤，她说："几乎每一件事情都会在我的心中盘踞很久，造成坏心情，影响生活和工作。"

有一天，她有个重要的会议要参加，但是沮丧的心情却挥之不去，看看镜子里自己的脸庞，她无精打采。于是，她打电话问朋友自己该怎么做："我的心情沮丧，我的模样憔悴，没有精神，怎么去参加重要会议呢？"朋友告诉她："把令你沮

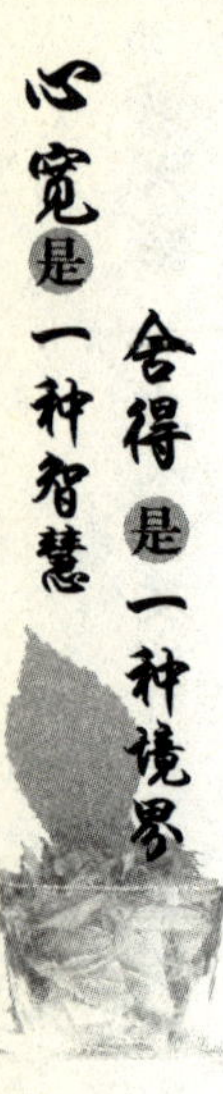

丧的事放下，洗把脸把无精打采的愁容洗掉，修饰一下仪容以增强自信，想着自己就是一个得意快乐的人。注意！装成高兴、充满自信的样子，你的心情就会好起来，很快你就会谈笑风生，笑容可掬了。”她试着按朋友的话去做。当天晚上她打电话给朋友说：“我成功地参加了这次会议，争取到了新的计划和工作。我没想到强装信心，信心真的会来；装着好心情，坏心情自然会消失！”

人要懂得改变情绪，这样才能改变思想和行为。思想改变了，情绪也会跟着改变。

人在心情不好的时候会不自觉地把坏心情抱得更紧；关门不与人说话，撅着嘴生闷气，锁着眉头胡思乱想，结果心情会更坏、更难过。所以，人要学会放下坏心情，拥抱好心情。

我们想拥有好心情，就得从原有的坏心情中解脱，从烦恼的死胡同中走出来。放下心情的包袱，好好看清楚哪些是事实，把它留下来，设法解决；哪些是垃圾，是给自己制造困扰的想法，那就把它扔掉。这样就能应付自如，给自己带来好心情了。

宽容大度是幸福之本

俗话说的好，“宰相肚里能撑船”。泱泱中华五千年文化底蕴，从古至今都很注重培养人的道德素质，提倡人要有宽容之心。儒家经典最常说的也是“仁”，我想仁义也好，宽容也好，聚在一起就是大度。

大度是人生的一种大智慧。大度不仅包含宽容，还有一种旷达。古代文人骚客中有许多人仕途失意，或贬官或流放，他们往往是感叹怀才不遇，尽抒抑郁之情。唯有苏东坡“一蓑烟雨任平生”，不去计较那些得失，才会“同行皆狼狈而余独不觉”。同样都遭遇失意，唯有他的旷达才能使得“天人合一”，这就是只属于苏东坡的“也无风雨也无晴”。

试想，如今的人们遭遇坎坷，有谁能做到苏东坡那样，不仅心如止水，不悲不愤，还能写下“大江东去，浪淘尽，千古风流人物”这样千古流传的名句？虽然仕途坎坷，但他的大度使他成为中华历史长河中一颗璀璨的明星。其实他的作品就是对大度最好的诠释。虽然人世间诸多苦难，人也将随着时光流逝渐渐老去，但他认为天地万物“是造物者之无尽藏也，而吾与子之所共适”，这就是苏东坡式的旷达。如果今人也能这样旷达，想必现代社会就会少一分浮躁，多一分安宁与和谐。

大度是道德的一种高境界。“己所不欲，勿施于人”是一种仁义，而大度则是更高一层境界。“度”，我想等同于“普度众生”，度他人，同时也是度自己。宽恕他人的过错，或许就能使他不再犯错，而自己的心灵也会得到净化，上升到更高的精神境界。

某座庙里有个小和尚，他经常半夜踩着凳子翻墙出去玩。一次，他被方丈发现了，方丈什么也没说，在小和尚又一次出去的时候，他把凳子挪走，自己弯着腰当凳子等小和尚回来。小和尚翻墙回来发现踩着的是方丈，不由得羞红了脸，但两人仍然什么也没说，但小和尚从此便认真念经，再也不翻墙出去玩了。许多年以后，那个小和尚也成了方丈。

大度，于人于己都是一种升华，它能让人发现本性的善良，激发人性光辉，使人更加专注于自己的事业，奋发向前。

古人云："小不忍，则乱大谋。""良药苦口利于病，忠言逆耳利于行。"立志有大作为者都要胸怀坦荡，善于从逆耳之言中吸取教训，改正自己的过错。譬如齐桓公上台后，就能不计前嫌，敢于重用昔日"政敌"管仲，终于在管仲的辅佐下，使齐国成为春秋五霸之一。又如西汉开国元勋张良，在其早年时，就以其宏大气量从老者那里得到奇书，刻苦学习终成事业。试想老者三次故意丢下鞋子，当时张良如果稍稍狭隘一点，不理睬其言行，那本兵法奇书将与之无缘，他也不会成为赫赫有名的"汉初三杰"。再如与张良同时代的韩信，他更是在众目睽睽下能忍胯下之辱，不与小者计较而避过灾祸。而唐太宗则以魏征为镜，广纳谏言，勇于改过，终于成就"贞观之治"的辉煌政绩。在中国历史上，这类事例多得不胜枚举。由此观之，古往今来，胸怀大度方成事，言之不虚。

忍三分心平气和，退一步海阔天空。心地开阔之人总是能以宽厚之心待人，所以人们都乐于与他亲近交往。正如韩愈在《原毁》中所说："古之君子，其责己也重以周，其待人也轻以约。重以周，故不怠；轻以约，故人乐为善。"可见，胸怀大度是一种高尚的品质，它容万物于胸襟，萌和善于心田，在博大中显出深沉与完美。在沧海桑田的世上，

胸怀大度者在宽容别人的同时也升华了自己，世间也因他们而多了详和与宁静。

人与人之间相处，不能相互算计、斤斤计较，要用一种宽容忍让的习惯去消除隔膜。成大事者的典型特征之一是：胸怀大度，容忍别人，退让别人，争取做到知人善用，以退代进。

第七章

舍得是一种境界

“舍得”一词，在《辞源》和《辞海》中都未查到，《现代汉语词典》收入其中，并解释为“愿意割舍；不吝惜”。细细品味“舍得”二字：能开能合，能前能后，相反相成，相融相摄，充满着先人造词的智慧，凝聚着通古达今的意蕴。

现在，人们对“舍得”的理解和运用已远远超出了本意的范围。在坊间小巷，我们时常听到：“舍得舍得，不舍不得，有舍才有得，要得就要舍。”

世间万物皆是矛盾统一的，势必会存在着“鱼和熊掌不可兼得”的现象。有得必有失，有失必有得，人生就是这样一个得与失的过程。把握了舍与得的玄机，便把握了人生的钥匙和成功的机遇。人生需要舍弃，有了明智的舍弃，才能迎来最后的成功。所以说，舍弃是做人的功底，也是人生的一堂必修课。

舍弃是一堂人生的必修课

舍弃是一种坦荡的心境和大度的气概。生命里有很多事情都是不尽如人意的，所以我们在很多时候要舍弃。在我们蹒跚学步时，如果父母不舍得放开我们的手，说不定我们到现在还不会走路；在我们经历一次成功时，要舍弃我们的骄傲，否则就没有下次的成功；当我们受到挫折时，要舍弃挫败感，否则就会永远活在失败的阴影之下。

“鱼与熊掌不可兼得”，无奈我们只能舍弃一方，这就是现实，舍弃是痛苦的，但却是我们必须学会的，这不仅是一种生存方式，更是做人的成熟和智慧。

“鱼和熊掌不可兼得”，这是老祖宗告诫我们的。鱼和熊掌全都要，这是最理想的，但这种可能却是微乎其微；鱼与熊掌选一个去得到，这是理智的，虽然仅得一个，但至少有所得；鱼和熊掌一样也没得到是悲剧，其原因又多是出自什么都不想放弃，吃着碗里看着锅里，结果是什么也得不到。

生命里的每时每刻，我们都会面临两难境地，需要做出抉择，常常是摆在我们面前的两条或两条以上的路。每条路上都有无限风光，可能理性和前人的经验告诉我们最不该走的路上“风景这边独好”，更加充满了神秘、新奇、刺激和诱惑。更难的是我们往往不知道每条路上的收获和风险的比例是多少，选择了其中一条，就必须放弃另外一条，这种放弃往往是令人心痛的。

鱼和熊掌似乎比较容易选择，因为两者相差甚远。可事实上生命中大多数抉择并不简单，我们总是劝告别人：权衡利弊，把舍与得写在一条线的左右两边，当得大于舍时就做，当得小于舍时就放弃。可现实生活远非如此单纯，得与舍是很难做出正确的判断的，何况万事万物都是处于剧烈的变化发展当中，并且还是可以相互转化的。因为得到的东西与将因得到而舍去的东西没有太大的距离，于是将舍去的一切更令人无法忍受。

> 欧洲有一种鸟叫金雕，它筑巢生活于高山悬崖。金雕一窝只孵出两只幼雏。在食物不足的年代，小金雕就会挨饿，金雕妈妈也只能眼看着孩子饿得嗷嗷叫。到这时，两只小金雕就用力互相挤靠，结果总是相对弱小的那只被挤下山崖摔死，而这时的金雕妈妈又总是容忍这种“兽行”。

人类是难以理解金雕这种做法的，但是面对残酷的饥饿环境，金雕必须如此，否则就是全都饿死。岂止金雕，我们人类不也时时面对着痛苦的舍弃吗？拥有是一种幸福，可是有时放弃是为了更好地拥有。生活中，鱼和熊掌是不能兼得的，什么都想拥有，从某种意义上说，这无疑是一种沉重的负担，甚至是一种伤害。

善于舍弃是一种境界，是历尽跌宕起伏后对世俗的一种坦然，是饱经人间沧桑之后对财富的一种感悟，是运筹帷幄、充满自信的一种流露。只有在了如指掌之后才会懂得舍弃并善于舍弃，只有在懂得并善于舍弃之后才会获得大成功。

舍弃是一种坦荡的心境和大度的气概。生命里有很多事情都是不尽如人意的，所以我们在很多时候要舍弃。在我们经历一次成功时，要舍弃我们的骄傲，否则就没有下次的成功；当我们受到挫折时，要舍弃挫败感，否则就会永远活在失败的阴影之下。

舍弃是自然界的规律，舍弃是一种成长方式，一种健康生活的艺术；舍弃，能让我们正确地审视自己；舍弃，是我们人生旅程的一种超越；舍弃，是一种胸怀，更是一种升华；舍弃是一种睿智，它可以放飞心灵，可以还原本性，使我们真实地享受人生；舍弃是一种选择，没有明智的舍弃就没有选择的余地。

人生需要执著，但执著是因为有了众多舍弃才闪耀光华；人生需要舍弃，有了明智的舍弃，才能迎来最后的成功。所以说，舍弃是做人的功底，也是人生的一堂必修课。

舍得观左右着人生的成与败

什么时候得，什么时候舍，得的时候是否会骄傲，失的时候是否会绝望……你的每一种观念都影响着你的选择，你的每一种选择都影响着你的人生，成与败，全在你是否有正确的得失观。

在古希腊，有个人问著名的哲人苏格拉底："请你告诉我，为什么我从来没有见过你蹙额愁眉，你的心情总是那么好吗？"

"因为在生活中，没有哪种失去能让我感到遗憾的。"苏格拉底回答说。

的确，苏格拉底的好心情与他的得失观是密切相联的。我们当中有的人过得逍遥自在，有的人过得愁眉苦脸，情绪的好坏在很多时候要受到得失观的影响。可见，得失观是继世界观、人生观和价值观后的又一个重要的观念，而得失观就是一种舍得观。

在人生的道路上，很多时候得亦是失，舍亦是得，得中有失，失中有得。在得与舍之间，我们无须不停地徘徊，更不必苦苦地挣扎，我们应该用一颗平常心来看待生活中的得与舍。我们要清楚，对自己来说什么才是最重要的，然后主动舍弃那些可有可无、不触及生命意义的东西，求得生命中最有价值、最纯粹的东西。

在古代有这样一则故事：一个人去打猎，走到芦苇丛边，一只野鸭被惊扰得振翅飞出。这人张弓搭箭正要射向野鸭时，忽然从他的左边跳出一只山鸡。这人心想，一箭射死山鸡，可比射中一只野鸭划算多了！于是他又把箭对准了山鸡，准备射它。可是正在此时，右边突然又跳出一只野兔。这人又想，若是射中野兔，价值比山鸡又不知高出了多少，于是他又把箭头对准了野兔。忽然，从树梢飞出了一只珍贵的苍鹰，振翅往空中窜去。这人又觉得还是射苍鹰好，可是当他正要瞄准苍鹰时，苍鹰已迅速地飞走了。这人只好回头来射野鸭子，可是野鸭子也逃走了。他再回头去找山鸡，可是山鸡也早溜了，连那只野兔都跑得无影无踪了。他拿着弓箭比划了半天，结果什么也没有射着。

人就是这样，什么都想要，就好比熊瞎子掰玉米，永远也掰不到它认为最大最好的那一个。人本身是有局限性的，无论是时代的局限，还是社会的局限，甚至是自身的局限，都会导致我们不可能样样都占全。从某种意义上说，得与失是同一事物的两个方面。你得到了太阳的温暖灿烂，就要舍弃月亮的光辉；得到了春天的花团锦簇，就要舍去冬天雪花的浪漫；得到了成熟，就要舍去幼稚；得到了繁华，就要舍弃宁静。上帝是公平的，他赐予你一样东西，就肯定会从你身边拿走另外一样，我们只有真正领会到了得与舍的真谛，才可以生活得更加快乐、更加幸福。

面对纷繁复杂的世界，懂得舍得的人，就会用乐观、豁达的心态去对待没有得到和已经失去的东西，每天都会有快乐和愉悦的心情；而不懂得舍得的人，只会焦头烂额地乱冲，总是拿自己没有的去与人家拥有的比，烦恼当然会时刻伴随左右，这种人不但最终达不到目标，而且每天都会陷于得失的苦恼之中。

那么，舍得的标准究竟是什么呢？这个问题就像是问什么样的女人是美女一样，没有绝对的标准，可谓仁者见仁，智者见智，而且有时候是不能量化的。有时候一个人捡了一粒芝麻的快感大于捡到一个西瓜，那么孰得孰失，其实全凭自己的价值取向。得与舍不是简单的加减乘除，而是有它主观的标准，所谓“得失寸心知”，大概就是这个意思。

因此，人生在世，重要的不是舍了还是得了，而是曾经为得到而努力奋斗的过程中的充实和快乐，是舍后看到别人快乐的幸福。无论是得到还是失去，只要让自己更快乐，让自己的人生富有意义，那就是最宝贵的得到。当你深谙了舍得的奥妙，你就离成功的人生不远了。

选择取舍的艺术

在取舍间，任何时候都需要一颗冷静的心和智慧的头脑。同样都在舍，都在得，而有的人却能舍得出艺术，舍得出唯美，舍得出境界。舍得是需要艺术的，不懂得这门艺术的人，永远也弄不明白这其中的奥妙，更不可能加以利用。而那些懂得这门艺术的人，则能用很少的舍换取到很多的得，并且会得的很漂亮。

取与舍间选择的不同构成了不同的人生。因为人生是纷繁多样的，所以每个人的取舍观念也是五花八门的，在这五花八门中，有的人能赢，有的人则是输。现代社会经济快速发展，科技日新月异，物质日益丰富，人们所面对的选择与诱惑也就越来越多。在这样的背景下，如何选择取舍实在是一个难题，需要具有一定的智慧，更要玩得艺术。

有三个被关进监狱的人，监狱长允许他们每人提一个要求。美国人要了三箱雪茄，法国人要了一个美丽的女子相伴，而犹太人说，他要一部与外界沟通的电话。

三年过后，美国人成了一个十足的烟鬼。法国人则成了儿孙满堂的穷光蛋。最后出来的是犹太人，他紧紧握住监狱长的手说："这三年来我每天与外界联系，我的生意不但没有停顿，反而增长了200%，为了表示感谢，我送你一辆劳斯莱斯！"

看来犹太民族不愧是世界上最聪明的民族，任何困难和挫折都没有办法阻挡他们发挥自己的聪明才智。

但是我们想一想，在面对这样的得失选择的时候该有多难啊！谁不想过过烟瘾，谁不想有美女相伴，谁愿意轻易舍弃这些美好的东西。人生在世，有许多东西是我们不愿舍弃的，每每面对这些选择的时候，我们都痛苦和无奈。但是，经验告诉我们，一些东西如果不舍弃，势必将成为一种负累，会阻碍你去得到。勇于舍弃是一种现实需要，善于舍弃是一种处世艺术，如何得所能得，舍所能舍，得所必得，舍所必舍，不但需要一种认识和一种警醒，更需要一股勇气和一定的魄力。

但对于大多数人而言，贪大求全已经成了他们的流行病：想有非常成功的事业，还想拥有非常幸福的家庭生活……但是，又有多少人会想到，人的时间、精力是有限的，一味地贪大求全、四处开花，什么好处都想占到，最后难免顾此失彼，甚至最后什么也得不到。

所以说，舍得是一种人生的哲学。舍得舍得，有得，得中亦有所舍。听起来不难，可做起来就不那么容易了。就像是要表达同一种意思，有的人能说得很让人信服，有的人说的理由则不能服众。这就是说话的艺术，舍得也一样。

> 在飞速行驶的列车上，一位老人不小心将刚买的新鞋从窗口掉下去一只，周围的旅客无不为之惋惜，不料老人毅然把剩下的一只也扔了下去。众人大惑不解，老人却从容一笑："鞋无论多么昂贵，剩下一只对我来说就没有什么意义了，把它扔下去，就可能让拾到的人得到一双新鞋，说不定他还能穿呢。"

这个故事很美。老人在丢了一只鞋后，毅然丢下另一只鞋，这便是舍得的艺术。一般来说，人们总是飘飘然于拥有的喜悦，而凄凄然于失去的悲伤，老人却以自己艺术的舍而成就另外一个人美丽的得。的确，与其抱残守缺，不如舍去，或许会给别人带来幸福，同时也使自己心情舒畅。老人这种舍得的做法令人顿生敬意，也值得我们深思。

生活中我们面对这样的取舍时，该怎样去选择呢？孔子说过："富与贵，是人之所欲也；不以其道得之，不处也。贫与贱，是人之所恶也，不以其道得之，不去也。"尽管两千多年前的圣人就告诫过我们："不以其道得之，不处也。"但确实有些人没有把握好自己，而走了一条本不该走的路。更加残酷的是，在我们人生的词典里根本就没有"如果"这个词，更别去设想："如果当初我选择另一条路会怎么样"这类可笑的话题。孔子的话似乎让舍得的艺术变得很难。

事实上，要掌握取舍的艺术确实很难，这是一个值得所有人深思的哲学思想。可换个角度想，它也是很简单的，舍得的艺术不在别处，它就在生活中的点点滴滴，需要你不断地思考、揣摩和感悟，在每次舍得的成败中细细思量和总结经验。

舍之东隅，得之桑榆

得与失既是对立的，又是相辅相成的。因此，在舍与得中人们看到了希望：上帝关上一扇门的时候，必定会为我们敞开另一扇窗，每当我们失去，生活都将以另一种方式让我们获得。任何付出都是有回报的，生活对待每一个人都是公平的，你在一个地方失去，必然会在另外一个地方补偿你，世间万事都是“舍”之东隅，“得”之桑榆。

有个人在某天晚上碰到一个神仙，神仙告诉他说，有大事要发生在他身上，他将有机会得到很大一笔财富，在社会上获得卓越的地位，并且娶到一个漂亮的妻子。这个人终其一生都在等待这个奇异的承诺，可是此后什么事也没发生。他穷困地度过了一生，最后孤独地老死了。死后，他又看见了那个神仙，他对神仙说：“你说过要给我财富、很高的社会地位和漂亮的妻子，我等了一辈子，却什么也没有得到。”

神仙回答他说：“我没说过那种话。我只承诺过要给你机会得到财富、一个受人尊重的社会地位和一个漂亮的妻子，可是你却让这些机会从身边溜走了。”这个人迷惑了，他说：“我不明白你的意思。”神仙回答道：“你记得不记得曾经有一次你想到一个好点子，可是你没有行动，因为你怕失败而不敢

去尝试?”这个人点点头。

神仙继续说:“因为你没有去行动,这个点子几年以后被另外一个人想到了,那个人一点儿也不害怕地去做了,他后来变成了全国最有钱的人。还有,你应该还记得,有一次发生了大地震,城里大半的房子都毁了,好几千人被困在倒塌的房子里。你有机会去帮忙拯救那些存活的人,可是你怕小偷会趁你不在家的时候,到你家里去偷东西,你以这个为借口,故意忽视那些需要你帮助的人,而只是守着自己的房子。”这个人不好意思地点点头。

得与失既是对立的,又是相辅相成的。人生短暂,与浩瀚的历史长河相比,世间一切恩恩怨怨、功名利禄皆为短暂的一瞬。“福兮祸所伏,祸兮福所倚”,得意与失意,在人的一生中只是短短的一瞬。俄国伟大诗人普希金在一首诗中写道:“一切都是暂时,一切都会消逝,让失去的变为可爱。”有时候失去确实是可爱的,它有一种神秘的魅力,总在你为失去伤心流泪的时候,跳出来给你个或大或小的惊喜。

曾有一个朋友,立志要读北京师范大学的心理学研究生。所有关于心理学方面的书籍几乎被她翻烂了,可是她连考数年都未考中。然而,在这期间不断有朋友向她咨询一些心理上的困惑和不解,起初她还能耐心解释,不厌其烦。后来,问的人实在太多了,她索性编了一本书《生活中的情感得失》,一是为了巩固所学的知识,二是为了给朋友提供方便。次年,她依旧没有考上研究生,但是,她的那本书却被一位书商看中,第一次就印了一万册,当年销售一空。现在这位朋友已经是SOHO一族了,过着有滋有味的小资生活。现在聚到一起,她还经常感叹:“舍之东隅,得之桑榆啊!”

日常生活中，我们总是喜欢朝着自己既定的目标奋力拼搏，但却不是每个人的愿望和理想都能实现。那些搏击一世却未获成功的人，是不是就自怨自艾地认为自己的命运不好，或对自己的智商失去了信心，一辈子活在失败的阴影里呢？这种情况是最糟糕的一种。事实上，我们大多数时候的努力和付出并不是没有一点回报的，也许只是你没有看到和发现。

大学里，你是不是因为第一次过不了英语四级，而别人都通过了而郁闷不已？而事实上，很多考上研究生的朋友都得益于第一次没有通过英语四级考试，因为那些很早通过的人，大多数都认为万事大吉，就把英语丢在一边了，这为后来的考研英语造成了麻烦，还要现把从前的知识重新捡起来再学一遍。考上研以后一样，一些同学又为英语六级和雅思的没通过而苦恼，到最后，他们仍要大为感谢他们曾经的苦恼，因为正是这些苦恼，让他们走上社会以后的英语口语很棒，而获得了很好的工作机会。因此，大可不必为从前的和现在的没有立见成效的“舍”而悲观失望，你的那些艰难困苦所带来的“得”，已经渗透在你人生中的每个日子里，时不时地为你带来好运。

人生中很多人都在享受这种特别含蓄的“得”。比尔·盖茨放弃大学学业，当时亲人朋友都认为他是个疯子，可正是他的这种“舍”，让他成为现今世界上最富有的人。据说居里夫人要不是因为一次失恋，她也不会是史册上记载的那个居里夫人。

很多时候，埋没天才的不是别人，恰恰是我们自己。记住，任何付出都是有回报的，生活对待每一个人都是公平的，你在一个地方失去，必然会在另外一个地方补偿你，世间万事都是“舍”之东隅，“得”之桑榆。

舍得舍得，有舍有得

佛家有云：“舍得舍得，有舍有得，大舍大得，欲求有得，先学施舍。”阐释的就是舍与得的关系。

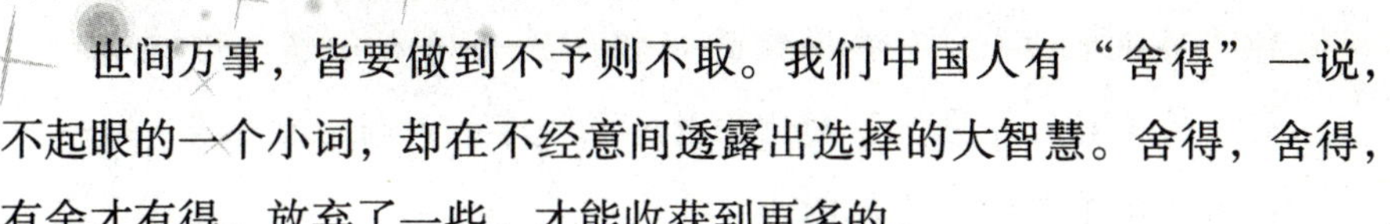

世间万事，皆要做到不予则不取。我们中国人有“舍得”一说，不起眼的一个小词，却在不经意间透露出选择的大智慧。舍得，舍得，有舍才有得。放弃了一些，才能收获到更多的。

乔伊·吉拉德是世界上最成功的营销专家，被吉尼斯世界纪录誉为“世界上最伟大的推销员”。在商业推销史上，他独创了一个巧妙的促销法，被世人广为传诵。

吉拉德创造的是一种有节奏、有频率的“放长线钓大鱼”的促销法。他认为所有已经认识的人都是自己潜在的客户，对这些潜在的客户，他每年大约要寄上 12 封广告信函，每次均以不同的色彩和形式投递，并且在信封上避免使用与他的行业相关的名称。

1 月份，他的信函上是一幅精美的喜庆气氛图案，同时配上几个大字“恭贺新禧”，下面是一个简单的署名：“雪佛兰轿车，乔伊·吉拉德上。”除此之外，再无多余的话。即使遇上大拍卖期间，他也绝口不提买卖。

2月份，信函上写的是："请你享受快乐的情人节。"下面仍是简短的签名。

3月份，信中写的是："祝你圣巴特利库节快乐！"圣巴特利库节是爱尔兰人的节日。也许你是波兰人或是捷克人，但这无关紧要，关键的是他不忘向你表示祝愿。

然后是4月、5月、6月……

不要小看这几张印刷品，它们所起的作用非同小可。不少客户一到节日，往往会问夫人："过节有没有人来信？""乔伊·吉拉德又寄来一张卡片！"

这样一来，每年中就有12次机会使乔伊·吉拉德的名字在愉悦的气氛中来到每个家庭。

乔伊·吉拉德没说一句："请你们买我的汽车吧！"但这种"不说之语"，不讲推销的推销，反而给人们留下了最深刻、最美好的印象，等到他们打算买汽车的时候，往往第一个想到的就是乔伊·吉拉德。

商业与人情味始终保持着必要的张力，商业排斥人情味，但又需要人情味。"王婆卖瓜"式的销售，并不是最高明的方式。

在古代，善于将敌人的言论反过来思考的人，就能改变现状、探出实情。对方的变化难以确定，因此要周密地了解他的情况。不够周密，情况就不够明确，基础就不够牢固。"像"是模仿事物，"比"是比较语意，再用无形来求有声。若是改变"像"和"比"，就定会有相反的论调，则你还需要仔细倾听。要说话就要先沉默，要敞开就要先收敛，要升高就要先降低，要获取就要先付出。想敞开怀抱，就要模拟比较，以掌握对方的言论。此时，相同的声音就会相呼应，切实的道理就会相归属。或是此理，或是彼理，或以其奉上，或以其治下。这就是听真假、知异同，以刺探敌人真伪的办法，喜怒哀乐均以此为模式，言语举止均由此而出入，这都是以事先确定的条件为法则的。以反攻求得回

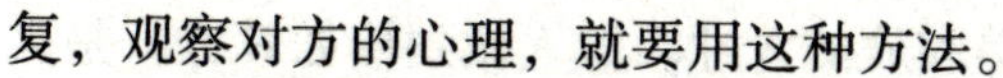
复，观察对方的心理，就要用这种方法。

有人说：会生活的人（成功的人）最懂得的就是“舍得”。“舍得”几乎囊括了人生所有的真知妙理，一旦我们真正把握了舍与得的尺度，就等于拿到了人生成功的金钥匙。“人生一世，草木一秋”，人情世事，其实质不过是舍与得的排列组合。因此，日常生活中，每当有些东西和事情困扰身心时，要想到有舍才有得，你的心灵就会自然而然地获得平静和安宁。

该舍则舍，该得则得

凡事都有一个度和量，过分追求自己的所得，往往会适得其反，失去更多。该舍则舍，该得就得，一张一弛乃人生一大智慧。

人生即哲学，要有所得，有所舍。有时人生需要加法，追求名利、追求知识、追求成功、追求富贵；但有时也需要用减法，远离名利、看淡成败、安于淡泊。

宋代林逋在《省心录》中说：“饱肥甘、不知节者损福；广积聚、骄富贵不知止者杀身。”在我看来，老子和林逋这两位智者都在劝导人们要知足、节制、知止，其实质上就是说人生要学会选择，要懂得去放弃，要该舍则舍，该得则得。这样就能更清醒地悟透人生的内涵，合理安排人生的进退取舍，有所为、有所不为，使人生不至于走向极端，从而使人生更加充满活力、更健康、更有利于社会，进而使人生更有意义。

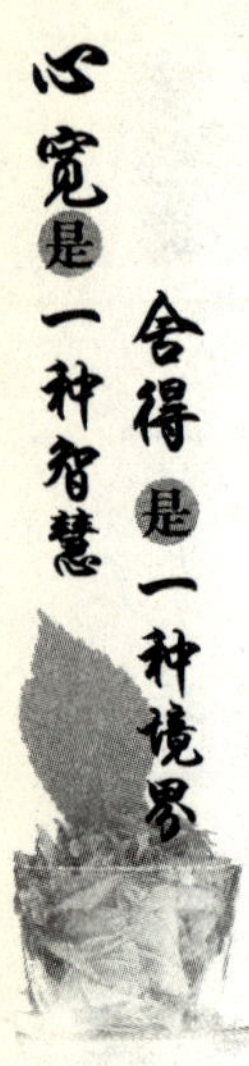

人生当中最难把握的就是得和放的分寸。做人做到恰如其分，是人生的最高境界。做事做到恰到好处，是人生的最大学问。

在科学上有一个关于分寸的定论叫黄金分割，德国的科学家刻卜勒则称之为神圣分割，就是最具有美学价值的比例，也就是我们人类的视觉感到最舒服的造型。其实在生活当中，黄金定律几乎无处不在，旗帜的长宽、人体上下部的长短、窗子的大小、一天当中气温冷暖的比差，甚至是阳光的强弱，都有一个科学的定律在发挥作用，这也就是人生的分寸。掌握好了进退的分寸，我们才知道什么该得，什么该放。什么都不肯舍弃，不但会劳损自己的筋骨，还会惹祸上身。

范蠡、文种帮越王勾践复国雪耻灭了吴国，范蠡功成身退，做买卖去了。他曾劝文种离开，可文种还是迷恋于功名，不听范蠡之言，不懂得放下，最后被勾践所杀。

可见，做人还是掌握好舍和得的分寸较好。实际上，懂得舍弃而使人生免灾的例子也实在不少。

清末，曾国藩回湖南组建湘军，先后攻克太平军几个重要城市，最后攻陷金陵，曾国藩因此受封一等侯爵。可是就在这时，曾国藩发现他的湘军总数已经达到30万众，是一支谁也调不动，只听命于他的私人武装。

曾国藩感觉到了顾命大臣功高震主的问题，他开始自削兵权，从而解除了清廷的顾虑，使自己依然得到信任和重用。历史上，有不可尽数立下绝世功勋的人都没能逃脱“狡兔死，走狗烹”的命运。曾国藩与他们的区别，在于他及时地把握好了舍和得的分寸。

看看我们所处的世界，因为有一个完美的尺度，我们的世界才美满和谐。看看我们周围的人们，因为有一个人生的分寸，才使我们的人生既有失败的懊恼，也有成功的欢欣。把握好了舍和得的分寸，就等于掌握了自己的命运。

要想成大事，就要正确地分析自己、分析形势，做到该舍则舍，该得则得。“有所得”是主动选择，积极争取属于自己的东西，“有所舍”是敢于放弃。一个人的生存能力再强、精力再多，也不可能无所不为，将所有的东西全部收为己用。什么都想要，什么都想做，只会什么都得不到，什么都做不好。选择好属于自己的，做自己该做的才是最关键的，要想成就大事就必须有所扬弃。有哲人忠告：人一生只能做好一件事，我们只有一双手，每只手只有五个手指头。有时候我们两只手不能都伸出去，一只手的五个指头不能什么都抓住，所以我们应该去抓该抓的、值得抓的东西。

当然，该舍则舍，并不是要你简单地放弃，而是需要智慧的辅助，需要胸有全局、高瞻远瞩。胸有全局就能分清轻重缓急，做出正确取舍，科学规划、科学设计。高瞻远瞩是考虑得长远，并能以高度的责任感和使命感对待自己的选择。该舍则舍，该得就得，一张一弛乃人生一大智慧。

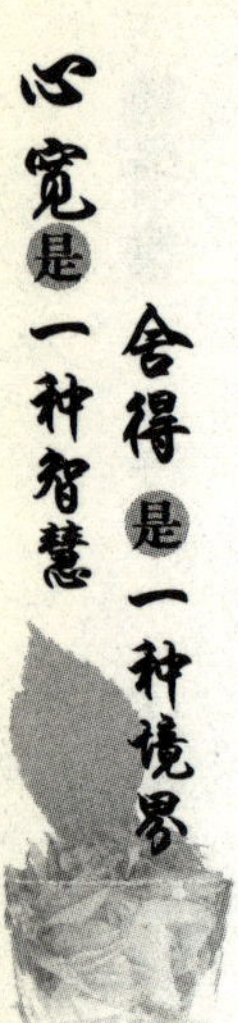

权衡利弊，放小抓大

见小利，不能立大功，理智的放弃是一种智慧。权衡利弊，放弃眼前的利益，获取丰厚的成果是成大事者绝妙的“杀手锏”。

成功的道路上，总会遇到各种各样的非常时刻，这时候就需要我们权衡利弊，果断放弃某些利益，以求得长远发展。比如：为了工作，我们可以放弃娱乐；为了孩子，我们可以牺牲睡眠；为了保全生命，我们可以抛弃身外之物。如果不懂得这一道理，其后果将是不堪设想的。

传说东南地区的珍品，当数荆山的鹿脐最为贵重，而且人人欲得。荆地有个追捕鹿的人，紧紧追逐一只鹿不放，鹿被追得急了，只好把身上的脐挤出来丢在树林里。追捕的人得到鹿脐，也就不再追了，鹿因此得到机会逃脱了危险。鹿因为敢于舍弃自身的小利，从而保住了性命。

其实暂时的舍弃是为了更好的选择，一个成大事的人，往往能权衡利弊，敢于舍弃。而目光短浅的人，总是固守着所有的一切，什么都不想放下，结果让自己受累不说，还把自己困在了无形的牢笼之中。

有一行人在前往加州的路上被大雪阻隔，他们被困在关口里。40天后，有一半的人陆续死于饥饿和疾病。

最后，终于有两个人决定出去求援。他们在徒步可以到达的范围之内，很快就到达了一个村庄，并带回一个救援队，使其他幸存者得以获救。

你是否觉得好奇，在面临饥饿和死亡的状态下，他们为什么等待了40天，才决定放弃那个地方？为什么没有人愿意冒险出去求援？原因很简单——他们不懂得权衡利弊，不舍得放弃，在关系到生命的关键时刻，他们还抱着身边的财产不放。

他们曾试图把马车和财物拖走，结果搞得筋疲力尽却徒劳无功，只好作罢。就这样他们任由大雪围困在关口，直到耗尽所有的食物和供给。

想想看，我们是否也经常陷入这种“关卡”呢？由于害怕失去既有的社会地位、丰厚的收入、漂亮的办公室以及握在手中的权力，多少人放弃了新工作的挑战，宁可守着一份并不喜欢的工作，虚度数十年的光阴。当你的生命越是往前走，你就聚积了越多的包袱和负担——财产、名位、习惯、人际关系、应该做的、必须做的……不断地增加，于是更加依恋这熟悉的一切，舍不得放下。由于害怕失去拥有的一切，多少人不愿意冒险、恐惧突破，不敢离开那种一成不变的生活，以致平凡无趣地走完一生。

这也就是为何有那么多人把自己困在无形的牢笼内，而无法走出生命中的“多纳尔关口”的原因。

一个人在成功的道路上要能走远，就得放弃眼前利益，要权衡利弊，舍小取大。眼光长远的人往往不容易被眼前的得失所迷惑，有很多成功人士的例子都说明了这一点。他们有的面临着金钱的诱惑，有的经历了困境的阻挠，但他们往往能够执著于自己的梦想，权衡利弊，善于取舍，从而摆脱眼前利益的诱惑，冲破困境的束缚。

眼光长远的人往往能走在时代的前沿，他能看见别人所不能看见的

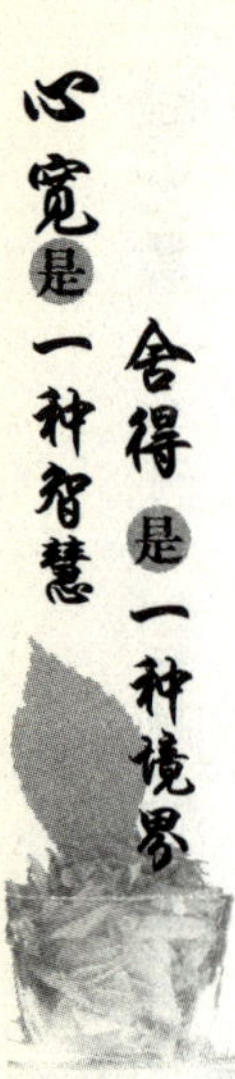

东西，掌握事物发展的未来趋势，因而能先行一步。在我们这个竞争日趋激烈、创业变得很艰难的时代里，这是成功不可或缺的元素。

而那些短视者只能迎接失败，即使他们曾经拥有过很优越的条件。他们往往被眼前的利益所迷惑，在透支享受今天的同时，忘记或忽略了给明天播种，最后只能被明天抛弃。

眼前的利益或许更具诱惑力，但你必须知道什么东西更值得你去期待。不要被微小的成就所诱惑，因为那样会使你安于现状。

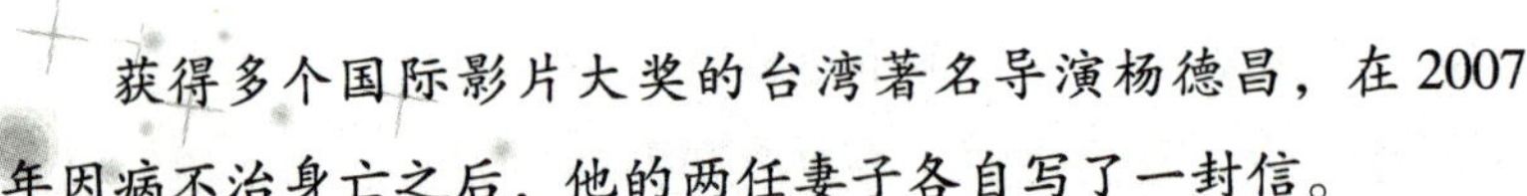

学会舍得，才能获得快乐

获得多个国际影片大奖的台湾著名导演杨德昌，在2007年因病不治身亡之后，他的两任妻子各自写了一封信。

蔡琴写信的标题是《就让他活在我的歌里吧》，信中说："杨德昌就这么走了……这个时候，说什么也说不清楚我的五味杂陈！回想当初，当我确知彭铠立和他的恋情，到决定当机立断成全他们，再到办完离婚手续，甚至今天他去世……我深深地感谢上帝，让我与他轰轰烈烈地爱过……细数一生，他一共完成了八部电影，在我们生命联姻的十年里，我竟见证了一半……作为一个女人，他给我的寂寞多过甜蜜；作为一个观众，我们痛失一个锐利的记录者。时间会给他所有作品一个公道！至于我们所有过往的点滴，我自己品尝，就当做我活着时永远的秘密，随着他的逝去与世长辞。”

彭铠立的手书标题是《杨德昌的最后七年》，写的是：“杨德昌导演已于6月29日下午1时半，于洛杉矶比华利山的家中辞世。2000年5月最后一部作品于戛纳获大奖之后，杨导演即被诊断出零期之大肠癌。7月旋即决定开刀，9月儿子出世。短暂休养之后，在2001年于戛纳当评审之际，决定下一部电影为剧情动画片之目标。……6月25日开始略显昏迷，仍紧握铅笔画簿，呈现的画已出现超现实的影像，如众人抢搭火车之景……6月29日下午1时半于比华利山家中，于妻子相伴之下，安宁辞世。”

蔡琴文如其人，人如其歌。一封告别信写得意犹未尽，感情充沛。而彭铠立则是近乎平淡地描写了和杨德昌导演共度的岁月以及他最后的时光，克制而理性。

无疑，两位女性都是杰出的。一个是歌坛常青树，一个则是名导心心念着的贤妻良母。

蔡琴和杨德昌的十年婚姻结束之时，他们十年柏拉图婚姻曾让无数人惊讶不已，个中原因和感受只有当事人才能确切知道。但是，从这些只言片语中，我们不难看到，那段婚姻留给蔡琴最深刻的记忆，依然是寂寞多过甜蜜，最后是因为她的“舍”才成全了杨德昌和彭铠立的“得”，而她的“舍”中又带着那么多的不舍和不甘。彭铠立则并没有因为“得”而多么喜形于色，她并不张扬，从容而自然。大概也是因为最后的岁月是她和杨德昌共同度过，所以不遗憾。

从这两封信中可以看到，蔡琴的“舍”并没有真舍，而彭铠立则是真的以“得”的姿态去面对了。

有时候，如果我们只抓住自己的东西不放，就很难接受别人的东西。对于懂生活的人来说，放弃不是失败，而是智慧。学会放弃，是放弃那种不切实际的幻想，而不是放弃为之奋斗的过程和努力；是放弃那

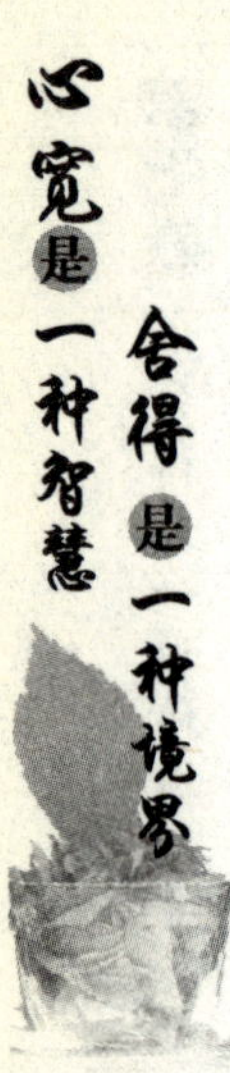

种毫无意义的争夺，而不是丧失奋斗的动力和生命的活力；是放弃那种对金钱地位的追求，而不是失去对美好生活的向往。

人，正因为不懂得舍弃才会有许多痛苦。当自己有了舍弃的智慧时，就会豁然开朗，人生会马上向你展现出另外一个截然不同的景致。

面对纷繁复杂的世界和物欲横流的社会，懂得放弃的人，就会用乐观、豁达的心态去对待没有得到的东西，他们每天都会有快乐和愉悦的心情；而不懂得放弃的人，只会焦头烂额地乱冲乱撞，他们不但最终达不到目标，而且每天都会陷于得失的苦恼之中。

也许放弃在当时是痛苦的，甚至是无奈的选择。但是若干年后，当我们回首那段往事时，我们会为当时正确的选择感到自豪，感到无愧于社会，无愧于人生。

新《卧虎藏龙》里有一句很经典的台词：当你紧握双手，里面什么也没有；当你打开双手，世界就在你手中。放弃是一种智慧，是一种豪气，是更深层面的进取。我们之所以举步维艰，是因为负担太重；之所以负担太重，是因为我们还不懂得放弃。功名利禄常常微笑着置人于死地。诗人泰戈尔说："当鸟翼系上黄金时，就飞不远了。"学会放弃，才能卸下人生的种种包袱，轻装上阵迎接生活的转机，度过风风雨雨；懂得放弃，心里才会更加充实、坦然和轻松。

第八章

学会放弃，珍惜现在拥有的幸福

懂得适时舍弃的人，永远不会让你真正地失望。放弃也是一种美，只有这样，心中的伤口才比较容易愈合，即使留下伤疤，也会使自己的心变得有棱有角，变得更加地坚忍不拔。人生就像一次旅行，在起程之前如果背负得过多，起程时就不会那么轻松。只有选择放弃，才会享受到美好的人生！曾有这样一句话：握紧双手，那么里面什么也没有；还是伸开双手吧，那么将会拥有自己想要的一切。学会放弃才能使自己真正地懂得珍惜现在所拥有的一切，只有痛快地放弃，才能使自己卸下包袱，轻松前进。

放弃是一种生存之道

放弃包含着许多学问，放弃不是随随便便地放弃，放弃也要动点小聪明，要点小计谋，这样你的放弃才会有价值。

有一次，电视栏目组的人要开展一个娱乐节目，内容是数钞票。规则是拿出一大沓钞票，里面有大小不一的各类面额，按不同顺序杂乱重叠着，在规定的3分钟内，让现场的四名观众进行点钞比赛，谁数得最多，而且数目最准确，那么他就可以获得自己刚刚数得的现金。

这个规则一宣布，很快引起了大家的关注，所有的观众都想上去试试，后来挑选出了四个人参加比赛：在这四个人中，有三个人为了获得更多的钞票，不管自己能不能数，光挑面额大的数，只有第四位，他看着那厚厚的一沓钞票，从容地挑选很薄的一叠开始数。

台下的观众都笑他傻，数那么点能得到多少啊？结果很快出来了，前三位数得千元大钞，可是他们所数钞票数目与实际数目却有所不同，不是多计了100元，就是少数了5元或者10元，所以他们都不能获得刚才数的现金，这三个人只能望钱空欢喜一场了。只有第四个人赢得了这场比赛，他才数了几十块

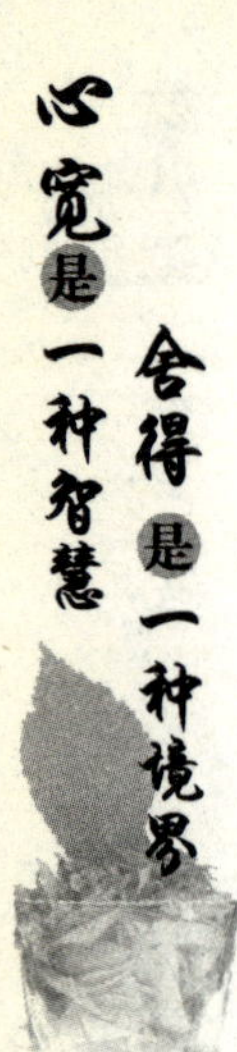

钱，虽然数目少，但是一分也不少，一分也不多。

看到这个结果，所有的人都沉默了，继而全都欢呼起来，他们为这个懂得放弃的聪明人大声鼓起掌来。

面对诱惑，任何一个人都会动心，但是这些诱惑会让你忽略自己的价值，使你无法正确认识自己，如果你盲目地去追求这些不切实际的东西，结果只会为了那差之毫厘的失误丢掉一切。

放弃虽然痛苦，但是放弃过后生活便会充满阳光。放弃需要勇气，需要果决，如果你学会了放弃，那么你也就学会了怎样生活。其实，放弃就是一种经营策略，是一种生存之道。

以退为进是人生的大智慧

老子说：“夫唯不争，故天下莫能与之争。”这句话的意思是，正因为不与人相争，所以天下没人能与他相争。

可惜的是，两千多年来，能参悟和运用这一心术的人真是凤毛麟角。在名利面前，人们往往争得你死我活的，结果大都落得个遍体鳞伤，两手空空，有的甚至身败名裂，命赴黄泉。

若人们都能学会以平常心观不平常事，则事事平常。平常心不是看破红尘，不是消极遁世，平常心应该是一种境界，是积极的人生。不以物喜，不以己悲；无时不乐，无时无忧。工作本该平常，敬业不衰，全力以赴，竭尽心智……

江南有一个大家族，老爷子年轻时是个风流公子，养了一大群妻妾，生下一大堆儿子。眼看自己一天比一天老了，他心想：这么大一个家当，总得交给一个儿子来管吧。可是，管家的钥匙只有一把，儿子却有一大群。于是，儿子们斗得你死我活，不亦乐乎。这时，只有一个儿子默默地站在一边，只帮老爷子干事，从不参与争斗。争来斗去，老爷子终于想明白了，这把钥匙交给这群争吵的儿子中的任何一个，他都不会管好。最后，老爷子将钥匙交给了不争的那个儿子。

同样的道理，我们在日常交际中，对人对事也要善于制怒控愠。

有一天，哥德到公园散步，迎面走来了曾经对他的作品提过尖锐批评的评论家，这位评论家在哥德面前高声喊道：“我从来不给傻子让路！”哥德则克己忍让，幽默地答道：“而我正相反！”

哥德一边说，一边满脸笑容地让到一旁。哥德的忍让避免了一场无谓的争吵，也显示出了他的心胸和气量。

容与忍往往是统一的，这不是懦弱，而是以退为进，在容忍中寻找解决问题的最佳方案。

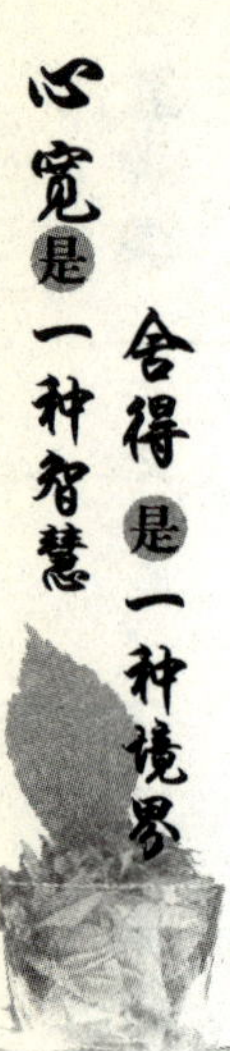

人生需要退而求其次

春秋时期，百里奚很有才干，但他是荆楚的普通百姓，没有得到重用。他听说秦穆公贤明，就想着去拜见，但去秦国又没有路费，于是他把自己出卖给秦国的客人当奴隶，穿着破衣烂衫给人家喂牛。

到了秦国，他通过不同的渠道把自己的才华显示出来，秦穆公知道后，把这个喂牛的人提拔起来，官拜左相，位尊身显，很多原来瞧不起他的人都不敢仰视他。

为了摆脱失败情感的左右，学会能屈能伸才能泰然自若。

能屈能伸是取胜的一种战略思考，是一种大丈夫可曲。这样做并非是让我们营私舞弊、贪污贿赂、投机取巧，这是人生智慧的凝结，它的形式变化多端，可以称为“以曲求伸”，也可称为“以柔克刚”。

历史上有不少以柔克刚、以弱胜强的例子，都反映出了大丈夫能屈能伸的战略。老子说：“要表现出无私的样子，这样才能达到自己的目的……想废掉对方，就先捧起他；想剥夺对方，就先假装满足他。”这种以曲求伸的姿态也许不够壮观、英武，但毕竟是在前进，是靠着自己的力量一点一点地在前进。

在洞庭湖里生活着很多鱼类，其中有一种鱼叫泥鱼。

每当旱季来临时，洞庭湖水就会干涸，大部分的鱼虾都会拼命寻找赖以活命的水，可惜到最后也无法战胜天道循环，不是被人们捞走，就是干渴而死变成干鱼。

可是泥鱼则不同，到了这种生死存亡的关头，它全身滚进湿泥里，然后口衔泥水，像死了一样静止不动。捞鱼的人即使看见了，也会误以为是泥巴，让它侥幸逃过。等水渐渐干了以后，泥鱼就躲在泥里一动不动，依靠自身保存的水分和能量来维持生命，一直能维持半年之久。

等到旱季过去，河水汇聚到洞庭湖的时候，泥鱼就会从泥里钻出来，洗掉身上的泥巴，在水底自由自在地畅游。而此前其他的鱼虾早就所剩无几，因此泥鱼就可以享受充足的空间与养料，迅速地繁殖成长。

据说三国时期，关羽就曾经用泥鱼的故事来劝说刘备，告诉他人生总要有几段泥鱼那样隐忍的时期。刘备听后，若有所悟，才有了后来与曹操煮酒论英雄时的精彩表演。

骨头太硬的人，不懂得人生应该能曲，因此对于低处的机会视而不见；骨头太软的人，永远也站不起来，根本没有伸的时候，因此对于高处的机会也就可望而不可即了。

因此，成功的人一定是一个骨头具有强大的韧性与足够弹性的人，在狭小的空间里，能最大限度地曲下身来保护自己。在发展机会来临、前景广阔的时候，又能最大限度地挥洒自己的智能与才干。

退一步海阔天空，争一步不如让一步

象棋是由中国发明的，其中蕴藏着中国人的人生智慧。

象棋高手往往能从大局出发，不争一子之得失，着眼于长远，走一步看三步，甚至更多，有战略布局造势，有策略设圈埋伏；而低手者只能从局部出发，走一步看一步，无长远之眼光，往往为争一子之得失而陷于对手之圈套，损城失地，直至输棋。

> 在印度南部的马哈丛林里，人们捕捉猴子的狩猎工具很简单：在一个牢固但透明的盒子里装有猴子特别爱吃的核桃，盒子上方开一个小口，刚好够猴子的前爪伸进去，抓住核桃后就抽不出来了，聪明的猴子常常中计而被猎人抓获。其实猴子很容易就可以逃生，那就是松开前爪，放弃核桃。

人们可能会嘲笑猴子因为不肯放弃一个核桃而搭上了性命，可是我们自己呢？是不是也常常因为不肯放弃一些虚无缥缈的“名”或“利”而烦躁不安呢？作为教师，我们有时会抱怨学生不懂事，在我们的内心深处是不是对学生的要求过高了呢？我们有时会抱怨待遇偏低，可是我们有没有想过，自己的付出到底是不是物有所值？我们有时会抱怨压力过大，可是我们是否想过，这压力又是从何而来的呢？仔细地想一想，细究一下深层次的原因，主要还是为名所累，为利所困。

人生不能没有追求，执著是一种美丽。失败是成功之母，只有不断总结，不断拼搏，才有可能取得最后的成功。“宝剑锋从磨砺出，梅花香自寒苦来。”历尽千辛万苦获得的成功值得珍惜，苦尽甘来的喜悦更值得细细品味。

但是人生也不能没有退步，勇往直前、百折不挠固然可喜，但有限的生命难以承受太多的重量，人生不可能永远负重前行。有舍才有得，只有学会取舍才能得到更多，所以适当退让、学会放弃更是一种智慧。合理的退让是一种洒脱，是一门学问；适当的放弃是一种豁达，是一种人生的领悟。

一个富翁老了，他的两个儿子也长大了，这些日子富翁一直在苦苦思索，到底该让哪个儿子继承遗产？富翁百思不得其解。想起自己白手起家的青年时代，他忽然灵机一动，找到了一个考验他们的好办法。他锁上宅门，把两个儿子带到100里外的一座城市里，然后给他们出了个难题，谁答得好，就让谁继承遗产。他交给他们一人一串钥匙、一匹快马，看他们谁先回到家，并把宅门打开。马跑得飞快，所以兄弟两个几乎是同时回到家的。

但是面对紧锁的大门，两个人都犯愁了。哥哥左试右试，苦于无法从那一大串钥匙中找到最合适的那把；弟弟呢，则苦于没有钥匙，因为他刚才光顾了赶路，钥匙不知什么时候掉在了路上，两个人急得满头大汗。突然，弟弟一拍脑门有了办法，他找来一块石头，几下子就把锁砸开了，他顺利进去了。自然，继承权落在了弟弟手里。

人生的大门往往是没有钥匙的，在命运的关键时刻，人最需要的不是墨守成规的钥匙，而是一块砸碎障碍的石头！

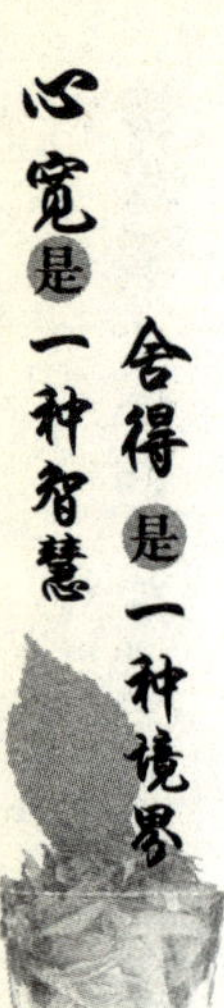

以退为进，以舍求得

古人云："受恩深处宜先退，得意浓时便可休。"不是所有的前进都是好的，也不是所有的后退都因为无路可走，适时的后退不仅可以让眼前的道路更清晰，有时还会为我们带来"柳暗花明又一村"的豁然开朗。

"走为上"是用兵的常用策略，说白了就是舍弃、退却和逃跑。当一方具有压倒的优势，而另一方却没有胜利的把握的时候，唯有三条路可行，即投降、和谈、退却。投降是彻底的失败，和谈是失败了一半，而退却并非失败，相反是转为胜利的关键。

走也是一种舍，表面看来是退却，实际上是最高明的战法，它具有切实的实用性，令人有"与其卖弄小聪明，倒不如退为佳"的感觉。

"走"这个计策用在做人做事上，则有"随退随进一说，退是舍，进是得。"的确，疾风知劲草，人须有傲骨，面对险恶的局势，人应当有一种宁为玉碎，不为瓦全的精神。这种不达目的誓不罢休的"视死如归"的精神，我们自应提倡，也是我们一直所倡导的一种精神。但是，客观世界是复杂多变的，就某个具体的事情来说，也有其"时"、"势"的问题，在某些特定的时间里、环境下，采取以退为进、以舍求得的方法，也是一种积极的人生策略，而并非是消极退让。

庄子曾讲，"穷通皆乐"；苏轼则言，"进退自如"。无论是庄子的

穷通，还是东坡的进退，同指一种做事的策略。穷通是指人实际的境况遭遇，进退是指人主观的态度和行动。庄子认为，凡事顺应自然，不去强求，才能过着自由安乐的生活。苏轼则认为，人只有安于时代的潮流，适应自然法则，才能进退自如，穷通皆乐。如此看来，进退即是做人的大道理、大智慧。

我们常说："做人不要做绝，说话不要说尽。"廉颇曾顽固不化，蔑视蔺相如，到最后却不得不肉袒负荆，登门向蔺相如谢罪。郑庄公说话太尽，无奈何掘地及泉，遂而见母。故俗言道："凡事留一线，日后好见面。"凡事都舍得留有余地，方可避免走向极端。特别在权衡进退舍得的时候，务必注意适可而止，尽量做到见好便收。

春光虽好，但总有尽时。人生也是如此，每个人都有高潮和低潮。人无千日好，花无百日红。就像搓牌一样，一个人不能总是得手，一副好牌之后往往就是坏牌的开始，所以，见好就收便是最大的赢家。做人的真谛就在于此，与人交往，不论是同性知己还是异性朋友，都要有适可而止的心情。君子之交淡如水，既可避免势尽人疏、利尽人散的结局，同时友谊也只有在平淡中方能见出真情。越是形影不离的朋友，越容易反目为仇。

古人告诫说："受恩深处宜先退，得意浓时便可休。"即使是恩爱夫妻，天长日久的耳鬓厮磨，也会有爱老情衰的一天。北宋词人秦少游所谓"两情若是久长时，又岂在朝朝暮暮"，这不止是劳燕两地的分居夫妻之心理安慰，更应为做人交友的处世之道。我们在谈到成功之道时，更多地强调要有一种勇往直前的精神，一种积极进取的精神。但是，有时候一味地硬冲硬打未必是一种最好的方法，以退为进也是一种人生的策略。

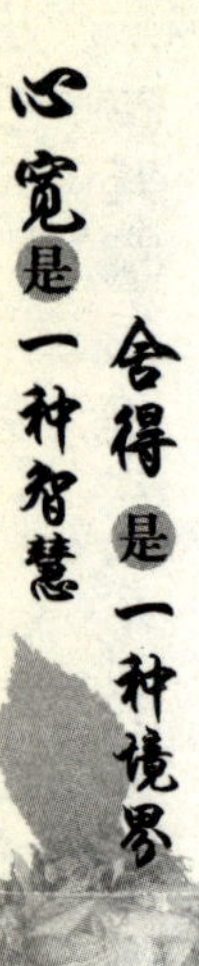

退一步，也许就是柳暗花明

退一步其实很简单。你觉得你有理，别人说你一句，你回十句，只能激化矛盾，到时候即使你确实有理，也没有用了。要时刻记得这一点：当你非要和别人较真的时候，要想想自己会不会得到同样的回报。“退一步海阔天空”，适时地退一步就会化解矛盾，消除误会，赢得友情。

在达尔文的《物种起源》出版前，他接到来自好朋友毕莱士的一封信，请达尔文为自己写的文稿做个审定。达尔文看了朋友的稿子后觉得异常为难，因为这个文稿的研究结论与自己的《物种起源》一书实在是太接近了。达尔文和毕莱士是多年的好朋友，而这两部稿子无论是谁先发表，都会对另一个人造成伤害。一边是多年的友谊，一边是倾注了二十多年心血的稿子，达尔文很为难。有人劝达尔文，赶紧把自己的书出了，但是达尔文选择了友谊，打算把自己的书稿毁了。毕莱士知道后很受感动，坚决阻止了达尔文毁书的行动。这件事一经传出，大家都称赞达尔文的大度，有越来越多的人知道了达尔文以及他的《物种起源》。

其实，在不违背原则的情况下，适当地退一步是完全可以的。朋友之间相识讲的就是一个缘分，应该以大局为重，不要因为对方的态度有变化或过错，自己也一定要以相同的方式回敬。始终保持对对方的友好态度，对方也能意识到你的“付出”。

一个卡车司机跑长途，车子途经一个小村庄时，一个中年农妇突然小跑着横穿马路。大卡车来了个急刹车，差点儿撞着农妇。那农妇顿时火冒三丈，冲到驾驶室对司机开始没完没了地谩骂。司机没有还嘴，点燃一支烟慢慢地吸着，听农妇从“小骂”上升到“大骂”。一支烟吸完，趁农妇喘口气的工夫，司机终于开口了：“如果我刚才刹车晚了，把你轧死了，这会儿你还能骂吗?”农妇想想有道理，便不再骂了。

看，退一步其实很简单，你觉得你有理，别人说你一句，你回十句，只能激化矛盾，到时候即使你确实有理，也没有用了。要时刻记得这一点：当你非要和别人较真的时候，要想想自己会不会得到同样的回报。

上初中的方杰放学后气冲冲地回到家里，进门后便使劲地把门关上。他的母亲正在厨房里干活，看到方杰生气的样子，就把他叫了过来，要和他聊聊。

方杰不情愿地走到母亲身边，气呼呼地说：“妈妈，我现在非常生气，李强居然在背后说我的坏话。”方杰的母亲一边干活，一边静静地听儿子诉说。方杰说：“李强让我在朋友面前丢脸，我现在特别希望见到他的时候和他吵一架，希望他遇到倒霉的事情!”

母亲走到墙角，找到一袋木炭，对方杰说：“儿子，你把前面挂在绳子上的那件白衬衫当做李强，把这个塑料袋里的木

炭当做你想象中的倒霉事情。你用木炭去砸白衬衫，每砸中一块，就象征着李强遇到一件倒霉的事情。我们看看你把木炭砸完了以后会是什么样子。”

方杰觉得这个游戏很好玩，他拿起木炭就往衬衫上砸去。可是衬衫挂在比较远的绳子上，他把木炭扔完了，也没有几块扔到衬衫上。

母亲问方杰：“你现在觉得怎么样？”

“累死我了，但我很开心，因为我扔中了好几块木炭，白衬衫上有好几个黑印子了。”

母亲见儿子没有明白她的用意，于是让方杰去照照镜子。方杰在一面大镜子里看到自己满身都是黑的，从脸上只能看到牙齿是白的。

母亲这时继续说道：“你看，白衬衫并没有变得多脏，而你自己却成了一个‘黑人’。你想在别人身上发生很多倒霉事情，结果最倒霉的事却落到你自己身上了。有时候，我们的坏念头虽然在别人身上兑现了一部分，别人倒霉了，但是也同样在我们身上留下了难以消除的污迹。”方杰这才明白了母亲的用意。

所谓“退一步海阔天空”，适时地退一步就会化解矛盾，消除误会，赢得友情。

放弃是为了更好地突破自我

世上没有人免得了凡尘俗事，没有人离得开欲望，因此，我们在这种矛盾中要学会放弃，只有放弃才能得到更多。每个人都要明白，放弃不是一种牺牲，而是一种重生，一种希望，一种寻得幸福的捷径。只有懂得放弃的人，才能真正了解自己，进而改变自己的不足，勇敢面对，挑战自我，突破自我！

朱诺是一个高尔夫球天才，在十几岁的时候就夺得过全国比赛冠军，所有的人都很看好他，一度认为他将成为又一个运动球星，他的朋友、家人、亲戚都关注着他，可是就在这鲜花赞扬中，他失踪了。

他放弃了高尔夫球，投入了世界大战之中，成为一名保国抗战的军人：在一次丛林战役中，他们部队所有战士全部阵亡，只有受伤昏迷的他还有生存下来的机会。后来他被人救起，复员之后回到了自己的家乡，没有任何技能的他，只能每天在家里练习高尔夫球，可是巨大的心理阴影让他根本不敢面对赛场。

他不知道自己怎么会走到今天这个地步，他不懂为何放弃中有着那么多沉痛与无奈，但是他的放弃让他明白了高尔夫才是他一生的伴侣，才是他为之拼搏的动力。现在他打不出那种好球，并不是因为自己的球技不好，而是自己放不下那些死去的同胞，放不下那场惨烈的战争。

朱诺为此陷入了深深的痛苦中，他几次把自己关到屋里，蹲在角落里问自己活着到底是为了什么，什么都没有了，可是为什么还要这样苟且的活着。他的父母不知道该怎样去安慰他，他的朋友不知道该怎样跟他诉说。

就在朱诺苦恼无助的时候，一位先生走进了他的生活，告诉他："放弃不是为了让你在这里忍受煎熬，而是让你变得更加坚强。你是高尔夫的忠实者，只有忘掉一切，把高尔夫看成你的命，打球的时候不要去想任何东西，你就能赢得一切。"

朱诺听到这些话，他懂得了生活的意义，并认为为过去的痛苦活着是一件很愚蠢的事，该面对的还是要面对，该拼搏的还是要拼搏，为此他擦干泪水，把痛苦深埋心底，专心地投入到高尔夫球的比赛中。比赛场上，他用必胜的信念支撑自己打完一个又一个球。他专心致志地打球，不去想任何事情，心中和眼中只有自己、球杆，以享受比赛乐趣的态度去打球，不去计较输赢，他打的球赢得了所有人的好评，取得了前所未有的胜利。

这个故事告诉我们，只有懂得放弃的人，才会努力做好自己的本分工作，才能专心致志地对待自己的人生，才能突破自我。

放弃的后面就是机会，选择了放弃就等于拥有了机会，敢于放弃的人能得到一切，不懂得放弃的人只能欢喜一场。放弃不是半途而废，也不是功亏一篑，放弃是为了谋求更大的发展空间，是为了突破自我，以退为进尽显个人魅力。

能进能退，能屈能伸

一个成功的人必定是一个坚韧的人，失意和得意都能屈伸自如，泰然处之伸于可伸之机，是智慧，屈于当屈之时，也是智慧。

很多人认为真正的英雄在临难时，无惧无忧，不屈不挠，不贪生以害义，士可杀不可辱，刚强不屈才是大丈夫的本性。可过于刚强，不懂得屈伸的人，极易折断。正所谓识时务者为俊杰，善于从容退让，暂时忍辱受屈，暗地里默默积蓄力量，等待转败为胜的时机，是为人处世的一种柔软，一种权变，也是一种高明的生存智慧。

一个成功的人，必定是一个坚韧的人。毕竟一个人不管他有多大的实力，都会受到周围环境和各种各样因素的影响和限制。当在现实中受挫，不能实现自己的目标和愿望时，如果还是硬着头皮挺直腰杆一意孤行，最后吃亏的总是自己。心中存有远大理想的人，都会能屈能伸，能进能退。人之屈，是为了保存力量，所谓留得青山在，不怕没柴烧；人之伸，是为了找准机会，将蓄积已久的能量爆发出来，高扬自我，以便实现自己人生的理想。

这种进退自如不光在人类，自然界的动物都懂得在不利于自己的环境里要先保全自己。壁虎是我们熟悉的动物，我们小时候不是很理解，它因为人类的轻轻碰触就自断其尾，想必也是忍着剧痛而逃离，不久它又拖着自己的长尾巴出现在墙壁上。这让人觉得它是不可理喻的，为了

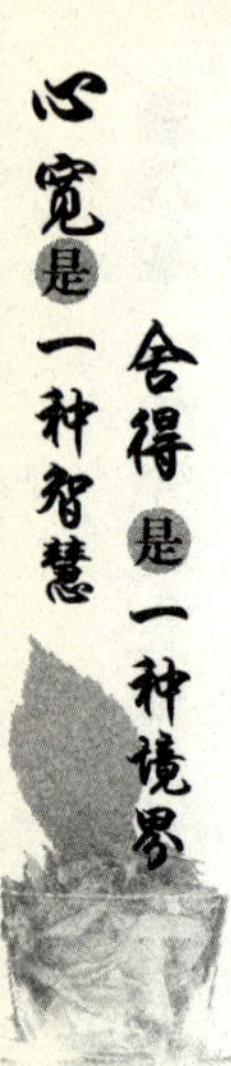

逃命，甘受巨大的断尾之痛屈身而退，这种行为经常会受到“小英雄们”的嘲笑和鄙视。虽然“士可杀不可辱”值得称赞，但为了一时的利益而放弃自己远大的梦想是否值得呢？看来小壁虎是值得我们尊敬的。

古人讲：识时务者为俊杰。识时务者，识荣辱、知进退也。识时务者，知道什么时候屈，什么时候伸，知道什么时候进，什么时候退。刚柔并济，在自己不得意的时候退一步，保存实力，留下性命。人生就像壁虎一样，真正的大丈夫不一定是那些纵横驰骋如入无人之境、冲锋陷阵无坚不摧的英雄，却会是那些看准时局、能屈能伸、能进能退的聪明者，他们懂得或阴或阳，或柔或刚，或开或闭，或弛或张，能够适应不同的环境，采用不同的生存与发展方式。在人生旅途中，无论是遭遇失意或得意，都能泰然处之，客观面对。在失意时，懂得在狭小的空间里，能最大限度地屈下身来保护自己，以适应环境的变化，而心中并不气馁；在高潮时，把握发展的机会，重新站起来，最大限度地发挥自己的智能与才干。

纵观古今中外，所有成就大事业的人都懂得能屈能伸，做到进退自如。进时，必定是称帝封王，建功立业，锦绣文章，誉满中华，腰缠万贯，富甲天下；退时，可以放下身段，委曲求全，淡泊名利，退隐山林，粗茶淡饭，自得其乐。世界是多彩多姿的，人生的道路也不会是一帆风顺、毫无波折的。这时候，面对障碍你不能前进时，必须换个角度考虑问题，重新选择道路，绝对不要“一条道走到黑”，一时义气用事，最后落个两败俱伤。

人生漫长，变幻莫测，在前行的道路上难免会遇到困难、会碰壁，在面对厚重坚固比自己低的门框时，有多少人懂得去低下头呢？真正有智慧的人，懂得暂时的低头并非卑屈，而是为了长久的抬头。一场大雪过后，人们在树林里发现了一个奇怪的现象：榆树很多粗大的枝条被厚厚的积雪都压断了，而一旁的松树却生机盎然，没有受到一点伤害。其原因就在于，榆树粗大的枝条不懂得、也不会弯曲，当冰雪在上面越积越厚，超过了它的承受能力时，只能被压断，而身躯柔弱的松树在自己不能承受冰雪的压力时，懂得低下头来，把树枝垂下，让积雪从身上滚落下来，才能在大灾大难后依旧挺拔，巍然屹立。

可见一时的退让不是丧失原则和失去自尊，而是为了更好地生存。能屈能伸，刚柔兼济，才不失男子汉大丈夫的气度和风范。

退却不是软弱，屈服不要盲目

不知捕捉黄鳝的人将他手中的那个小小的竹笼子申报了国家专利没有？那东西完全可以得到一个专利号。因为它设计得十分巧妙，做起来也不费事，然而却实用得很。

一束细篾编织成拳头粗细的笼子，笼子尾部是进口处，一圈轻而薄的篾瓣朝里形成一个漩涡状茬口。黄鳝被笼里的诱饵吸引了，就从那篾缝里钻进去，但是它在笼子里面没法转身，于是被收笼子的人提起来，没有一条能够逃脱的。

其实这笼子什么机关也没有，只有进口处那一圈篾瓣，它是利用了黄鳝的尾部特别敏感，只要一触到硬物，整个身体就向前游动这一特性，断了黄鳝的后路。假使黄鳝敢于朝后退一步，那么就没有哪一条黄鳝能被关进笼子而束手待毙的。

当初黄鳝是怎么进来的呢？当然是顶着篾瓣钻进来的，因为那时诱饵在前，它就什么也顾不上了，硬着头皮往前钻。等到它后退的时候，篾瓣的尖梢一根根扎在尾上，它不知道后面那坚硬的东西是什么，退下

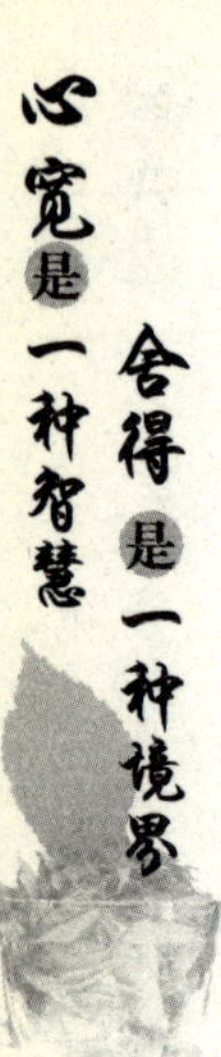

去会有什么结果，所以一触即缩，怎么也鼓不起勇气朝后退，就只好在笼里一直待下去。

置身险境而不敢后退一步，这类现象在动物界并不鲜见。然而作为高等动物的人也常犯这类错误，甚至于将自己推上了绝路，这就不能不令人感到遗憾了。

一味地比权量力，好勇斗狠，最后只能导致两败俱伤。如果明智些做出让步，有时会取得意想不到的效果。当然，这种让步不是盲目的屈服，更不是软弱的退却，而是在分析了可行性的基础上，作出的理想选择，尤其是当我们遇到不可理喻的对手的时候。

我们来看一个聪明人的例子。

意大利艺术家米开朗基罗被世人公认的最伟大的作品，应该是他的大理石雕刻大卫像。可是各位是否知道，当米开朗基罗刚雕好大卫像的时候，主管这件事的官员跑去一看，竟然不满意。“有什么地方不对吗?”米开朗基罗问。“鼻子太大了!”那位官员说。“是吗?”米开朗基罗在雕像前看了看，大叫一声：“可不是吗？鼻子是大了一点儿，我马上改。”说着就拿起工具爬上架子，叮叮当当地修饰起来。上面掉下好多大理石粉，那位官员不得不躲开，隔了一会儿，米开朗基罗爬下架子，请那位官员再去检查：“您看，现在可以吧!”官员看了，高兴地说：“是啊！好极了！这样才对啊!”送走了官员，米开朗基罗先去洗手，为什么？因为他刚才只是偷偷抓了一小块大理石和一些石粉，到上面做做样子。从头到尾，他根本没有改动原来的一点点。

也许这样做有点违心，好像有关一位大艺术家的尊严，但是，各位想想：如果米开朗基罗不这样做，而是跟那位官员争论，会有这么好的结果吗？显然退让能够免除我们不必要的麻烦，从而实现我们的终极目标。

从分享中体味幸福

会分享是影响人成功的一种很重要的品质，也是让一个人幸福的重要因素。一位研究经济的人士写过这样一篇文章《学会分享——成功企业家的秘诀》，这篇文章主要提到了著名的企业家马云的分享精神。在经济危机到来之际，马云指出："企业要想发展，要想成功，不仅要将自己的财富分享给别人，还要学会分享责任。"

我们通过一些成功企业家的经历可以发现，懂得分享的人才会有朋友，才能在日后确立自己牢固的人脉关系，才能为自己的事业开辟一片天地，而他也必然是一个幸福的人。

有一个企业家讲了他亲身经历的故事：

这个企业家毕业于北大，当年在学校读书时，在他们宿舍里有一个家住在北京的同学。这个同学每个周末都会回家，周日晚上会回来，他回来时会带上六个苹果。起初宿舍里的同学很高兴，以为是一人一个，结果他是自己一天吃一个，没有别的同学的份儿。宿舍里其他同学看在眼里，虽然表面上都没有说什么，因为苹果是人家自己的，不给你也说不出什么来，可是，心里都认为他太自私。因为他们一群男孩子在一起，有什么好吃的都是大家拿出来一起吃，吃光了为止，没有人会想着

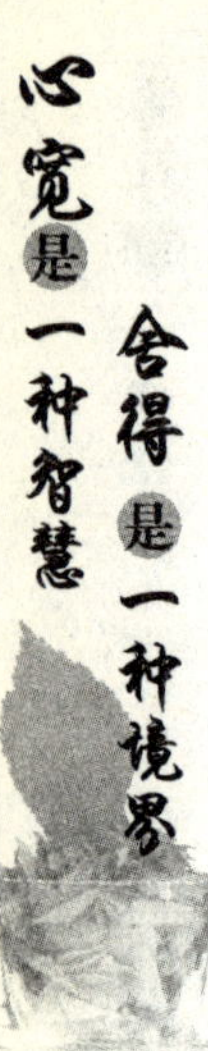

留给自己再接着吃的。

后来，他们宿舍有一个同学成功了，成了企业家。因为企业需要人手，这个企业家觉得还是同学可靠，就把当初同宿舍的几个同学都拉了过来一起干，但唯独没有邀请那个自己吃苹果的同学。这个同学的事业并不顺利，因为找不到好的机会，他就给这个企业家同学打电话，恳请给他一个机会，也想到他公司来工作。可是后来大家一商量，一致不同意他来加盟，原因很简单，因为在大学的时候他从来没有体现过分享精神。

与此相同的故事，还发生在过新东方教育集团的总裁俞敏洪的身上。俞敏洪也曾就读于北大，在学校时，他经常做一件看似很吃亏的事情：每天都拎着宿舍的水壶去给同学打水。本来大家一起用水，应该大家来打，或者轮流来打，可是俞敏洪不觉得打水是一件吃亏的事情，他每天都一个人来负责宿舍的热水。他不知道这件事会给他带来什么，但他认为自己也并没有因此吃亏。

十年过去了，俞敏洪开创了自己的事业，创办了新东方。到了1995年年底的时候，新东方做到了一定规模，俞敏洪知道单凭一己之力已难以支撑这个事业了，他希望找到合作者。然而，他也清楚这样的道理，最好是找志同道合的熟人。于是，他就跑到了美国和加拿大去寻找他那些同宿舍的同学。要知道，他的同学发展得也很好，可当俞敏洪提出请求之后，他们都回来了。俞敏洪没有料到同学们会这么给自己面子，后来，他就问他们当初为什么会这么做，同学们给了他一个十分意外的理由："俞敏洪，我们回来是冲着你过去为我们打了四年水。我们知道，你有这样的一种精神，所以你有饭吃肯定不会只给我们粥喝。"

一个人学会分享，不是自己的东西越来越少了，不是自己吃亏了，随着你与他们的分享，虽然看似少了，其实是数量增多了。与别人分享自己的东西并不是吃亏，而是一种幸福。俗话说："独乐乐不如众乐乐"说的就是这个道理。

关于分享，有过这样一段经典的话语：

当你拥有五个苹果的时候，千万不要把它们都吃掉，因为即使你把五个苹果全都吃掉，也只是品尝到了一种味道——那就是苹果的味道。如果你把五个苹果中的四个拿出来给别人吃，尽管表面上你少了四个苹果，但实际上你却得到了其他四个人的友情和好感。当别人有了别的水果的时候，也一定会和你分享。你会从这个人手里得到一个桔子，从那个人的手中得到一个梨，最后你可能就得到了五种不同的水果，尤其是收获了更多的友谊。

所以，在生活中我们要懂得学会分享，这样我们和他人才会得到更多的收益，我们的生活才会更加丰富多彩，我们的人生才会更成功、更幸福。多一些分享吧，世界会因此更加开阔，生活会因此更幸福。

有人这样说过，"乐于分享是一种心胸宽广、无私的表现。"因为这种宽广和无私，你的世界才会变大。因为在你与人分享的同时，也会得到别人的回馈。与不同的人分享，你会得到不同的利益。所以，对我们来说，要抱有一种乐于分享的心态，不要因为担心一时的吃亏，而把自己封闭在一个小世界里。给自己更宽阔的心胸、更大的舞台，让我们的幸福从学会分享开始吧！

第九章

学会舍弃，看淡人生得失

舍得，舍得，不舍不得。舍就是得，小舍有小得，大舍则大得，不舍则不得。所以，人生的学问不是如何去得，而是在于如何去舍，学会了舍才懂得了得。

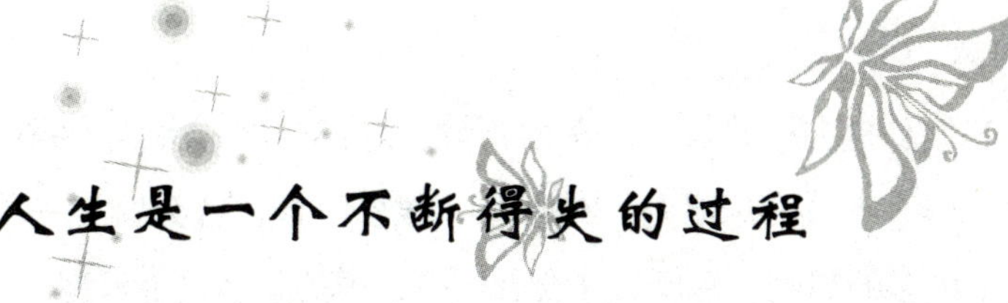

人生是一个不断得失的过程

人生，取舍的艺术。舍得舍得，以“舍”为“得”，先舍而后得。就像在田地里播种，这就是一种舍，没有这样的舍，我们又如何期待收获季节的得呢？

舍，在佛语中就是布施的意思。布施就像播种一样，春天播下什么，秋天就会收获相应的果实。播种爱心，收获尊重；播种健康，收获幸福；播种希望，收获成功。那么，你播下种子了吗？

舍得，先舍后得。有一个人买船过江，船上满载了他辛苦大半辈子得来的财富，但是，船到江心，遭遇意外要沉了，怎么办？两种选择，一为和自己的财富一起沉入江底，二为把金银财宝抛到江里，自己活下来！这就是舍得，只有舍弃一些东西，才能得到相应的补偿。

有一天，一位来自名牌大学的著名教授来到一家寺院，希望能够向禅师问禅。禅师对教授以礼相待，教授始终沉默。禅师也始终没有说禅。于是，禅师亲自为教授倒茶，但是，杯子满了，禅师并没有要停止的意思，还在继续倒。

这时，教授看到了这一切，连忙对禅师说：“师傅，茶杯已经满了，不能再倒了。”这位教授眼睁睁地望着茶水不停地溢出杯外，终于沉默不住了，大声说道：“已经漫出来了，不

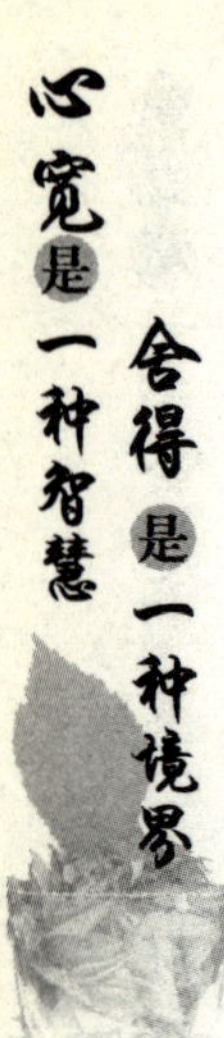

能再倒了。

“你就像这只杯子，”禅师说，“杯子里面装满了茶水，你不先把杯子清空，如何才能喝到热茶呢？”

禅师是睿智的。

很多时候，我们总是在抓着自己的东西不放，这样必然就会成为我们接受他人东西的障碍。不放弃未必是一件好事，很多时候，舍弃就是一种获得，舍弃是为了更多的得到。有所失才会有所得，说的就是这个道理。

只有做到有舍才能有得。舍迷入悟、舍小获大、舍妄归真、舍虚由实，佛家说的“放下屠刀，立地成佛”就是这个道理。

总之，以舍为得，妙用无穷。吾人要能学习“舍”的性格，金钱物质、知识技能，能将其舍给别人，你必然会得到金钱物质、知识技能。舍给别人好的，会得到好的；舍去性格上坏的，也会得到好的。当我们把烦恼、悲伤、妄想都舍了，自然就会得到人生另外的一番新境界。

舍掉小利，成就大事

韩非子曾说：“毋见小利。见小利，则大事不成。”有时为了顾全大局，保护更大的利益，我们需要学会暂时舍弃相对较小的利益。放弃是为了大踏步地前进，放弃是真正的勇气，也是真正的智慧。

人的一生会遇到很多十字路口，当你茫然四顾、不知向何处走的时候，一定要理智。当生活让我们必须付出惨痛的代价以前，主动放弃眼前利益而保全长远利益是最明智的选择。正所谓“两弊相衡取其轻，两利相权取其重”。要想有所作为，就不能贪图一时一事的小利。如果只为贪图那么一点蝇头小利而不注意它所带来的大害，是再傻不过的了。

无论是上学、经商，还是为工、为农、为士，只要是有远大目标的人，就不会去计较眼前的一点小利，而失去更大的利益。很多时候，舍不得局部的或眼前的一些小利益，很可能就会使自己损失整体利益。有一些事情表面上看来是获得、是胜利，但是从整体、长远看来却是损失，聪明的人不会被此迷惑。

一个青年非常羡慕一位富翁取得的成就，于是跑到富翁那里询问他成功的诀窍。富翁弄清楚了青年的来意后，什么也没有说，而是转身从厨房拿来了一个大西瓜。只见富翁把西瓜切成了大小不等的三块，之后把西瓜放在青年的面前：“如果每块西瓜代表一定的利益，你会如何选择呢?”“当然选择最大的那块!”青年毫不犹豫地回答。富翁笑了笑说：“那好，请用吧!”于是富翁把最大的那块西瓜递给了青年，自己却吃起了最小的那块。当青年还在津津有味地享用最大的那一块的时候，富翁已经吃完了最小的那一块。接着，富翁很得意地拿起了剩下的一块，还故意在青年眼前晃了晃，然后就大口吃了起来。

其实，那块最小的和最后那一块加起来要比最大的那一块分量大得多。青年马上就明白了富翁的意思：富翁开始吃的那块西瓜虽然没有自己吃的那块大，可是最后却比自己吃得多。如果每块西瓜代表一定程度的利益，那么富翁赢得的利益自然要比自己的多。

吃完西瓜，富翁讲述了自己成功的经历，最后他语重心长地对青年说：“要想成功就要学会放弃，只有放弃眼前的小利益，才能获得长远

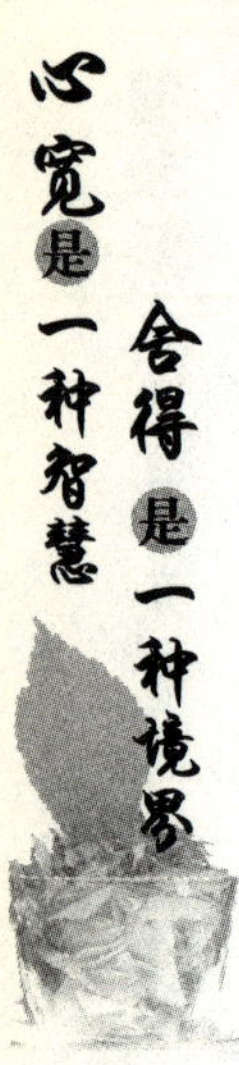

的大利益，这就是我的成功之道。”

凡是有所成就的人士，大多能够忍耐住自己急于成功的心理。深刻理解事物的发展是一个循序渐进的过程，成就的积累也是由少到多，一步一步地来的，不可能一蹴而就。

就像在涉及个人利益的小事情上就没有必要分得太清楚，不妨装一下糊涂，做一点小牺牲，干一点分外事，这一点在职场上是很重要的。很多人在工作中只想着自己的职责和任务，属于“两耳不闻窗外事”的主儿，从不关心这一领域的其他环节。当老板让他做点职责以外其他部门分工的事，他就会不停抱怨，认为那简直就是浪费自己的时间帮别人干活，又没有利益可拿。可事实上，那些很快地在众人里脱颖而出，升职为管理级别的人，都是平时放弃了自己的小利益“随叫随到”的人。他们最大范围地涉猎同领域的所有环节，能够对整个行业有个通盘的认识，又在平时与不同部门打交道的过程中，培养和锻炼了自己交际和管理的能力。

无数事实表明，一个人如果目光短浅，为小利所蒙蔽，就容易招致灾祸。一个人只有深谋远虑，从整体上分析和进行判断，顾全大局，舍小取大，才能做出正确的选择和决策。有时为了顾全大局，保护更大的利益，我们需要学会暂时舍弃相对较小的利益。人生总是有得有失，得意时淡然，失意时坦然，这才是真正的智慧人生。

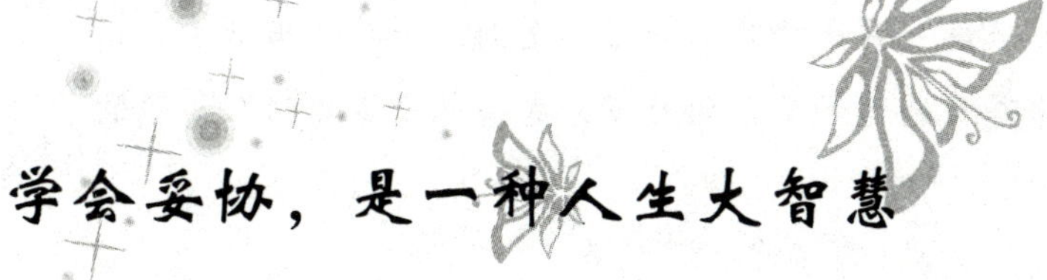

学会妥协，是一种人生大智慧

在我们工作、生活中，绝对的公平、完全的意见一致是难以达到的，为了创造一个和谐的生存环境，每个人都需要有所舍弃，在适当的妥协中追求目标的实现。

张之洞深切理解“小不忍则乱大谋”的道理，所以他常常不逞一时之强，而委屈自己去适应现实的需要，等到时机成熟后，再充分发挥自己的才能来实现自己的理想，从而达到建功立业的目的。张之洞在自己的一生中，虽然在大多数情况下都坚持己见，敢于以硬碰硬，不向异己屈服，但他毕竟是个聪明人。因此他也善于因时顺势，目光长远，敢于妥协。

虽然他与李鸿章早有谦隙，在政见上多有不同，也看不惯李鸿章一味地对外求和的为政策略，更看不起李鸿章不顾全大局，始终维护自己淮军的局部利益的做法，但他同时也深知：李鸿章毕竟位高权重，自己如果一味地同他僵持下去，两个人之间就会由嫌隙转化为比较大的矛盾，那样对自己的前程将大为不利。于是，他想只要不是重大问题，自己还应该对李鸿章虚与委蛇，尽量不贸然得罪他。所以，他在李鸿章母亲八十寿辰时就送过寿文，李鸿章本人七十寿辰时，他更是两天三夜几

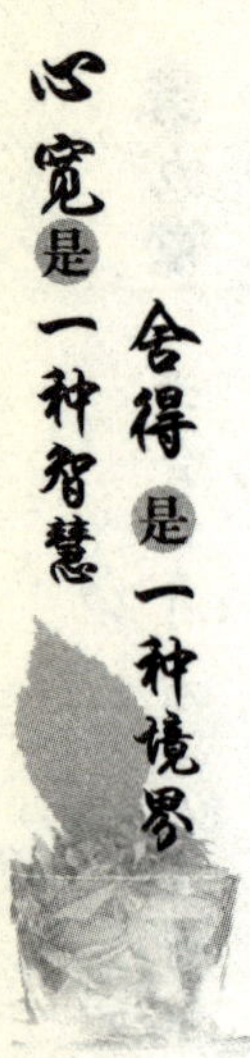

乎没有睡觉，写了一篇洋洋洒洒的寿文送给李鸿章。在寿文中，张之洞极尽能事地推崇李鸿章，赞扬李鸿章文武兼备，既饱学博识，文才盖世，又运筹帷幄，统领千军万马，镇守着祖国边疆，这篇约5000字的寿文成为李鸿章所收到的寿文中的压卷之作，琉璃一书商将其以单行本复刻，一时洛阳纸贵。张之洞对与李鸿章的这种关系的处理方式，包含着聪明人高超的智慧。

忍耐、克制不仅是安家治国平天下的策略，更是一种主动的人生智慧。学会妥协，善于取舍，是成大事者必备的要素。成大事者，需要在小事、小利上面忍让一些，在大事、大利上面要坚持一些，争取一些，这样才能取得并维持大事、大利。

如果你能以退让开始就能以胜利告终，也就是说“逢桥须下马，过渡莫争船”。人生在世，为人处世要学会退让，让则通，通则顺，一顺百顺，顺风顺水，顺心顺利。退让，是一种智慧，是一种艺术，更是一种走向成功的谋略。

1、让人三分不为懦

美国前总统麦金莱因为用人问题，遭到一些人的强烈反对。在一次国会会议上，有位议员当面粗野地讥骂他，他极力忍耐，没有发作。等对方骂完了，他才用温和的口吻说道：“你现在怒气应该消了吧，照理你是没有权利这样责问我的，但现在我仍然愿意详细解释给你听……”他的这种让人姿态，使那位议员羞红了脸，矛盾立即缓和下来。试想，如果麦金莱得理不让人，利用自己的职位和得理的优势，咄咄逼人进行反击的话，那对方是绝对不会服气的。由此可见，当双方处于尖锐对抗状态时，得理者的忍让态度能立即使对立情绪“降温”。让人三分不是懦弱的表现，而是只有真正的强者才能做到的事。

2、退让之道的“台阶法”

生活中常有一些人特别固执己见，十分容易为一些小事情同别人争论，而且火药味浓烈。这时，得理的一方应当有饶人的雅量，他可以一面解释，一面折中调和，最好使用不带刺激性的“各打五十大板”或者“你好我好”的语言形式，以避免冲突的扩大。

有一位先生，一次上岳父家吃饭，进餐时翁婿两人聊起了一条高速公路的修建问题。那位先生强调：公路的进度一再推迟，是有关方面的一个严重错误；而岳父则不同意，认为公路本来就不该兴建，两人你一言我一语，争论渐趋激烈。后来岳父把问题扯到“年轻人自私心重，没有环保意识”上面，显然是在批评那位先生。那位先生怕再争论下去伤了和气，便开始缓和下来，他婉转地说：“可能我们的看法永远也不会一致，但是，那没有什么，也许我们都是对的，又也许我们都是错的，这也是未可知的事。”那位先生的一席话不仅给自己搭了台阶，也给争论双方打了圆场，避免了双方争论不休，矛盾扩大，影响感情。试想，如果那位先生意气用事地与岳父争论下去，结果会如何呢？很可能惹火老岳父，被臭骂一顿。

3、以柔克刚，对付蛮横人士

面对蛮横无理者，得理者若采用以恶制恶的行为方式，常常会大上其当。这时候平息风波的较好方式，莫过于得理者勇敢地站出来，以自责的方式对抗恶人恶语，以柔克刚。

有一个商场营业员遇到一个中年男子来退一个电饭锅。那只锅已经用得半新半旧了，他却粗声粗气地说：“这锅我用了一个多月就坏了，这是什么鸟货？你再给我换一个！”营业员耐心地给他解释，他却大吼大叫，并满口脏话说什么“我来了你就得给退，光卖不退算个鸟！”营业员虽然占理，但为了不使争吵继续下去，便温和地对他说：“这个电饭锅已经使用一段时间了，按规定是不能退的。可是你执意要退，那就干脆卖给我好了。”就在营业员掏钱的时候，那个粗暴的男顾客脸红了，他终于停止了争吵，悄然离去。

显然，营业员的宽容与自责方式起了良好作用。因为它反衬出对方的无理和粗鲁，从而从容地制止了事态的扩大。

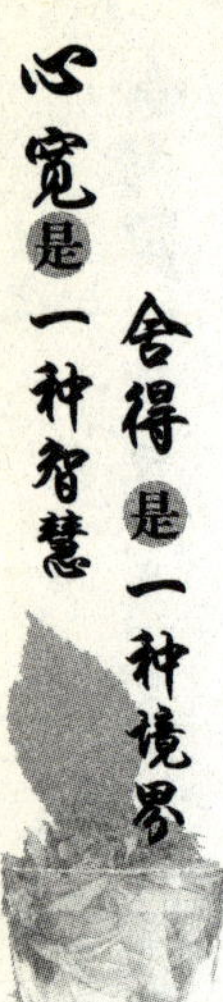

说到底，退让是一种处世艺术，但只有对取舍之道有所领悟的人才能掌握这门艺术，也才能在人生进退的把握中立于不败之地。

欲扬先抑，以退为进

赫蒙是美国的矿产工程师，毕业于耶鲁大学，又在德国的佛莱堡大学拿到了硕士学位，可是当赫蒙带齐了所有的文凭去找美国西部的大矿主赫斯特的时候，却遇到了麻烦。那位大矿主是个脾气古怪又很固执的人，他自己没有文凭，所以就不相信有文凭的人，更不喜欢那些文质彬彬又专爱讲理论的工程师。当赫蒙前去应聘递上文凭时，满以为老板会乐不可支，没想到赫斯特很不礼貌地对赫蒙说："我之所以不想用你，就是因为你曾经是德国佛莱堡大学的硕士，你的脑子里装满了一大堆没有用的理论，我可不需要什么文绉绉的工程师。"聪明的赫蒙听后不仅没有生气，相反还心平气和地回答说："假如你答应不告诉我父亲的话，我要告诉你一个秘密。"赫斯特表示同意，于是，赫蒙对赫斯特小声说："其实我在德国的佛莱堡大学并没有学到什么，那三年就好像是稀里糊涂地混过来一样。"想不到赫斯特听后笑嘻嘻地说："好，那明天你就来上班吧。"就这样，赫蒙运用了必要时以退为进的策略，轻易地在一个非常顽固的人面前通过了面试。

赫蒙贬低的是自己，至于他自己的学识如何，当然不在于他自己的评价，就是把自己的学识抬得再高，也不会使自己真正的学识增加一分一毫；反过来，贬得再低，也不会使自己的学识减少一分一毫。

成功的第一步便是让自己的利益和意图丝毫不露，让对方因为你能投其所好而情愿做你要他做的事。尊重并突出别人的观点和利益，这是我们欲求他人合作的最有力的法宝。人们常常不会正确地使用这一法宝，是因为他们忘记了，如果我们过分强调自己的需要，那别人对此即便本来是有兴趣的，最后也会改变态度。

以退让开始，以胜利告终，是为人之学中不可多得的一条锦囊妙计，你先表现得以他人利益为重，实际上是在为自己的利益开辟道路。在做有风险的事情时，冷静沉着地让一步，尤能取得绝佳效果。

送人玫瑰，手有余香

我们在分给他人幸福的同时，也能正比例地增加自己的幸福。只有帮助他人，才会得到他人的帮助，与人方便，自己方便。你对别人慷慨解囊，你也会得到别人无偿的回报。

给予，将给这个世界带来更美好。我们应该时刻记住付出大于索取，应该善于用更好的思维方式思考问题。因为无私、爱心充盈你的内心，要想不断体会分享的乐趣，就必须把这些培养成为习惯。俗话说，送人玫瑰，手有余香。当我们懂得把自己的东西和别人一起分享的时候，我们就会体会到无私的快乐，体会到幸福的感觉。

一天，一个清贫的小男孩为了凑齐学费而逐门逐户地推销商品。辛苦了一天的他感到非常饥饿，但是摸遍所有口袋，就只摸出一角钱。因为饥饿难耐，他决定向下一家讨点吃的。当一位干净的小女孩打开房门的时候，这个小男孩有些不知所措，他没有讨饭，而乞求她给一口水喝。这位女孩看到他饥饿的样子，就拿了一大块蛋糕给他。男孩慢慢地吃着蛋糕，问道："我应该给你多少钱？"小女孩回答道："一分钱也不要，妈妈对我说，付出爱心，不求回报。"男孩说："谢谢你，我会记住你的恩德。"男孩说完离开了这户人家。此刻，他不仅感到精力充沛，而且还看到上帝在微笑着向他点头。

数年之后，那位爱干净的女孩得了一种奇怪的病，当地的医生对此也只能摇头。最后她来到大城市里，接受专家的治疗。而在参与制订治疗方案的医生中有一个叫霍华德·凯利的人，他就是当年那个小男孩，如今已大名鼎鼎。当他看到病历上的病人来历时，一个念头闪过他的脑际。

当他来到病房时，一眼就认出躺在病床上的人就是曾经帮助过他的那个小女孩。于是他决心竭尽所能，一定要治好她的病。从那天起，他就特别地关照她。经过艰难的努力，手术成功了，凯利医生拿到医药费通知单并在上面签了自己的名字。

当医药费通知单送到病人的手里时，她很紧张，因为她知道这笔费用会花掉她所有的家当。当她最后鼓起勇气打开通知单时，看到了旁边的一行小字：医药费——大块蛋糕。霍华德·凯利医生。

有付出就有回报。对他人做了善事，总能得到加倍的回报。帮助别人其实就是帮助自己，而当我们付出的时候，本身就体验到了生命的意义与快乐。

俗语说："送人玫瑰，手有余香。"奉献爱心可以体现人性的美好，同时也是一种处世哲学和快乐之道。有位哲人说过："人活着，应该让别人因为你活着而得到益处。"学会给与、分享和付出，你就会体会到乐善好施，不求任何报酬的快乐与满足。付出一份爱心，就会收获一份快乐与希望。在别人困难的时候，爽快地伸出援助的双手，在你为难之际，才会得到更多的帮助。

善待他人，也就是善待自己

在追求成功的过程中，任何人都离不开与他人的合作。尤其是在现代社会，如果你想获得成功，就应该想方设法获得周围人的支持和帮助。只有你真诚地对待别人，对方才会与你真诚合作。真诚是一种习惯，善待他人也是一种习惯。请记住这句话：善待他人，也就是善待自己。

在一场激烈的战斗中，上尉忽然发现一架敌机向阵地俯冲下来。照常理，发现敌机俯冲时要毫不犹豫地卧倒，可上尉并没有立刻卧倒，因为他发现离他四五米远处有一个小战士还站在那儿。他顾不上多想，一个鱼跃飞身将小战士紧紧地压在了身下。此时一声巨响，飞溅起来的泥土纷纷落在他们身上。上尉拍拍身上的尘土，回头一看，顿时惊呆了：刚才自己所处的那个位置被炸成了一个大坑。

在我们人生的大道上，肯定会遇到许许多多的困难。但我们是不是都知道，在前进的道路上搬开别人脚下的绊脚石，有时恰恰是为自己

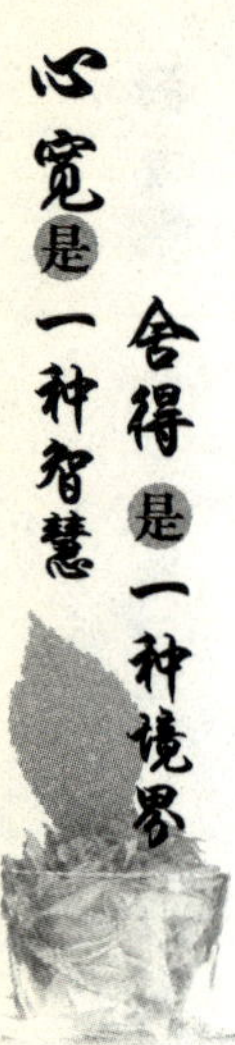

铺路？

古时候，有两个兄弟各自带着一只行李箱出远门。一路上，重重的行李箱将兄弟俩都压得喘不过气来。他们只好左手累了换右手，右手累了又换左手。忽然，大哥停了下来，在路边买了一根扁担，将两个行李箱一左一右挂在扁担上。他挑起两个箱子上路，反倒觉得轻松了很多。

生活中常是这样：对人多一份理解和宽容，其实就是支持和帮助自己，善待他人就是善待自己。如同中国有句古语说的那样：授人玫瑰，手留余香。

孟子曾经说过："君子莫大乎与人为善。"那些慷慨付出、不求回报的人，往往容易获得成功；那些自私吝啬、斤斤计较的人，不仅找不到合作伙伴，甚至有可能成为孤家寡人。有的朋友会问：怎样才算与人为善呢？与人为善说起来很简单，但做起来却不是一件容易的事，它包括相当广泛的内容。如：关心他人，当朋友遇到困难的时候主动伸出援助之手；尊重他人，不去探究他人的隐私，不在背后议论他人；善于和别人沟通、交流，善于和那些与自己兴趣、性格不同的人交往；承认别人的价值，负起自己该负的责任……

总的说来，与人为善最重要的是做到凡事从对方的角度来考虑，遵从这个原则，你将获得许多好朋友、好伙伴。

有人说良好的人际关系不单单是行动上做出来的，更是从心底里"流"出来的。这句话很有哲理性，它告诉我们：在人际交往中要与人为善，用"心"和他人交往。

在追求成功的过程中，任何人都离不开与他人的合作。尤其是在现代社会，如果你想获得成功，就应该想方设法获得周围人的支持和帮助。只有你真诚地对待别人，对方才会与你真诚合作。真诚是一种习惯，善待他人也是一种习惯。请记住这句话：善待他人，也就是善待自己！

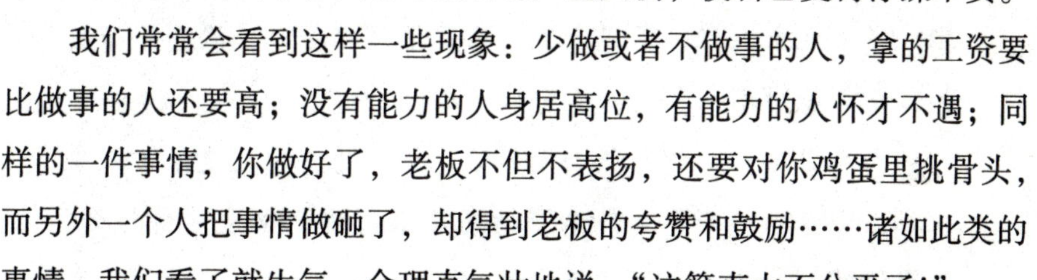

不苛求公平，世界上没有绝对的公平

在生活中，绝对的公平并不存在，不仅是职场，其他领域里也是一样，这个世界不是根据公平的原则而创造的。譬如，老鹰吃蛇，蛇又吃鼠，鼠又吃粮食……只要看看大自然就可以明白，这些受到威胁的弱者永远是不公平的，弱者灭亡，强者生存，优胜劣汰，没有公平可言。一味地追求绝对的公平，只会导致心理严重失衡，使自己变得浮躁不安。

我们常常会看到这样一些现象：少做或者不做事的人，拿的工资要比做事的人还要高；没有能力的人身居高位，有能力的人怀才不遇；同样的一件事情，你做好了，老板不但不表扬，还要对你鸡蛋里挑骨头，而另外一个人把事情做砸了，却得到老板的夸赞和鼓励……诸如此类的事情，我们看了就生气，会理直气壮地说："这简直太不公平了！"

公平，这是一个很让我们受伤的词语，因为我们每个人都会觉得自己在受着不公平的待遇。事实上，这个世界上没有百分百的公平，你越想寻求百分百的公平，你就越会觉得别人对你不公平。

美国心理学家亚当斯提出一个"公平理论"，认为职工的工作动机不仅受自己所得的绝对报酬的影响，而且还受相对报酬的影响。人们会自觉或不自觉地把自己付出的劳动与所得报酬同他人相比较，如果觉得不合理，就会产生不公平感，导致心理失衡。

还在校园里做梦的时候，我们以为这个世界一切都是公平的，我们可以大胆地驳斥学校里面的一些不合理的规章制度，如果老师有什么不对的地方，我们可以直接提出来，根本不用害怕什么。在别人眼里，你是“有个性”和“有气魄”的人。但是，进入职场之后，“人人平等”变成了下级和上级不可逾越的界限，“言论自由”变成了尽可能地服从。如果你动不动就对公司的制度提出质疑，或者动不动就和老板理论，到头来往往是搬起石头砸自己的脚。

对于职场上种种不公平的现象，不管你喜不喜欢，都是必须接受的现实，而且最好是主动地去适应这种现实。追求公平是人类的一种理想，但正因为它是一种理想而不是现实，所以作为职场新人，你除了适应别无选择。不管你在学校里的成绩多么优秀，才华多么横溢，当你离开学校进入职场之后，你就与其他人没有什么两样，只是一个普通的新人而已。

小黄和小李同一天进公司，被安排在同一个部门。

刚开始的时候，小黄和小李没有什么两样。一周上五天班，早上九点上班，下午六点下班，上下班打卡，迟到早退要扣工资，有事不来要向人力部门请假。

一个月后，小黄发现小李变了，最大的变化就是经常不来上班，小黄以为小李有什么事情而不来上班，也没觉得什么。但很偶然的一次，小黄在公司上QQ联系一笔业务的时候，发现小李也在线，小黄出于好奇就问小李：“你今天怎么不来上班呢？有事吗？不来上班要扣工资的。”小李只是说自己有事，并没多说什么。出于好意，小黄问小李要不要替他请假，小李直截了当地告诉他不用，他不来上班从来就没有请过假。

等到发工资的那一天，小黄留意了一下，发现财务给小李的工资和他的一模一样，也就是说，这一个月小李迟到早退不来上班没有扣一分钱。

小黄开始纳闷了，他想，难道是公司的制度有所变化？于是，他也学小李，一周只来几天，其他的日子干别的事情去了。到了月底发工资的时候，小黄大吃一惊，自己的工资被扣掉了一半！理由是，他有一半的天数没来上班。

小黄很生气，他觉得太不公平了，气呼呼地找财务理论。财务叫他去找老板，她没有权利，只是按规定办事。

这时候，和小黄关系不错的一个老员工偷偷地告诉他："你别去找老板了，你还不知道吗？小李是他的外甥！"

小黄听了这话，吓出一身冷汗，幸好还没去找老板，否则后果不堪设想！从此以后，小黄再也不苛求所谓的公平了。

应该说，这事对小黄的确不公平，但在现代职场中，永远也不会有绝对的公平出现！道理很简单，无论社会进步到什么程度，企业管理如何扁平化，企业内部永远是个金字塔结构。既然是个金字塔，就必然会有上下之分，有各种关系之分，就必然会有不平等的现象存在。企业作为最大利润谋求者，与追求"公平"相比，它更喜欢"效率"。在一个公司内部，如果没有适当的等级制度和淘汰制度，它就会因为自己的"仁义"而失去竞争力，就会在竞争中遭到淘汰。因此，在现实生活中，永远不会出现你想象中的那种"公平"。

既然这样，我们该怎么办呢？

首先，我们还可以设法通过自己的奋发努力来求得公平。如果你觉得不公平就放弃努力，那你就错了。其次，我们还可以改变衡量公平的标准。公平是相对而言的，衡量公平的标准也不是一成不变的，当你换个角度来看问题时，你会发觉自己得到的比失去的要多。不公平是一种进行比较后的主观感觉，因而只要我们改变一下比较的标准，也能够在心理上消除不公平感。

另外，还有一个不可忽视的问题，那就是我们要摆正心态，不必事事苛求百分百的公平，对生活中的小事看开一点儿，不要斤斤计较，对已经过去的事情不要耿耿于怀，把精力和时间放在创造新的价值上。这样，就单个事情来说不一定公平，但从整体上来说就公平了。

得意时不要忘形，学会在高潮时退场

生活中，值得我们得意的事情真的很多，人们都难以掩饰自己的喜悦之情，都想在这得意中更加得意，让所有人都知道我们的得意。但是，适时收敛吧，让自己学会在高潮中退场。

人生中可以多一些得意，但要少一些忘形，得意时，低调的放下你的“忘形”，让你的人生之路更清晰，而不被得意的光辉所遮掩。

取得了成绩，难免要得意一下，这实属正常。但得意时千万要放下你的“忘形”，否则，那将成为阻碍你继续前进的绊脚石。

这里说的“忘形”就是得意后的喜形于色，骄傲自满。人生在世，有时候是不可得意忘形、喜形于色的，那只会让你像一只蝴蝶，在展露漂亮翅膀的时候受到无谓的伤害。

我的一个朋友大学毕业后到一家公司工作，她是以当时公司的最高学历进入这家贸易公司的。上班没多久，她便以雷厉风行的作风在公司出了名。

她的能干是无可挑剔的，可惜的是很快就骄傲起来，她开始变得不可一世。有时候领导把一些工作交给她，可她觉得这些工作没有挑战性，根本看不上眼就借故推掉。后来领导就慢慢开始冷淡她了，同事们也开始在背后说三道四以表不满。后来她终于觉得难以再坚持下去，就辞职不干了。

让我们审视一下她的这段工作经历，不是她不能干，也不是她在取得成就以后的高兴，错就在于她的高兴过了头。有了一点成绩就忘乎所以，停滞不前是导致她目前状况的根源。

我们在生活中常会遇到类似的情况，许多人在工作、学习、生活中取得了一点点成绩，就认为可以松松心了，可是，他们没有看到，社会环境在不断地变化，人们的心态也在不断地跟着转变。虽然在刚开始的时候一切都觉得很新鲜，但总有一天成绩也会褪色，甚至会变得毫无价值。

许多事情在初始的时候，总是新奇而富有创造性的，但只一会儿的功夫就变得又老又旧。年轻人总认为中年以上的人是古板的，相反，年长的人总是认为现代的年轻人是多么的无知。

任何人对于自己所想做的事情，在达到目的之前都会花很多的时间做种种的努力，但是很多人往往在取得初步成就后就欢天喜地，不知道东南西北了，这样就会阻碍自己前进的步伐，甚至压抑其他人的成长。因此，眼前小小的成就只可以让你小小地高兴一下，切不可因此而得意忘形，忘记了你的最终目标是什么，甚至忘记了自己是谁。

生活中，值得我们得意的事情真的很多，人们都难以掩饰自己的喜悦之情，都想在这得意中更加得意，让所有人都知道我们的得意。但是，适时收敛吧，让自己学会在高潮中退场。

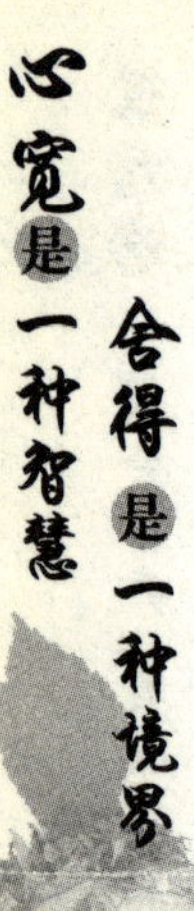

留的余地越大，脚步越从容

退让的另一种表现方式就是虚心，虚心不是无能和自我封闭，而是在坚信自己力量的同时所表现出来的宽厚。知识渊博的成功人士往往虚怀若谷，他们所具备的冷静、敏锐、谦逊是成功的前提和基石。

小波在一家单位当会计，平时不爱多说话，默默地做着分内的事。一次，市里举办歌咏比赛，小波所在单位的报名者寥寥无几，领导很着急，发动职工踊跃参加，可是能一展歌喉的人实在很少，领导心有余而力不足。

这时，小波说："我报个名。"同事们都惊讶了，问她："你行吗？我们可从没听你唱过歌。"

小波笑笑说："我就是个业余水平，凑个份儿而已。"

而令单位同事震惊的是，小波在歌咏比赛中鹤立鸡群，水平超出所有参赛选手一大截，获得了比赛第一名。立刻，小波成了市里的明星人物。

同事们都惊讶而佩服地说："我们同小波在一起工作这么多年，怎么一直没发现她还有这么好的歌喉。"

"大智若愚，大巧若拙。"明智之人不会夸诞炫耀，他只会以自己的成绩让人信服。

相反地，自满自得、自我感觉良好的人实际上是最平庸的人，他们的小聪明总让自己陶醉在令人可怜的幸福中。

总说自己行的人，要么因为太自大，要么因为太自卑。

任何人都希望自己的聪明能得到人们的认可，但施展聪明要适可而止，不要给人狂妄的感觉。话说得过多，就是一种争论；事做得过头，就是一种卖弄。

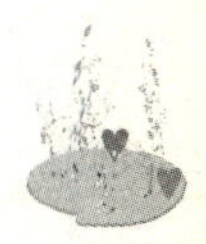

邹杰刚到新公司上班，总担心领导和同事们会小瞧自己，时不时拐弯抹角地夸耀一下自己的才能。

邹杰从上班的第一天开始，就把复读机挂在腰间，同事们问他英语水平怎么样，他大言不惭地说："以我现在的英语水平，足可以和外国人流利地交谈。"

邹杰为了让同事们相信他的英语口语好，总是在和别人说话时夹杂一些英语单词。

一次，公司来了位美国客人谈业务，刚巧翻译出去办理业务，经理英语又不是特别好，正在着急之际，有人推荐让邹杰来试试。经理找到邹杰，邹杰满口答应，一个劲地保证绝对没问题。

结果生意没做成。原因是美国人说的每一句话，邹杰都得让他再重复几遍，而且还要琢磨很长时间才能大概理解。美国人认为和这样的公司打交道太累就告辞了，随即邹杰也被开除了。

"大胆傲慢的人常为生活的不幸所打倒。"动辄口出狂言、言过其实的人，会把自身的知识欠缺、思想贫乏暴露得一览无余。过犹不及，夸大其词，反而使自己说的话变成了谎言，这会销毁你原本的智慧和品位，使你成为昙花一现的人，落到狼狈不堪的境地。

"一个懦夫穿着英雄铠甲，这有什么光荣?"不要成为一个自高自大的人，那将会孤立自我，失去别人对你的尊重，断送你的前程。摆正与他人的关系，有张有弛地展现实际价值，虚心接受真理，把持人生的航道不偏离，这样，你才能从从容容。

虚心不是无能和自我封闭，而是在坚信自己力量的同时所表现出来的宽厚。知识渊博的成功人士往往虚怀若谷，他们所具备的冷静、敏锐、谦逊是成功的前提和基石。

患得患失常戚戚，超然物外天地宽

"其未得之也，患得之；既得之，患失之。"这是出自《论语·阳货》中的一句话。其含义是：当人们没有得到的时候，拼命地想去追求；等得到了，又时时刻刻担心害怕失去。人生处世的一大禁忌，便是患得患失。自古以来，在芸芸众生中，既有超然物外者，也有患得患失者。前者是一种健康而积极的人生态度，奉行这种人生态度的人，往往容易体会到心灵的自由和满足，能够过着悠然洒脱的生活，充分享受人生的尊严和快乐。后者则是一种病态消极的处事心理，这种人往往终日在得与失的罗网里钻来钻去，无法得到内心真正的超脱自在，更无法体悟到人生真正的快乐滋味。这就是人们常说的"患得患失常戚戚，超然物外天地宽"

前些年，某杂志社编辑部评职称，有一个副编审的指标，竞争者却有三人。这三人中有两个是同一届大学本科毕业，有一个则晚两年，但文章颇具文采，并且有一篇在全国性的评选中获奖。若按照论资排辈，这个副高职称指标要在两位同期毕业者中选出一个；若按成就大小，这个副高指标则非第三人莫属。怎么办？经单位领导再三研究，再三斟酌，决定从工作时间长的两位中考虑，那位毕业晚两年的编辑也主动放弃竞争，待以后有机会再说。可是，那两位毕业时间和工作年限基本相同者却争执不下，曾多次对论，各执己见，这是正常现象，是无可厚非的。然而，其中有一位与领导的私交很好，而且善于溜须拍马、玩阴谋、耍诡计，曾不止一次在领导面前揭对方的短，夸自己的长，而且说得活灵活现，神乎其神，并且像乞丐讨饭一样讨取名利，像蚂蚁储食一样攒积荣誉。明智的人纵有天大的本领和业绩，也会尽量避免如此行事，免得他人说自己浅薄。功劳、优点尽可让别人去说，万不可盲目地推荐、夸耀自己，把自己说成是一朵花，把人家说成是豆腐渣。但此人却违反常情，竟愚蠢地这么做了，而且还果真奏了效，最后竟然如愿以偿。

消息传出来后，大家自然议论纷纷，有的说为了名利，不惜丧失人格总是令人可耻的；有的说别看他外表上表现得泰然自若，其实内心没准儿像猫儿抓着似的；还有的说当他得到他想要的东西时，他就已经丧失掉人生某些真正美好的东西……他的所作所为使得他声名扫地。而那位与他公平竞争不耍花招、不做手脚的人，两年后也顺顺当当得到了副高职称，另一位明智退出的竞争者，过了三个春秋也顺顺利利地得到了理想的职位。这两位当年没评上并获得广泛同情的编辑吃了多少亏呢？不过晚戴副高头衔两三年，少了点工资，可他们不争名、不争利的美德众人可知。他们都感到自豪的不是因为自己终于得到了什么，而是因为自己把握住了做人的道理。而那位最先获得副高头衔的编辑，由于采取了不正当行径争名夺利，到头来将自己的自由、尊严和人格丧失殆尽。两相比较，孰重孰轻，明眼人不是一目了然吗？

人生在世有所得就必有所失，两者总是很难兼顾的。因此，在生活中，对于所拥有的要珍惜，要知足；对于失去的东西，不要耿耿于怀，不要老是放不下；对于那些不该得到的东西，切勿不择手段一味奢求，这是精明、智慧和机智的生活态度。当然，在得失问题上，还要弄懂弄通两者往往是相辅相成的，这正是祸福相依相成的道理。所以对得失，尤其是对功名利禄方面的得失，应该淡泊一些，豁达一些，千万不可太介意、太看重。

享誉五洲四海的西方哲学家、美学家尼采曾指出："不患得患失是活得久、过得好的艺术。"在患得患失中度过一生的人，他的生活无时无处不充满忧虑，生命也因此衰老得更快；而那些不患得患失的人，他们的生活时时刻刻充满乐趣，因而他们的生命也获得久长。精神的力量传递给肉体、感染着肉体，美好的情绪既能使人快乐，也能使生命延伸。所以，就让活得长久、过得快乐的艺术成为每个人的座右铭吧，它可以使人生充满快乐。

坦然面对人生的得与失

个人的得失，在大局面前便显得无足轻重。面对个人得失，要波澜不惊、得失无悔、放平心态，把你的眼光着眼于全局，这是一个人在社会上立足和处世的基本原则。

生活中很多人都在斤斤计较于眼前的小利益，总在思虑着自己付出了多少，而又得到了多少。当然，在很多人的眼里，做人就要光明磊落、明人不做暗事，大家在生活中奔波都不容易，凭什么要让别人占便宜？要坚决把各种利益算清楚，不让别人白占一毛钱，这是应该的。也正因为如此，我们很多大好的时光本来可以用来享受，却都浪费在这些鸡毛蒜皮的小利益上了。

也许你觉得自己的时间很多，但是，你要记住，你的人生就那么点时间，应该去做值得你去做的事情，这也就是说，你要在计较这些个人得失的时候掂量一下它的价值，是不是因为它们的无足轻重而影响了你人生的大局。

有时吃点“眼前亏”倒是可以为你带来更长远的利益，敢于吃眼前亏的好汉，并不是面对危害自己的一点小利益就不顾性命的一介莽夫，他们是在忽略眼前的得失来换取日后更大的利益。这也可以说是一种“小不忍则乱大谋”的思想，忍下一些小得失，你就有更多的时间去做更有意义的事情。面对个人得失，要波澜不惊、得失无悔、放平心

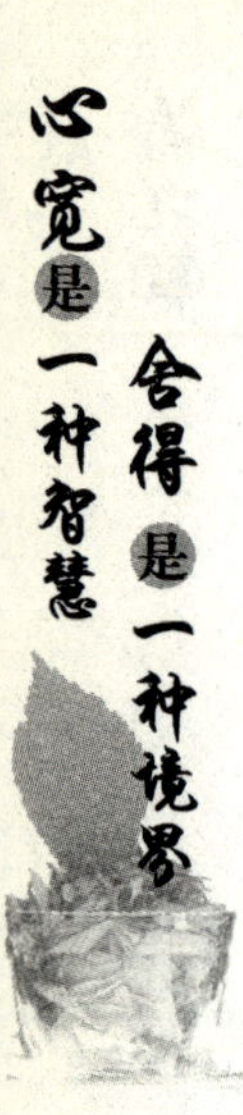

态，把你的眼光着眼于全局，这是一个人在社会上立足和处世的基本原则。

某公司开会讨论一个方案的时候，小王一再摇头否决，因为这个方案对小王不是很有利，后来小王忍不住就跟老板理论了起来，说了很多条不同意的理由。时间就这样一分一秒地溜走了，半小时过去了，大家都在等方案的出炉，可小王还在因为那点小事和老板争论不休，不仅影响了所有人的情绪，最后还惹怒了老板。他的结局可想而知。

这就是典型的不顾大局的人，发现自己的小利益被损害就无法忍受了，全然不顾周围环境和实际情况全力去争，最后落得个可悲的下场。生活中总是有这样目光短浅的人，为了个人小利争来争去，甚至为了私利出卖朋友，然而他们忽略了在这上面所付出的时间和精力的代价，即使讨回来他们在意的小利益，那也是得不偿失的。毕竟时间是这个世界上最珍贵且用钱也买不到的东西，如果把这些时间和精力省下来做点大计划，应该更有意义。

因此，你不要太在意眼前发生的小得失，你越在意它们，你越是得不到，而如果你忽略掉它们，没准会有一个意想不到的好处在前面等你。

在很多游乐场里，不但不收门票，游客还会获赠不同价值的代金券，也许你会认为这个游乐场快要倒闭了，其实这不过是游乐场老板谋利的一个妙计，吸引游客前来，来得愈多愈好，因为到游乐场来玩，不玩各种游乐设施的人几乎没有。游乐场满足了一些游客爱占便宜的心理，所以游客也乐于接受。因此，最终得到好处的当然是老板。生活中我们经常能看到的所谓“有奖销售”、“品尝销售”、“降价销售”、“买一赠一”等等，实际上都是“羊毛出在羊身上”，看似商家出让蝇头小利，实则他们在占大便宜。

无论是在人际交往中，还是在做任何事情的过程中，如果你能舍弃掉为了个人得失而斤斤计较的心态，这将有助于塑造你良好的自我形象，获得别人的好感，为自己赢得友谊和影响力。

遇事不要与人斤斤计较，应该把便宜、方便让给他人，这样你与他人之间的矛盾就会减少，人际关系自然就融洽了。最重要的一点是，你因此而节省出更多的时间和精力用在重要的事情上，这可是在吃小亏占大便宜，这才是君子、大将风范，舍小利，顾大局，坦然面对人生的得与失。

第十章

学会放下，放下才能释然

宽容是一种美德，宽容别人就是善待自己。记得这样一句话："心是一个容器，当爱越来越多时，仇恨就会被挤出去。"让我们学会宽容，用爱来充满内心，善待怨恨。退一步，海阔天空；忍一时，风平浪静。

放下是一种态度，更是一种智慧

用平凡的心做不平凡的事业，用平和的心想不平和的事情，用平衡的心看不平衡的世界，生命之所以精彩，是因为我们用平衡的心去放下。只有放下，你才能得到你想要的结果。

吕强是一位大学生，在大学读书时成绩很好，老师、同学和家长对他的期望也很高，认为他将来一定能有一番成就。事实也的确如此，人们没有看错，吕强的确取得了成就，但不是在仕途上，也不是在跨国公司里，而是靠开餐厅闯出了一片天地。

毕业后，当吕强得知家乡的夜市有一个摊子要转让时，他仔细考虑了以后，就向家人“借钱”买了下来。不仅仅是出于创业，他本身对烹饪也很有兴趣，便自己当老板开起了饭店。吕强的大学生身份曾招来很多人诧异的目光，但由于人们的好奇，也为他招来了不少生意。作为一名大学生，吕强自己从未对自己学非所用及高学低用产生过怀疑，依然认真地做了下去。

经过几年的努力，吕强的餐厅经营得红红火火，同时他还搞起了投资，收入比一般人高很多倍。也许吕强不去开餐厅或许也会很有成就，但不管怎样，他能放下大学生的架子，还是很令人佩服的。

现实生活中，人们常常不愿意放下自己的身份，人的身份是一种自我认同的感觉，这并不是什么坏事，但这种自我认同也是一种人为的自我限制，不愿放下身份的同时也失去了成功的机会。换一句话说，我们也可以理解为：因为我是这样的人，所以我不能去做那样的事。一般来说，自我认同感越强的人，自我的限制也越牢固。举些例子，富贵的小姐不愿意和侍女共同用餐，一名硕士不愿意当基层业务员，知识分子不愿意做体力劳动的工作……可能在这些人的潜意识里，如果自己那样做，就降低了他的身份。

其实，对于那些不愿意放下身份的人来说，他们的路只会越走越窄。这并不是说有身份的人就不能取得成就，但有一点是需要考虑的，那就是在非常时刻，如果还顾及自己所谓的身份，那么你就有可能进入死胡同。在人生道路上机会不是常常有，如果你能放下架子，那么路会越走越宽，生活也会因此而改变。

人的一生就像是在走路，途中会遇到很多岔路口，每到一个路口都面临一次选择，而每次选择都会影响着未来。你如果想在社会上真正走出一条路来，活出从容快乐的人生，那么你就要放下自己的架子，不要再背着你的学历、你的家庭背景，让自己回归普通人。还有一点，也不要在乎别人的眼光和批评，做你认为有意义的事，追求你所爱的东西。

在人生的奋斗中，能放下自己高贵的身份架子的人，他的思考富有高度的弹性，不会有刻板的观念，而能吸收各种新鲜的事物，丰富自己的头脑和智慧，这将是他最重要的本钱。

放下是一种态度，是一种机会，更是一种智慧。

放下心中的累赘就能获得快乐

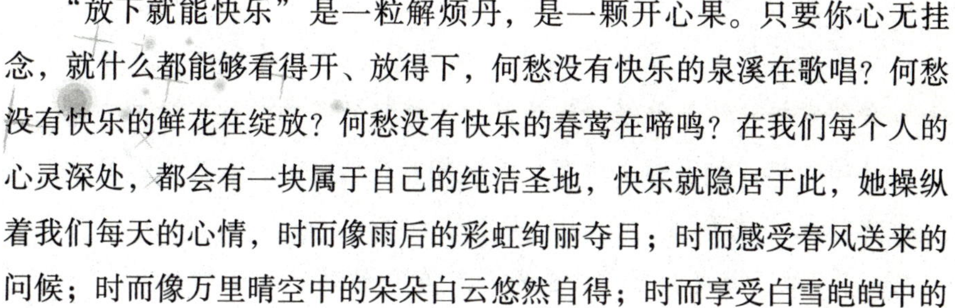

“放下就能快乐”是一粒解烦丹，是一颗开心果。只要你心无挂念，就什么都能够看得开、放得下，何愁没有快乐的泉溪在歌唱？何愁没有快乐的鲜花在绽放？何愁没有快乐的春莺在啼鸣？在我们每个人的心灵深处，都会有一块属于自己的纯洁圣地，快乐就隐居于此，她操纵着我们每天的心情，时而像雨后的彩虹绚丽夺目；时而感受春风送来的问候；时而像万里晴空中的朵朵白云悠然自得；时而享受白雪皑皑中的那份宁静。

然而，身居闹市的我们发现：我们的心情越来越难以驾驭，承载她的那块圣地正在渐渐地脱离我们的身体，离我们越来越远……取而代之的却是整天被名缰利锁缠身，陷入你争我夺的境地。我们肩负着不断追求名誉、金钱、权势等太多的累赘，不停地为自己描绘着自以为前程似锦的美好蓝图。就这样，我们在名利的诱惑下，一天天地在世俗的漩涡中挣扎，越陷越深……

有一个富翁背着许多金银财宝去寻找快乐，可是，走过千山万水也未找到，于是他沮丧地坐在山道旁。这时，一位农夫背着一大捆柴草从山上下来，富翁说：“我是个令人羡慕的富翁，可为何没有快乐呢？”农夫放下沉甸甸的柴草，舒心地擦

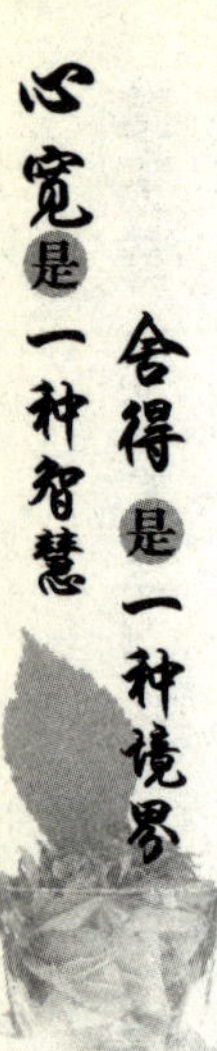

着汗水说："快乐也很简单，放下就是快乐呀！"富翁恍然大悟：是啊，自己背着沉重的珠宝，既怕人偷又怕人抢，还怕被人谋财害命，整天提心吊胆，快乐从何而来？于是，富翁放下财宝，用它接济当地的穷人。从此，富翁不再担惊受怕，忧心忡忡，反而因为帮助了穷人，得到了穷人的感激和爱戴而快乐起来。

放下压力，活得轻松；放下烦恼，活得幸福；放下自卑，活得自信；放下懒惰，活得充实；放下消极，活得成功；放下抱怨，活得舒坦；放下犹豫，活得潇洒；放下狭隘，活得自在……

其实，一个人的人生想要生活得幸福，不一定有辉煌，不一定有地位，只要有"放下"的智慧，让心灵降荷，就会感受到幸福。放下曾经的辉煌，放下昔日的苦难，放下对旧日恋情的回忆，卸下身上所有束缚我们前行的包袱，人生最大的幸福就是"放下"。

"放下就是快乐"，这是一剂灵丹妙药。放下即快乐，对每个人都适用。当今我们生活富裕了，但压力越来越大，收入增加了，但快乐却越来越少。其实，累与不累只是一种感觉，压力的大小主要取决于自己的心态。快乐与不快乐，就看你是否学会了放下。放下是一种生活的智慧，放下是一门心灵的学问。学会放下，让心灵释然。

有一个人觉得每天都不堪生活重负，没有丝毫的快乐可言，于是，他去请教一位德高望重的哲人。哲人把一只竹篓放在他的肩上说："你背着它上路吧，每走一步都要从路边捡一块石头放在里边，看看是什么感受。"那个人虽然大惑不解，可还是按哲人说的去办了。可刚走了几百步，他就感到背负太重受不了了，因为竹篓里已经装满了沉重的石头。"知道你每天为什么不快乐吗？是因为你背负的东西太沉重了，它已经把你的快乐压抑殆尽了。”哲人从竹篓里一块一块地取着石头说：“这块是功名，这块是利禄，这块是小肚鸡肠，这块是斤斤计较……当大半篓石头被扔掉后，那个人背起竹篓走起路来，感到从未有过的轻松。

生活原本是有许多快乐的，只是因自己常常自生烦恼，空添了许多愁。自己在努力地追逐着快乐，却又总放不下心中的累赘，把不该看重的事情看得太重，总想放下一些东西却总也放不下。每日尘世穿梭忙碌，每天忙着经营自己的世界，对工作、生活、朋友、亲人等的期望值不断升高，可是到头来却什么也没有改变，什么也没有得到，想想自己是多么的幼稚与浅薄，其实快乐是简单的，放下就是快乐，所以要看得开、放得下。

生活就像一只竹篓，自己之所以感到背负很沉重，感到生活不快乐，其实是作茧自缚，自己给自己增加了功名利禄的重负。如果舍得将这些东西抛弃、放下，快乐就会萦绕在生活中了。

敢于放下，人生才能承受生命之重

在物欲横流的今天，很多事情打破了人们之间平衡的宁静，使人们躁动不安，努力地寻找着提升自身升职的机会。不择手段地往上钻，没有台阶就踩着别人的肩膀继续向上，人们变得几乎疯狂。谎言被人所崇拜，实话被人所遗忘，生活中便充满了这些难以化解的矛盾和纷乱，而人的心灵也越发地脆弱和疲惫起来。

有一天，无德禅师正在院子里锄草，迎面走过来三位信徒向他施礼，说道："人们都说佛教能够解除人生的痛苦，但我们信佛多年，却并不觉得快乐，这是怎么回事呢?"

无德禅师放下锄头，安详地看着他们说："想快乐并不难，首先要弄明白人为什么活着。"

三位信徒你看看我，我看看你，都没料到无德禅师会向他们提出这个问题。

过了片刻，甲说："人总不能死吧！死亡太可怕了，所以人要活着。"乙说："我现在拼命地劳动，就是为了老的时候能够享受到粮食满仓、子孙满堂的生活。"

丙说："我可没你那么高的奢望。我必须活着，否则一家老小靠谁养活呢?"

无德禅师笑着说："怪不得你们得不到快乐，你们想到的只是死亡、年老、被迫劳动，不是理想、信念和责任。没有理想、信念和责任的生活，当然很痛苦、很累了。"

信徒们不以为然地说："理想、信念和责任，说着倒是很容易，但总不能当饭吃吧！"无德禅师说："那你们说拥有什么才能快乐呢?"

甲说："有了名誉，就有一切，就能快乐。"

乙说："有了爱情，才能快乐。"

丙说："有了金钱，就能快乐。"

无德禅师说："那我提个问题，为什么有的人有了名誉却很烦恼，有了爱情却很痛苦，有了金钱却很忧虑呢?"信徒们无言以对。

无德禅师说："理想、信念和责任并不是空洞的，而是体现在人们每时每刻的生活中。必须改变生活的观念、态度，生活本身才能有所变化。名誉要服务于大众，才有快乐；爱情要

奉献于他人，才有意义；金钱要布施于穷人（需要得到帮助的人），才有价值。这种生活才是真正快乐的生活。”

自古以来，“放下”就是一个人们不断探索的哲理问题。一个永远不想放下的人，是一个沉重的人，人生也不能承受生命之重。一个永远不能放下的人，人生就难有新的收获和新的体验。

不摆架子，放下架子天地宽

有些人总是喜欢在别人面前摆架子，自以为高人一等而看不起别人。越是有钱有势的人，身上越是有这种毛病。可是他们却不知道，摆架子必然会伤害他人的自尊，使他人产生怨恨。一旦有了怨恨之心，尽管他无法直接发泄出来，却会暗地里给你使绊子。

爱摆架子的人最终只会把自己逼入死胡同，因为你讲究架子，计较得失，就等于给自己画了一个圈，限制了自己的手脚，做起事来别人也不会充分信任你。反之，懂得放下架子的人，会给人一种良好的印象，人际关系也会融洽，别人乐于助你，你的发展机会就越多。

其实，生活中那些爱摆架子的人，都是一些没有真才实学的无能之辈。有的人喜欢摆架子，纯粹是出于狂妄自大，不懂得为人之道；而有的人不过是因为心里想得到别人的认可与恭维罢了。

了解三国历史的人都知道，东汉末年董卓专权，擅乱朝纲，曹操招兵买马，会合袁绍、公孙瓒、孙坚等十七路兵马，攻打董卓。当进军至虎牢关时，讨董军队被勇猛无敌的董卓部将华雄阻拦，几个出去对阵的人都被华雄打败了。十八路诸侯都很惊慌，束手无策。正在此时，关羽主动出面请战，但袁绍认为关羽不过是个马弓手，嫌他地位低微，便喝斥他退下。可曹操却不这么认为，他觉得关羽勇气可嘉，就给了关羽一次迎战敌将的机会。曹操命人给关羽温了一杯酒端过来，关羽说等斩了华雄之后再喝。果然，在一杯酒还没有凉下来的功夫，关羽就将华雄砍于马下。

在为人处世时不摆架子，是有涵养、有能力的表现，更是成就事业不可缺少的素质。曹操在这一方面比袁绍做得好，所以尽管袁绍是名门之后，但最后也没能打败曹操。同时也说明了一个道理，放下架子，会使你赢得更多人的拥护、支持和信赖，还会使你自身的力量和成功的机会倍增。

所以，朋友们，请放下那虚幻的背景、身份、地位的包袱，让自己回归到普通人的行列中，不在乎别人的目光和议论，大胆地去做自己认为对的事，这样，你的人生道路才会越走越宽，越走越顺畅。

放下顾虑，用坦然的态度去迎接生命之花

人生之所以完美，是因为人生的遗憾也是完美的一部分；人生之所以不完美，是因为人总是不断地追求着完美。我们每个人只有学会去欣赏自己，才会寻找自己的方向，才会发现自己的特长，生活因此才会变得丰富多彩，只要走了自己该走的路，做了自己该做的事，就会拥有别人拥有的东西，这一生就充满了意义。

不要在自己的内心深处为自己的能力设限，当你抛开所有的顾虑和杂念，全力以赴地向前冲去的时候，才能真正发挥出自己的潜力。要不断地提升自己的能力，注意做事的方法，才能把事情干得又快又好。首先，一个人应该去追求智慧，有了智慧，财富和幸福就会接踵而来。如果想善待自己，就请放下所有的顾虑，为自己的理想而努力奋斗。“一切放下，一切自在；当下放下，当下自在。”真乃至理名言，肺腑之谈。

有个人曾无限向往西藏这块神秘的土地，他读了好多关于西藏的书，谈西藏就像在谈他的家乡。他早想去西藏一游，实地考察一下。“想去就去嘛，”朋友对他说。他回答说：“经济上窘呢。”待他有了一定的积蓄，朋友又问他这话．他的回答是：“时间不足呀。”有时间了，“家里离不开呀。”家里能离开了，“今年气候不大正常，去那儿恐怕适应不了。”理由总

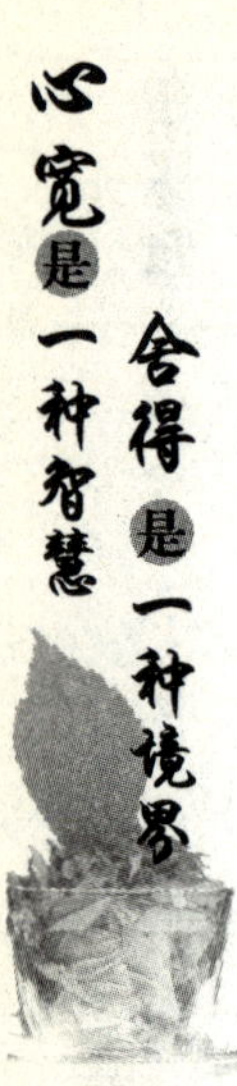

是现成的。十四五年过去了，他仍常谈到想去西藏，并用上中学时学过的一篇古文《蜀之鄙有二僧》来自嘲说：“吾不如贫僧也”。语中不无遗憾，正是他的那种顾虑，让他没有去做自己想做的事情。

回顾往事，我们每个人都有许多该做并能做的事没做。妨碍我们做这些事的往往不是没有条件，而是放不下一些什么，造成诸多顾虑。这顾虑正是放不下，试想一下，我们有时是不是因摆脱不了对往事的顾虑心情而耽搁了去做目前的事？顾虑是典型的执著，放下了就不会有顾虑，能做就马上去做，不能做是因缘不凑，何憾之有？在许多时候，考虑得越多反而越犹豫不决，被“所知”障碍了去路。认定了一个目标就不要有任何顾虑地向前冲吧！

放下吧！放下心中的顾虑，不要让那些顾虑阻挡你想做的事，积极地去面对，为了我们的目标而放下，放下了会让你看到新的希望，放下我们该放下的，摆脱心中的杂念，为自己想做的事情而努力向前冲。轻松上阵，走向成功。

我们常听过一句话“失败是成功之母”，它就像我们人生路上的一盏明灯，纵使在人生的低谷中，我们仍能找到生存的机遇。其实人生道路上的成功和失败皆是常事，只要我们以一颗坦荡的心去面对，就无所谓失败与成功。所以，无论何时何地，我们都不能把顾虑背在身上，放下才能走向成功。

张明杰上三年级的时候，刚开始他很喜欢学习英语，就一直问：“老师，什么时候才考试啊！”老师回答：“过几天。”考试那天他自信满满，以为自己一定会考好的，过了几天，结果很快出来了，他竟然才考了55分，当时他真是既生气又伤心。回到家，他失望地把考试结果告诉了爸爸妈妈，可是他们并没有生气，而是温和地对他说：“孩子，不要气馁，失败是成功之母，人难免会有失败的时候，你应该把失败的原因找出来”。听了爸爸妈妈一番意味深长的话，他才平静下来。

原来在考试的时候，他内心有一些顾虑，再加上内心紧张，把老师说的听错了，叫写A、B的，他却写成1、2，最终他找到了失败的原因。在以后的各科考试中，他都时时刻刻提醒自己不要紧张，认真听老师讲考试规则，不给自己施加压力，不要有顾虑。在期中考试中，他放下了紧张的心情，取得了第二名的好成绩，他高兴极了。是啊，“失败是成功之母”这句名言说得不错，重要的是放下心中的顾虑，失败后认真反思，找出失败的原因，去克服它。放下顾虑，能让我们创造出更多锻炼的机会，也就会更进步了！

生活本身就平淡如水，放一点盐它就是咸的，放一点糖它就是甜的，想调制出什么样的味道，全在于自己的心境。心胸放开了，一切的悲哀和伤害便显得微不足道。顾虑放开了，你就会坦荡地活着，就会用坦然的态度去迎接一切，承受一切。心如果能够放开，能够自由，天空才会无云，阳光才会灿烂，生命之花才能盛开！

敢于放下面子，才能更好地获得

“三百六十行，行行出状元。”此话用在西安市民刘尊众身上是最合适不过了，他8年时间在修脚行业里的独特创业经历是这句话最好的印证。

在别人都谈下岗色变的时候，在1998年，刘尊众不顾家人的百般劝阻，毅然决定主动下岗。他对家人说：“没质量的生活什么时候是个头？我要自谋出路。”刚离开工厂时，他还是很茫然的，在不知道干啥时，看到一则政府为下岗职工开设培训班的消息，于是，他报了一个脚病修治培训班，认为有脚就有病，只要掌握了修治脚痛技术，将来肯定能挣钱。本来就对他主动下岗心怀不满的家人，不理解有着大专学历的刘尊众为什么会选择修脚这个行业，都频频向他泼冷水，父亲还情绪激动地骂他丢了先人的脸。不过刘尊众却没有这样想，就是因为这个行当被人看不起，他才要学好。在进入脚病修治培训班后，因为生活拮据，他在班里只吃馒头和咸菜。在练刀功这个环节上，别人用一把1.5元的一次性木筷来练习，而他用的是从各餐馆捡来的用过的木筷。就这样，经过一番刻苦学习，他成为培训班中修脚手艺最好的学生。

刻苦的学习让他在学到了手艺的同时，也赢得了老师的尊重。后来，老师给他指点迷津："你是一个很有理想的人，不知道你有没有注意到，现在修脚的不懂中医，而学医的人又不愿意干这行当。你不妨把修脚和治疗结合起来，开一个脚病修治中心，这绝对是一个有潜力的行当。"中医和修脚的结合让他做成了独门生意。1999年，刘尊众怀揣280元，从一个7平方米小店起步，才3个月就已门庭若市，于是再扩大门面……经过8年的发展，到2007年，他创建的瑞德脚病修治所已经有8家店和一所再就业技能培训中心了。但是，对刘尊众来说，他最大的收获不仅仅是财富，还纠正了人们对修脚行业的偏见。

"放下面子，坚持到底!"是刘尊众创业的诀窍。他说："为什么现在那么多下岗职工改变不了自己的现状，关键是没有找准自己的创业方向，不知道自己适合干什么。一些人借了钱跟着人家炒股、开饭店，自身素质又不够，十有八九是要失败的。做人和做事要眼光向下，脚踏实地才能成功。""我最大的体会是，下岗后，不要惧怕挫折和苦难。"刘尊众说，越感到自己可怜、无助，就越难迈过下岗这道坎儿。一定要正视困难，掌握一个适合自己的一技之长，再次走向社会。要通过及时充电，弥补知识和技能上的不足。要拽一个投资少、见效快、适合在市场上立足的创业项目。只要认准了自己的目标，就要咬紧牙关，努力克服一切困难，坚持下去，坚持就是胜利。不要太在意社会偏见和风言风语，持之以恒，就能获得成功。

敢于放下面子，凭借着精湛的修脚技术，刘尊众不仅赢得了社会的尊重，同时也勇敢地博弈了那种传统的就业观念，他在拼搏中实现了自己的人生价值。

在创业的过程中，难免会碰到一些面子问题，面子问题的困惑有时成了我们成功的拦路虎。只有吃尽苦中苦，方可成为人上人。为了今后能够成就更好的事业，为了我们的理想而放下面子，就会得到很多。聪明人都知道，馅饼不会从天上掉下来，一个人的面子也是这样。放下面子，坚持到底，成功会给你带来最大的面子。

敢于承认自己的错误，才能取得进步

在人际交往中，大概没有人不怕丢面子，因为人人都觉得面子太重要、太值钱了，若是丢了面子，轻则会使自己陷入尴尬的境地，重则会使名誉、声望受损，对自己今后的交往不利。所以，在做错事后，我们常常看到人们会极力为自己辩解，恨不得长出八张巧嘴来证明自己的英明正确，甚至不惜使用各种手腕来摆平事端。结果是一时得以掩饰，可以蒙骗人们的眼睛和心灵，但日子长了，石头就会自己浮出水面，丑陋和虚伪在大众面前暴露无遗。

其实，为了追求真理，面子是可以舍弃的。在做错事后，我们应有“宁丢面子，也不否认过失”的精神。苏格拉底曾经说过：“否认过失一次，就是重犯一次。”著名散文大家刘墉在一篇名为《庸医与华佗》的文章里，讲述了这样一则足以让人们心灵震颤的故事：

一个行医数十年的妇科名医在出诊时犯了一个错误，误把一个孕妇子宫里的胎儿当成了肿瘤，并要求病人马上动手术，

以防扩散。病人十分害怕，她十分感激这个名医及早地发现了隐藏在自己身上的这枚“炸弹”。手术很快安排就绪，手术室里所有的手术器械都是最新的，对于这位已经有过上千次手术经验的医生来说，只须切开一个小口，就可取出病人腹中的瘤体，使病人永绝后患。

但当医生剖开病人的腹部，向子宫深入观察准备下刀时，突然全身一震，刀子停在半空中，豆大的汗珠冒上额头，他看到了令他难以置信的事实，一件在他行医数十年之间不曾遭遇的事——子宫里长的不是肿瘤，是个胎儿。

他矛盾了，思想陷入名誉与正义的斗争之中：如果下刀硬把胎儿拿掉，然后告诉病人摘除的是肿瘤，病人一定会感激得恩同再造，而且可以确定，那所谓瘤一定不会复发，他说不定还能得个“华佗再世”的金匾呢！相反地，他也可以把肚子缝上，然后告诉病人他看了几十年的病，居然看走眼了。

这不过几秒钟的挣扎，已经使他浑身湿透，他小心地缝合之后回到办公室，静待病人苏醒。

医生走到病床前，他严肃的神情使病人和四周的亲属都手脚冰冷，等待“癌症晚期”的宣判。

“对不起！太太，我居然看错了，你只是怀孕，没有长瘤。”医生不顾及到自己的面子，实话实说，并深深地致歉，“所幸及时发现，胎儿安好，一定能生下个可爱的小宝宝！”

一语过后，病人和家属全呆住了，隔了十几秒钟，病人的丈夫突然冲上去，抓住医生的领子，吼道：“你这个庸医，我找你算账！”

后来，孩子平安出生，发育正常。但医生被告得差点破产，而最大的伤害是名誉受到了严重的损害。

有朋友笑他，为什么不将错就错，说那是个畸形的死胎，又有谁能知道？

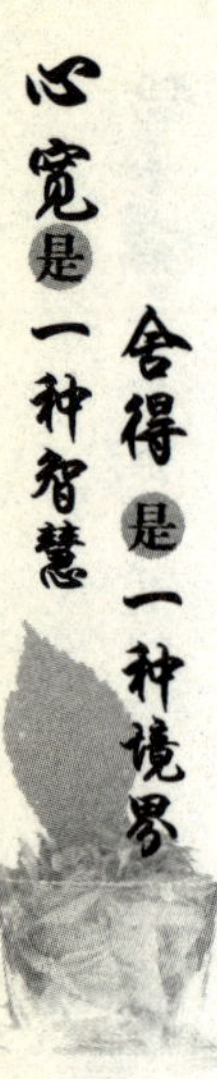

“老天知道！”医生只是淡淡一笑。

刘墉先生对此评价道：“我特别敬佩这名医生的勇气，在名誉与良心道德的天秤上，他倾向了后者。而在通往众人景仰的圣殿与万人唾弃，甚至是牢狱之灾的路上，他也选择了后者，这需要多么大的勇气啊！”

他又说：“为自己的身家名誉而去拼命的人，算不得大勇。不顾自己的身家名誉，而去维护真理的人，才是真正的勇者。”我们再替他补上一句：“也只有选择维护真理、抚慰良心的人，才会内心无愧，才能获得开心快乐的人生。”

金无足赤，人无完人；人非圣贤，孰能无过。任何人都会犯错误，犯错之后若能放下面子，勇于承认自己的行为，则是可喜、可敬的；若否认自己的行为，自欺欺人，就是可耻、可悲的。只有敢于承认自己的错误，一个人才能取得进步。

满足的人生，活出平常之心

智者乐山，仁者乐水。每个人的喜好都有所不同，在不同的喜好中做着不同的事，所以不必为别人的成功感到眼红，不必为别人的骄傲感到自卑，懂得好好爱护自己，满足人生。

人生世上，就要懂得知足，懂得去满足自己的人生。

有一次，村里去参加画画比赛，组织者要求他们画一条很逼真的小蛇，很多画家都争相观摩。里面有一个画家画得比较不错，他在画好自己的画后，发现别人画得也别有风味，就照着把别人的优点融进到自己的画里。

他的想法非常好，把自己画得不好的地方改掉，可是当他画好后，又想到要画出与别人不同的地方，于是他就在蛇的下部添出四只脚，画是画好了，可是一交上去惹得大家哄堂大笑。蛇有脚吗？本来他的画是最好的，可是自己不满足，非要在画上再添四只脚，使得自己的画比别人的难看，当然这次参赛他落选了。

由于自己的不知足，导致适得其反。人生也是一样，不管在什么位置上都要懂得满足，不要看着别人的工作就觉得比自己的好，而应该静下心来试想一下，如果自己真的处于那个位置，会真的干得那么开心吗？

我们应当把自己的喜欢当成一种享受，在工作中享受那一份独有的娴静与清雅，去享受工作过程中的那一种满足，享受工作之后的成就感。岁月如流，所以我们就要乐天知命，而不是因为不满足，弄得干什么事都没有情调，提不起劲来，那样生活就没有意义了。

把生活看淡一些，活出一种平常心，那么人生就很容易得到满足，当你满足了你的事业，满足了你的家庭，你就没有心思再去和别人较真，和别人攀比了，这时你的心全被自己的这一份满足占满，满脑子都想着上班的事情、下班的甜蜜，天天乐在其中，这不是一种快乐又是什么？

原谅生活的不公平，你才能真正地快乐

原谅生活是一种积极有效的方式，原谅生活不是为了超脱凡世的恩怨，不是淡漠所有的不公，而是为了更好地正视生活，以缓解和慰藉深深的不幸。相信生活才能原谅生活，如果你的桅杆折断，不论是你自己的错，还是生活的错，都不该再悲哀地守着荡舟的孤独。

别跟自己过不去，也别跟生活过不去，没理由不开心、不快乐，关键是你是否总是喜欢抓着生活中的鸡毛蒜皮小事不放手。细心观察不难发现，那些平时喜欢计较的人，皱纹总会提前爬上他们的脸庞，而那些心宽的人，却悠然自得地过着有滋有味的小日子。

生活中确实有让我们难以忍受的事情发生，毕竟生活不是为你一个人准备的。“月有阴晴圆缺，人有悲欢离合，此事古难全。”古人有古人的悲哀，可古人看得很开，把人世间的悲欢离合比作月的阴晴圆缺，一切全出于自然，其中有永恒不变的真理，它像一只无形的手在那里翻云覆雨，演绎着多色多味的人生，今人也有今人的苦恼，因为“此事古难全”。

可今人有几个能够看得开？我们悲哀自己的出身，哀怨自己的运气，还会埋怨老天为什么要给自己这样的生活……是啊，生活中就是有很多我们无法改变的事实，我们所能做的只能是接受。

在沮丧失落的时候，我们对一切都将感到乏味，生活的天空阴云密布，使我们看什么都不顺眼，生活中有很多时候会令我们心情不好。面对失恋，面对解释不清的误会，我们的确不易超脱。但是人有逆反心理，更多的时候是多云转晴，忧郁终将被生气勃勃的憧憬所取代。你的敌人就是你自己，战胜不了自己，就没法不失败；而想不开、钻死胡同，全是自己造成的。

我们有时候要对自己残忍一点，不必过分纵容自己的哀怜，“不识庐山真面目，只缘身在此山中”。走出去或登到顶峰，你会看到另一番景象：“日照香炉生紫烟，遥看瀑布挂前川，飞流直下三千尺，疑是银河落九天。”我们看清了自己之后，再来看生活，也许就会多了几分宽容在里面，生活本身并不是可以实现所有幻想的万花筒，生活和我们是相互选择的，不该过分计较生活的得失，因为生活本来就没有承诺过什么。生活所给予我们的，并不总是你想得到的，而你所能获得的，是凭你真诚和执著得到的。

请用你的谅解之心重新支起新的桅杆！原谅生活的不公平，这样我们才能快乐地生活。

第十一章

心宽舍得，才能获得心灵的快乐和成功

心宽，是一种对待人生的态度和境界；舍得，是一种人生成功的智慧。只有做到心宽，才能做到宠辱不惊，得失自若，才能感悟到人生的平淡和快乐；只有看透得失，才能明白人生的真正价值和意义。心宽是一种精神，一种境界；舍得是一种智慧。心宽，才能在平淡的人生中享受快乐和幸福；舍得，才能得大千世界，左右逢源，有所收获。

有容人之度，方能成人之事

人生在世，应有崇高的理想和宽阔的胸怀，待人接物应不拘小节。有些人为区区小事而耿耿于怀，不但徒增自己的烦恼，而且还于事无补。其实不管是处世还是做事，只要你能有一个雍容大度、坦坦荡荡的胸怀，前方的路就会越走越宽。相反，如果处处与人针锋相对，睚眦必报，结果只会落得一无所成，自然也就脱离了我们的终极目标——幸福。

最初，曹操与袁绍的实力悬殊极大。曹操手下的不少将士、文人谋士都与袁绍一方有秘密书信往来，以备万一曹操被袁绍兼并，能有个退身之地。对此，曹操心知肚明，只不过迫于时局而不便挑明。

不久，“官渡之战”爆发。曹操利用奇计大败袁军，取得了彻底胜利。曹军在清理战利品时，从袁军大营缴获一大筐书信，都是曹操的部下以前写给袁绍的密件。有的人在信中吹捧袁绍，贬低曹操，说自己身在曹营，心在袁军；有的表示随时可以叛曹降袁。曹操的心腹们觉得事关重大，立即将书信交给了曹操。那些写了信的人害怕事情败露，个个心惊胆颤。

正当人人紧张万分之际，曹操却接过信件看也没看，就下

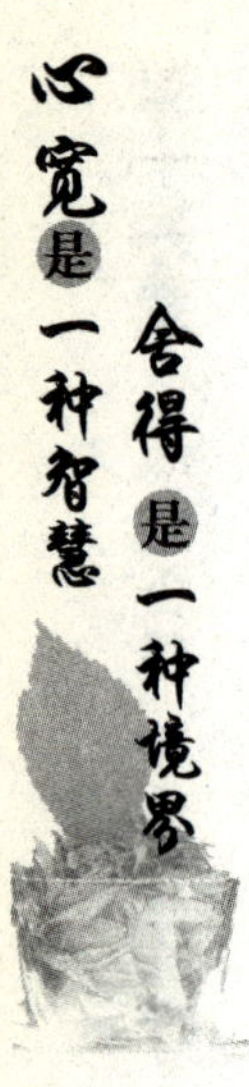

令全部烧掉，并笑着对众人说："这都是过去的东西，那时袁军地盘比我们大，军队比我们强，粮草比我们多。就连我自己也曾考虑过以后的退路，你们有人这么做，也属常理，不足为怪。"那些提心吊胆的人见曹操如此态度，又目睹那一大筐书信在烈火中化为灰烬，如释重负，感到空前的轻松。同时，也都流下了无限感激的热泪。

此事迅速传遍了曹军大营，一度惊恐不安的军心顿时稳定下来。尤其是那些写过"效忠信"的人，为报答丞相的大恩大德，在此后的战役中，个个冲锋陷阵，杀敌立功，为曹操的争雄做出了很大的贡献。

这是一位大政治家的驭下之道。曹操深知宽容大度是黏合剂，能容人就是团结各种人，自己才会受人拥戴，统一大业才有希望。事实也证明，用大度的心志去看世界，世界也会宽待你。曹操的宽容是众人的幸运，而曹操的宽容也是自己的幸运。

清朝的康熙皇帝就是一个非常宽厚的皇帝，有一次，他向大臣表示想要起用黄宗羲。黄宗羲是明末清初经学家、思想家、地理学家、史学家、教育家，清军入关后，黄宗羲曾经召集很多人组成了反清的"世忠营"，与清朝斗争达数年之久。

康熙之所以想要起用黄宗羲，就是因为他敬佩他的才学。然而大臣们听到康熙的这个决定后都极力反对，觉得黄宗羲是反清逆贼，这样的人怎么能让他来为大清效力呢！

康熙听取了大臣们的反对意见后，说："黄宗羲这样的做法是一种忠烈的表现，是非常难能可贵的！"大臣们见皇上不仅不责怪黄宗羲，反而表示出对他的赞赏，都为皇帝的大度所震慑。

有一次，康熙在巡视西安时召见著名的学者李禺，李禺是个有气节的人，他觉得自己是明朝的人，所以不想去见康熙，就让自己的儿子带话给康熙，说自己年迈多病，不便见康熙。康熙知道李禺的意思，但是他并没有怠慢李禺的儿子，他对李禺的儿子说："人最可贵的就是气节了，你父亲是一个喜欢读书且有志气的人，我特意把一块匾额赐给他。"于是，他就把一块写着"志操高洁"的匾额赐给了李禺的儿子。康熙这种宽宏的度量，一时被百姓传为佳话。

汉代政治家贾谊说："大人物都不拘泥于细节，才能成就大的事业。"不能容人，则会遭到别人的反对，事业必然日趋衰败，其生活也必然是一团糟糕，更不要说什么幸福了；而能容人者，必然能获得人们的尊重，从而生活幸福，事业有成。大度一些，试着学会宽容，幸福之路才会走的更宽广！

总之，懂得宽容别人，我们才能获得别人的宽容、理解和支持，而只有得到了他人的理解和支持，我们的事业才会成功，我们的生活才会如意，我们的人生才会幸福。

大智若愚是一种境界

针尖对麦芒在某些场合是一种耿直与正义的表现，而在与上司相处时则是一种失策的表现；糊涂时常为人不屑，但在特定情形下则是一剂良方。

看到这样一段话：

学生常做的习作是选择题、是非题和填充题。

选择题好就好在可以选择，即使不知道答案，也可以胡乱选一个碰碰运气。

是非题随便答是或非，也有一半机会答对。

填充题最难，根本无法蒙混过关。

长大了，发觉人生也是选择题、是非题和填充题。

选择题变得很难。

其实，是非题也不再容易，分清是非对错，不代表你我成功了一半。

在这世上，是非对错到底是个什么评判标准呢？很多小时候觉得对的东西，到了现在却让人十分怀疑，现在的社会好像也和小时候不一样了，小的时候看东西，对就是对，错就是错，很容易分的，现在却不明白了。

很多时候，一件事情本身的是是非非其实并不重要，重要的是我们所要达到的目的。顾客和售货员为谁应负责任而争得脸红脖子粗；走了冤枉路的乘客和司机为谁没说清楚而大动干戈，事情越闹越大；该退的货没退成，该节约的时间没节约，双方都憋了一肚子的气。这何苦呢？有人说，我就要争这个理儿。是，争一个“理”，的确有一种胜利的感觉，但你想没想到过这个“理”的代价呢？

反而，不争辩，放弃无谓的辩解，有时却能带给你意想不到的结果。下面这个故事便是个很好的例子。

“您好，”王某对老总说，“昨天我交给您的文件签了吗？”老总转了转眼睛想了想，然后翻箱倒柜在办公室里折腾了一番，最后他耸了耸肩，摊开两手无奈地说：“对不起，我从未见过你的文件。”如果是刚从学校毕业，王某会义正词严地说：“我看着您的秘书将文件摆在桌子上，您可能将它丢进废纸篓了！”可现在他才不会这样说呢。既然老总能睁眼说瞎话，那又何必与他计较呢？因为结果要的是他的签字。于是王某平静地说：“那好吧，我回去找找那份文件。”于是，王某下楼回到自己办公室，把电脑中的文件重新调出再次打印，当王某再把文件放到老总面前时，他连看都没看就签了字，其实他比王某还清楚文件原稿的去向。

是的，这也是我在与上司发生冲突时的解决方式。我不赞成在冲突发生以后一走了之，因为在新的环境里还会出现老问题，到那时你又能怎样呢？我也不赞成为了争一口气大闹一场，因为吵闹不能解决问题，反倒有可能断送了职位，还是实际些吧！说到实际，谁是谁非也并不重要，即便是我对了，而上司错了，我也会开动脑筋为上司寻找一个下得了台的台阶，无论如何，解决冲突的前提是合作！

聪明的人会装傻，谁是谁非不重要，好汉不吃眼前亏。针尖对麦芒在某些场合是一种耿直与正义的表现，而在与上司相处时则是一种失策的表现；糊涂时常为人不屑，但在特定情形下则是一剂良方。

少些精明，多些糊涂

“水至清则无鱼，人至察则无徒。”水太清了连鱼都无法生存，人太精明了就没有人愿意与你共事。所以，在人际交往中尤其是涉及到利益关系时，切不要太精明。少些精明，多些糊涂，一个人才能得到更多的朋友，商家才能招揽来更多的顾客。

有一次，台湾作家林清玄到日本一家中国人开的餐馆，要

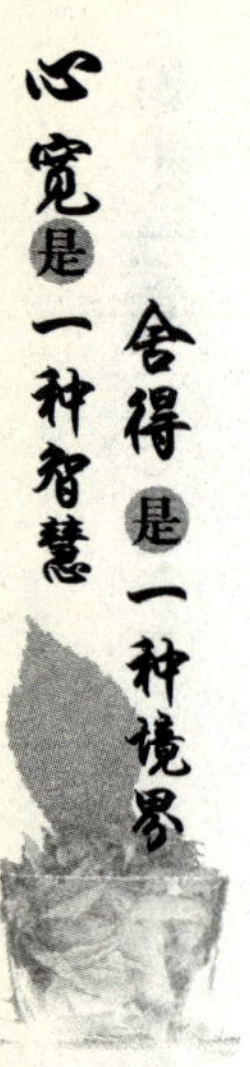

了一份他感兴趣的汤。入座不久，服务生将一大盆汤放在他面前。他一愣，问服务生："这么一大盆汤，我能喝得了吗？"

服务生理直气壮地回答："你也没说要一小碗啊！"

林先生一时语塞，匆匆喝了几口，感到很不是滋味，便按一大盆汤的价格付了钱，随后拂袖而去。

后来，他又到一家日本人开的料理店，要了一份同样的汤，也没说是一大盆还是一小碗。不一会儿，服务生给他端来一小碗汤，并说："如果不够，还可以再来一碗。"

他只喝了一小碗，当然只付了一小碗汤的钱。再后来，他每次去日本，都要到那家料理店用餐，包括喝他感兴趣的汤。

这则故事告诉我们，只有切实地为他人着想，而不是处处算计他人，才能获得他人的信赖，并且由此给自己带来好处。

有的人很精明，时时刻刻都在算计别人，不允许别人占他一丁点儿便宜。这样的人，实在不足与之共事，即使与之共事必定也不会太长久。

有两位相识十多年的朋友，起初大家同在一家公司谋职，分任两个部门的经理，后来先后辞职开辟自己的天地，一直保持着较亲密的联系。先辞职的人本以为后辞职的那个凭他的能力，他在公司肯定会迅速上一个台阶，却没想到他做的一直都不太顺利，其原因就是他太精明了。记得每次见面聊天，总是听到他抱怨、指责别人，包括他的合作伙伴、客户以及下属，他会一针见血地指出每个人的缺点和不足，然后抱怨同这些人共事有多么困难，他总是找不到令他满意的伙伴和员工。

先辞职的人曾几次开导他："有些人并不是故意同你作对，只不过在个性、习惯上有所差异罢了。尺有所短，寸有所长，用人以及与人相处要尽量看对方的长处，并尽量利用他的长处，不要总盯着人家的缺点不放。

可悲的是，下次再见面时，他依然如故。当然，他的事业也没有起色。

生活中，过于精明的人不在少数。他们自命清高，斤斤计较，总是用自己的标准及好恶去衡量和要求别人。在他们眼中，别人身上全是缺点和毛病，实际上是他们自己太苛刻，太不讲人情味儿。这样的人，很难在交往和事业上获得成功。

要想和谐地与人相处，获得交往中的成功，我们必须少些精明，多些糊涂，其实，装糊涂是一种聪明的处世哲学。正如郑板桥老先生所说："难得糊涂"，说是"难得糊涂"，其实是最清楚不过了。正因为他看得太明白、太清楚、太透彻，却又对个中缘由无法解释，倘若解释了，更生烦恼，便装起糊涂来。

现实人生错综复杂，盘根错节，确实有许多事不能太认真、太较劲。做人太认真，不是动了筋骨就是伤了胳臂，越搞越复杂，越搅越乱套。顺其自然，装一次糊涂，不丧失原则和人格，或为了公众、为了长远，哪怕暂时忍一忍，受点委屈也值得，心中有数（树），就不是荒山。有时候事情逼到了那个份上，就玩一次智慧，表面上给他个"模糊数字"，让他丈二和尚摸不着头脑。评职、晋级时，某候选人向你面授机宜，讨你个"民意"，你明知道他不够格儿，可又不好当面扫他的兴，这时候你该怎么办？嘻嘻哈哈或不哼不哈，装一次糊涂，无疑是一种好的对策。糊涂，是既可免去不必要的人事纠纷，又能保持人格纯净的妙方。

世道不公，人事不公，待遇不公，要想铲除种种不公，则又不可能，那就只好竖起"糊涂主义"这面旗帜，为自己遮掩心中的不平。若能像济公那样任人说他疯，笑他癫，而他本人却毫不介意，照样酒肉穿肠过，"哪里有不平哪有我，"专捡达官显贵"开涮"，专替穷苦人、弱者讨公道，我行我素，自得其乐。这种癫狂，半醒半醉，亦醉亦醒，

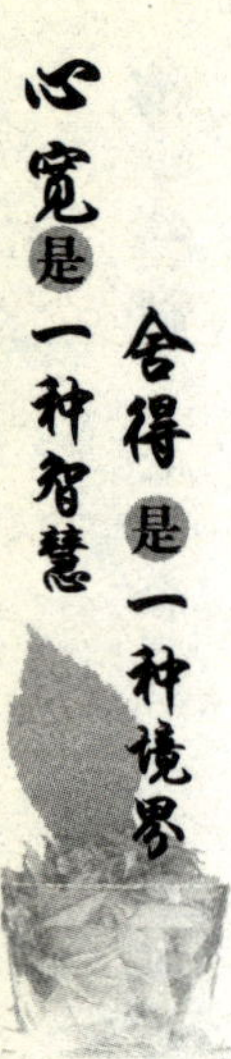

也不失为一种“糊涂”。

这种糊涂真正是“参”透、“悟”透了。所以，面对残酷的现实时，我们要学笑容可掬的大肚弥勒佛，“笑天下可笑之人，容天下难容之事”，如此就将进入一种超然的境界。

顺其自然，让心境悠游自在

投入生活，就会受到来自于诸多方面烦恼的干扰，这常常令我们身心疲惫，痛苦不堪，然而心病还需心药医，只有我们从内心摆脱这些烦恼的束缚，将它们全部抛开，才能让心灵得到真正的放松。在当今这个所谓呼唤英雄的时代，人们总是在无休止地攀比，在徒劳中垂死挣扎，在摈弃逆来顺受的同时，也失去了心境的平静。而在这个以成败论英雄的社会，我们真的需要一点放下所谓的烦恼的心宽，谁说跟命运抗争就一定会赢呢，或许命运本身就是对的！所以，我们也该卸下强出头的烦恼，顺其自然，或许这样的心境能让我们有种“柳暗花明又一村”的惊喜。

《坛经》中慧能禅师一语道破“风动”与“幡动”的本质皆为“心动”。内心空明、不被外界所扰，这是坐禅者应该达到的基本境界，也是人们行事处世的快乐之本。

佛眼禅师曾做过一首名为《无题》的诗偈，正好诠释了慧能禅师的意思——

春有百花秋有月，夏有凉风冬有雪。

若无闲事挂心头，便是人间好时节。

此诗偈的前两句描写了大自然的景致：春花秋月，夏风冬雪，皆是人间胜景，令人赏心悦目，心旷神怡。然而佛眼禅师将话锋一转又说，世间偏偏有人不能欣赏当下拥有的美好，而是怨春悲秋，厌夏畏冬，或者是夏天里渴望冬日的白雪，而在冬日里又向往夏天的丽日，永无顺心遂意的时候。这是因为总有“闲事挂心头”，纠缠于琐碎的尘事，从而迷失了自我。只要放下俗虑，欣赏四季独具的情趣和韵味，用敏锐的心去感悟体会，不让烦恼和成见梗住心头，便随时随地可以感悟到“人间好时节”的佳境禅趣。

只要我们正在经历生活，就免不了会有一些事情占据、藏在心间挥之不去，让我们吃不下、睡不着，然而这些事情却并非那些重要，而让我们非装着不可的事情，只是我们庸人自扰罢了。

有一位成功的商人，虽然赚了几百万美元，但他似乎从来不曾轻松过。

他下班回到家里，踏入餐厅中。餐厅中的家具都是胡桃木做的，十分华丽，有一张大餐桌和六把椅子，但他根本没去注意这些。他在餐桌前坐下来，心情十分烦躁不安，于是他又站了起来，在房间里走来走去，还差点被椅子绊倒，他心不在焉地敲打着桌面。这时候他的妻子走了进来，在餐桌前坐下。他说声“你好”，于是便接着用手敲打桌面，直到一个仆人把晚餐端上来为止。他很快地把东西一一吞下，他的两只手就像两把铲子，不断地把眼前的晚餐一一“铲”进口中。

吃过晚餐，他立刻起身走进起居室。起居室装饰得富丽堂皇，意大利真皮大沙发，地板上铺着土耳其的手编地毯，墙上挂着名画。他把自己“投”进一张椅子中，几乎在同一时刻拿起一份报纸。他匆忙地翻了几页，急急瞄了瞄大标题，然后把报纸丢到地上，拿起一根雪茄，他一口咬住雪茄的头部，点燃后吸了两口，便把它放到烟灰缸里去了。

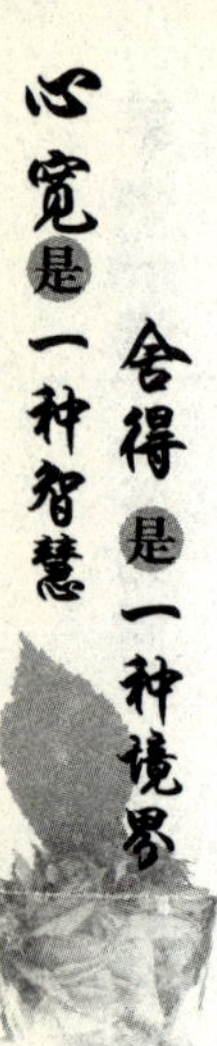

他不知道自己该怎么办。他突然跳了起来，走到电视机前打开电视机，等到画面出现时，他又很不耐烦地把它关掉。他大步走到起居室的衣架前，抓起他的帽子和外衣，走到屋外去散步。他持续这样的动作已有无数次了。

商人在事业上虽然十分成功，但却一直未学会如何放松自己。他是位紧张的生意人，并且常常放不下公司里的那些琐碎的事情。他没有经济上的问题，他的家是室内设计师的梦想，他拥有4辆汽车，但他却无法放松自己。为了争取成功与地位，他已经付出了自己全部的时间去获得物质上的成就。然而，在他拼命工作、拼命赚钱的过程中，却迷失了自己。

假如我们能够适时地将心中的那些烦心琐事抛开，解放迷茫的内心世界，心境自然会变得悠游自在。

学会遗忘，拥有心宽和快乐

上天赐给我们很多宝贵的礼物，其中之一即是“遗忘”。只是我们过度强调“记忆”的好处，反而忽略了“遗忘”的功能与必要性。只有遗忘了那些不快，才会更好地前进。

生活中，许多事需要你记忆，同样也有许多事需要你遗忘。比如，股票失利，损失了不少金钱，心情苦闷提不起精神，你也只有尝试着遗忘；你失恋了，总不能一直沉陷在忧郁与消沉的情境里，因此必须尽快

遗忘；期待已久的职位升迁，人事令发布后竟然没有你，情绪之低落可想而知，解决之道别无他法，只有让自己遗忘，尽快调整好自己的心情，使自己投入到工作中，更加努力地工作，以争取下一次升迁的机会。

然而，想要遗忘却没有想象中那么容易，遗忘是需要时间的，而如果你连想要遗忘的意愿都没有，那么时间也无能为力。

一般人对于不快的经历常常记起，而对于欢乐的时光则往往很容易遗忘，这是对遗忘的一种抗拒。换言之，人们对于痛苦的记忆总是铭记在心，而对于生命中美好的一切却习惯于淡忘，就如你吃过了糖会很快忘记甜，吃过了黄连却口有余苦。

的确，很多人无论是待人或处事，很少检讨自己的缺点，总是记得“对方的不是”以及“自己的欲求”，其实到头来还是很少如愿，因为每个人的心态正好彼此相克。如果社会中的每个人都能够试图将对方的不是及自己的欲求尽量遗忘，多多检讨自己并改善自己，那么，彼此之间将会产生良性的互补作用。

有这样一个故事。有一次，一位女士给了一个朋友三条缎带，希望他也能送给别人。这位朋友自己留下一条，送给他不苟言笑、事事挑剔的上司两条，因为他觉得由于上司的严厉使他多学到许多东西，同时他还希望他的上司能拿去送给另外一个影响他生命的人。

他的上司接到缎带非常惊讶，因为所有的员工一向对他是敬而远之。他知道自己的人缘很差，没想到还有人会感念他严格苛刻的态度，并把这当做是正面的影响而向他致谢，这使他的心顿时柔软起来。

这位上司一个下午都若有所思地坐在办公室里，而后他提早下班回家，把那条缎带送给了他正值青春期的儿子。他们父子关系一向不好，平时他忙着公务，不太顾家，对儿子也只有

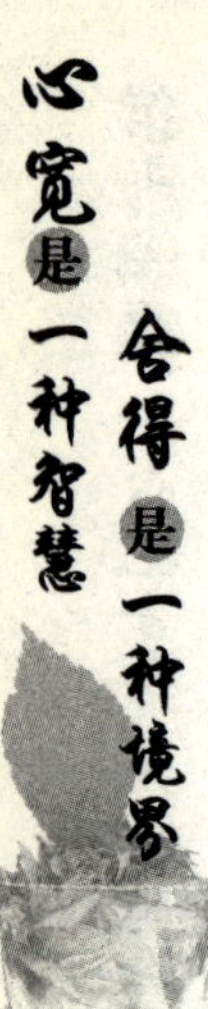

责备，很少赞赏。那天他怀着一颗歉疚的心，把缎带给了儿子，同时为自己一向的态度道歉，他告诉儿子，其实他的存在带给他这个父亲无限的喜悦与骄傲，尽管他从未称赞过他，也少有时间与他相处，但是他是十分爱他的，也以他为荣。

当他说完这些话后，儿子竟然号啕大哭。他对父亲说，他以为父亲一点儿也不在乎他，他觉得他的人生一点价值都没有，他不喜欢自己，恨自己不能讨父亲的欢心，正准备以自杀来结束自己痛苦的一生，没想到父亲的一番言语打开了他的心结，也救了他一条性命。这位父亲吓得出了一身冷汗——自己差点失去了独生儿子而不自知。从此，这位上司改变了自己的态度，调整了生活的重心，也重建了亲子关系，加强了儿子对自己的信心。就这样，整个家庭因为一条小小的缎带而彻底改变。

送人以缎带，证明你已遗忘了相处中所受的那些委屈和责难，忆起别人带给你的快乐和益处。而收受缎带者却更能被你感动，看到你的心灵之美，他会更爱你、助你。学会遗忘，拾起那条缎带送给让你受伤的那个人，他将回报你一片灿烂的阳光。

内心的满足才是真正的快乐

怎样才能求得快乐呢？那就是要清醒地知道快乐之道的根本在于我们自己。

人的心灵是最富足的，也是最贫乏的。不同的人之所以对生活的苦乐有着不同的感受，是因为心灵的富足和贫乏，而绝不是任何外物的客观影响，内心的富足才是快乐之道。

内心的富足才是真正的快乐，但在现实中又有几个人能做到这一点呢？许多人原本很聪明，但往往由于贪心过重，为外物所役使，使得自己终日奔波于名利场中，结果抑郁沉闷，难以享受人生之乐。

古人云："养心莫善于寡欲。"如果我们能够把握住自己的心，驾驭好自己的欲望，不贪得、不觊觎，做到寡欲无求，役物而不为物役，生活上自然能够知足常乐了。

庄子说过："富有的人，劳累身形勤勉操作，积攒了许许多多财富却不能全部享用，那样对待身体也就太不看重了；高贵的人，夜以继日地苦苦思索怎样才会保全权位和厚禄，那样对待身体也就忽略了。人们生活于世间，忧愁也就跟着一道产生，整日里糊糊涂涂，长久地处于忧患之中，多么痛苦啊！"

我们来到这世上时，本来就是赤条条的，一无所有，是上苍赋予了我们生活、亲友以及思想和财物等，上苍待我们何其厚？使得我们拥有

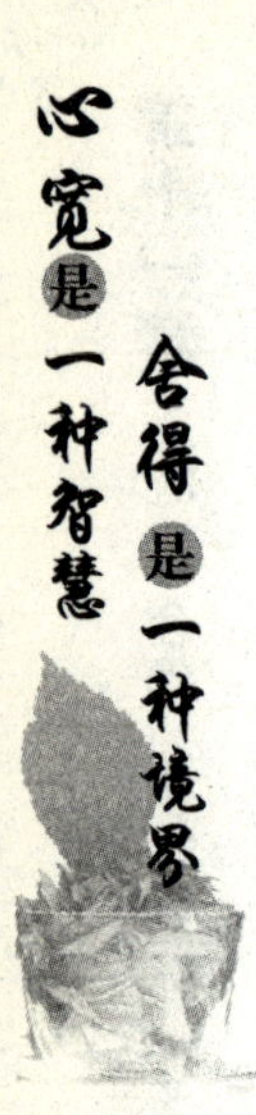

了这么多、占据了这么多，可是我们却从来也没有满足过，依然在祈求上苍为我们降下更多的“甘霖”。

如果你想获得什么，不妨看看自己拥有什么，生活中如能降低一些标准，退一步想一想，就能知足常乐。人应该体会到自己本来就是无所欠缺的，这就是最大的富有了。

生活不可能按照我们的需求来十足地供应我们，于是，我们便失望了，我们便不满了。把钱财、家世、容貌视为荣辱标准的人，一般都不知足，越有越想有，越有欲望越盛；欲望太盛，就会生出邪念，为满足更多的欲望而不择手段。

所以，真正的满足是内心的满足，而非物质的满足，因为物质是永远无法让人满足的。真正快乐的人知道什么是满足，因为只有在满足中才能体味什么是快乐。

在知足的人眼里，世界上没有解决不了的问题，没有趟不过去的河，他们会为自己寻找合适的台阶，而绝不会庸人自扰。知足是一种大度，在知足的人眼里，过分的纷争和索取都显得多余，在他们的天平上，没有比知足更容易求得心理平衡的了，这样才会得到一个相对宽松的生存环境，这难道不值得庆贺吗？

失败之后，从头再来

“失败是成功之母。”这句话早已成为人们生活中的座右铭。然而“从头再来是成功之父”，它既包含了“失败是成功之母”的意思，又显示出了具有不怕挫折、奋发向上的积极态度！想要人生活得精彩，就要有积极的态度，人生的可贵在于永不言败。我们要用积极的态度处理一切消极的事情，不惧怕失败，敢于从头再来。

1996年，于娟（化名）下岗了，当时她是西南工具总厂游标卡尺装尺工，可如今的于娟则是贵阳市的名人，她有很多头衔：国务院授予的“全国青年兴业领头人”；省“十大下岗创业明星”；省个协、私协美容美发委员会副会长；娟娟美容院院长。可是，提起自己5年的创业历程，于娟说，在开美容院之前，她是一个不成功的“商人”。西南工具总厂进入困难时期，于娟与丈夫一起下岗待工，两人的收入已无法支撑家庭开支。看着上学的女儿，多病的母亲，正上大学的妹妹，于娟与丈夫商量后决定，自己去做生意，丈夫则继续待工。失业之后，于娟像很多下岗职工一样，首先想到的就是摆地摊，批发小百货来卖。这以后的日子里，她蹲在路边守着小摊，眼巴巴地盼着有人光顾。就这样看着来来往往的人群守了一个月，她连盒饭都舍不得买，可到最后算账时竟还亏了几十元。没赚到钱，于娟只能另寻别路。她从家里挤出120元，从水果批发市场批发了樱桃来卖。可这次还是赔了，樱桃一颗颗烂在家里，紧赶着处理，还是亏了50元。衣食住行中衣排第一位，于是，于娟又改卖穿的。借东家借西家，揍完钱她去进了一批皮鞋，每天她把几大捆鞋装在蛇皮口袋里，用自行车驮着四处叫卖。

那是一个下雨的傍晚，她去卖鞋，艰难地在凹凸不平、泥浆四溅的路上骑行。这时蛇皮袋绞入后车轮，她连人带车栽入烂泥中，几次想爬都爬不起来。这时，正好有好心人路过，将她拉了起来，还帮她把散落满地的皮鞋捡拢来，到了这里，她的皮鞋生意也半途而废了。几次失败，家里已没有钱让她再去“折腾”，后经朋友介绍，她到雅芳公司当了化妆品推销员。由于摆地摊时长期风吹日晒，于娟患上了严重的胃病和美尼尔氏综合征，脸部皮肤粗糙，还有大块的黄褐斑。

可想而知，以这样的形象去推销化妆品，就有顾客公开奚落她：“看看你自己的样子，也来搞化妆品推销。”这话没让于娟气馁，她觉得很多人下岗后不再创业，是因为不肯放下国企职工的架子，这对于她来说不算什么，生活嘛，谁还不都得过几道坎，她一定能干好。抱着这样的信念，于娟每天穿梭于大街小巷，四处苦口婆心推销，终于让自己的生活有了转机。

不过，顾客的奚落也让她看到商机——美容业。于是，她放弃了已能养家糊口的推销工作，到一家美容院当起一个月只有150元工资的“学徒”。在美容院打工三个月，是她学习的三个月，她全部的工资都变成了有关书籍，加上师姐的指点，她的技艺突飞猛进。短短三个月，这家美容院已不能满足她的求知欲，在丈夫支持下，她变卖了家中唯一的电器——电视机和部分家具，来到贵阳一家专业美容美发培训中心学习，拿到了高级美容师职称。技术学成之后，于娟借了1万元，租了一间12平方米的门面，开起了只有两张美容床的“娟娟美容院”。有了自己的目标后，于娟更加努力，摸索出一套属于自己的洗脸按摩手法，更在化妆、纹眉上有了很大的提高。

迈出了成功的第一步后，于娟的生活步入坦途，生意越做越大。如今，她的美容院已更名为美容美发形象中心，有240平方米，上下两层楼，有员工10余人，美容床21张，有自己的美容美发培训学校。凭着自己不懈的努力和从头再来的勇气，下岗女工于娟成功了。回忆自己的创业历程，她说道：“想想这一生那么艰难的路都走过来了，还有什么好害怕的，最糟也不过重新再来嘛！没什么大不了的。”

通向成功的路从来都不会是一帆风顺的，别人的路不是自己的路，只有自己去走了，才会有自己的路。面对失败和坎坷时，不要退缩、不要气馁，一次不行，我们可以两次，两次不行也不要灰心，要记得，大不了，我们从头再来，从零开始。

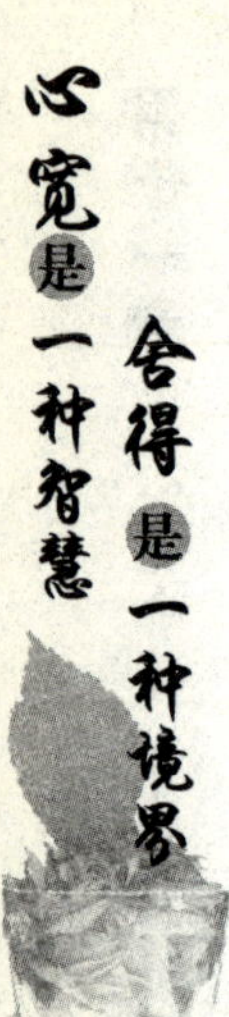

做人何必太执著

执著于一个目标、一个信念，那是大勇，但是做人过于执著就会显得愚蠢，最后只会苦了自己。

做人何必太执著。如果你丢了 100 块钱，记忆里知道落在某个地方了，但是去那里要花上 200 块钱的打车费，你为何还要再去找那 100 块钱呢？明知道自己做错了一件事情，却不肯认错，反而花加倍的时间来找借口；为一件事发火，不惜损人利己，不惜血本，不惜时间，只为着报复而做出蠢事。这些都是不值得的。

失败不可怕，千万不要执著于自己的无能，不要死钻牛角尖，要放下心来，细想一想能否转败为胜，时刻反省一下自己哪里出错了，不要等到彻底被打垮时，才后悔自己没有发挥全部的才能。

做人不必太执著，面对一件事情选择放手一搏，不管结果怎么样，你做了你最想做的事就会开心，毕竟时间还长，其他的事情以后还有机会。我们活在当下就要懂得变通，要明白什么事该坚持，什么事该放下，什么能做，什么不能做。

老鼠钻到牛角尖里去了，它跑不出来，却还拼命往里钻。

牛角对它说：“朋友，请退出去，你越往里钻，路越窄。”

老鼠生气地说：“哼！我是百折不回的英雄，只有前进，

决不后退的！”

“可是你的路走错了啊！”

“谢谢你，”老鼠还是坚持自己的意见，“我一生从来就是钻洞过日子的，怎么会错呢？”

不久，这位“英雄”便被活活闷死在牛角尖里了。

执著本来是一个优点，但如果做过了，就会变成一个缺点了。

凡事尽心就好，问心无愧就好。太执著了，会令自己受累，可能还会极大地伤害到自己。

太执著的人只会一味地想去得到，想去拥有，却不明白有时放弃、放手，却是对自己的一种宽容，是对生活的一种顿悟。

不管是对感情也好，对生活也好，太执著了，一定会变得太计较得失，太在意结局。放弃骄傲的执著，听上去很无奈，很没志气，但那样似乎可以活得开心些，自在些。

太执著，说得好听一点，根本就是顽固不化，根本就是死钻牛角尖。

做人不应太过骄傲，初出茅庐，仗着比其他人多读几年书，就摆出一副看不起人的架子，那样只会成为别人的笑柄。做人要学会放下架子，虚心向他人求教。

所有的人都不喜欢骄傲自满的人，面对你的不虚心，别人不会跟你好好合作，或许你在其他方面比别人强，但是有些事情还是需要借助别人的智慧。如果你放不下架子，仗着自己的强项看不起别人，那样最终只会为自己的肤浅与无知付出代价。尊重别人就是尊重自己，只有放下架子，虚心接受别人的意见，才能得到别人的认可，才会走出更好的人生。

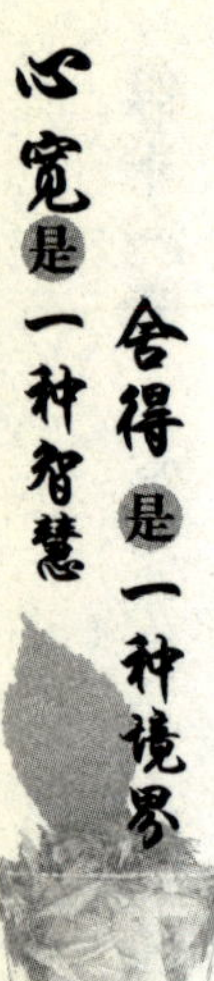

不要为追求完美所累

人生没有完美，完美只在理想中存在。生活中处处都有遗憾，这才是真实的人生。因而人不能苦闷于那种“完美”的追求之中，这样可能会留给我们更多的遗憾。

有个叫伊凡的青年人，读了契诃夫“要是已经活过来的那段人生，只是个草稿，有一次誊写，该有多好”这段话，十分神往，打了份报告递给上帝，请求在他的身上搞个试点。

上帝沉默了一会儿，看在契诃夫的名望和伊凡执着的份儿上，决定让伊凡在寻找伴侣一事上试一试。

到了结婚年龄，伊凡碰到了一位绝顶漂亮的姑娘，姑娘也倾心于他，伊凡感到非常理想，他们很快结成夫妻。

不久，伊凡发觉姑娘虽然漂亮，可她一说话就“豁边”，一做事就“翻船”，两人心灵无法沟通，他把这第一次婚姻作为草稿抹了。

伊凡第二次的婚姻对象，除了绝顶漂亮以外，又加上绝顶能干和绝顶聪明。可是又没过多久，他发现这个女人脾气很坏，个性极强。聪明成了她讽刺伊凡的“利器”，能干则成了她捉弄伊凡的手段，他不像是她的丈夫，倒像她的牛马、她的

工具。伊凡无法忍受这种折磨，他祈求上帝，既然人生允许有草稿，请准予三稿。

上帝笑了笑，也允了。

伊凡第三次成婚时，在他妻子的优点中，又加上了脾气特好这一条。婚后两个人和睦相处，都很满意。半年下来，不料娇妻患上重病卧床不起，一张病态黄脸很快抹去了年轻和漂亮。能干如水中之月，聪明也一无是处，只剩下了毫无魅力可言的好脾气。

从道义角度看，伊凡应厮守终生，但从生活角度看，他无疑是相当不幸的。人生只有一次，一次无比珍贵，他试探能否再给他一次“草稿”和“誊写”。上帝面有愠色，但想到试点，最后还是宽容他再作修改。

伊凡经历了这几次折腾，个性已成熟，交际也老练，最后终于选到了一位年轻漂亮、能干温顺、健康，要怎么好就怎么好的“天使”女郎。他满意透了，正想向上帝报告成功，向契诃夫称道睿智，不想“天使”竟要变卦，她了解到伊凡是一个朝三暮四、贪得无厌，连病中人也不体恤的浪荡男人后，提出要解除婚约。

上帝很为难，但为了确保伊凡的试点效果，未允。

“天使”说，我们许多人被伊凡作了草稿，如果试验是为了推广，难道我们就不能有一次草稿和誊写的机会？满肚狐疑的伊凡，正在人生路上徘徊，忽见前方新竖一杆路标，是契诃夫二世写的：“完美是种理想，允许你十次修改也不会没有遗憾！”

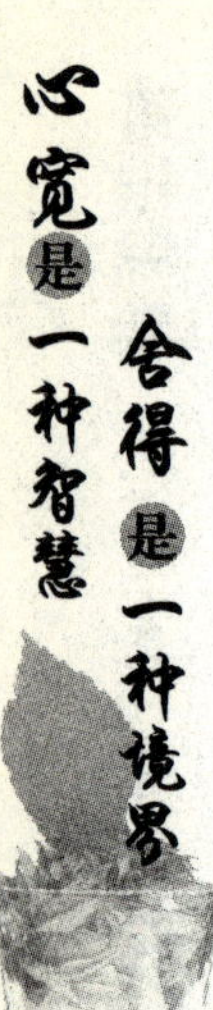

每个人都有自己的活法

人生在世，功名利禄只是一些身外之物，只要我们努力地前行，真实地面对我们所拥有或将要拥有的一切，你会发现，能满足一个人的可以很多，也可以很少。人生天地之间，转瞬来去，就像是偶然登台、仓促下台的匆匆过客。人生既然如此短暂，活在世上就要珍惜人生，不要贪图权势，自酿苦酒。名誉与权势皆为身外之物，也是水流花谢之物，万万不要一味地去追求它们。如果为了争名夺利不择手段，那就无异于害人害己了，这样的人生有何乐趣？何况，争名夺利不但不会使你流芳千古，甚至可能会让你身败名裂呢！

在现实生活中，名誉和地位常常被作为衡量一个人成功与否的标准，所以，追求一定的名声、地位和荣誉，已成为一种极为普遍的现象。在很多人心目中，只有有了名誉和权力，才等于实现了自身的价值。其实，人生的目的不在于成名、成家与否，而在于面对现实，去努力而为之，去尽情享受生命，去细心体验生活的美好。

焦耳，这个名字我们中学学物理时就很熟悉，人们为了纪念他所做的贡献，将物理学中“功”的单位命名为“焦耳”。从 1843 年起，焦耳提出“机械能和热能相互转化，热只是一种形式”的新观点，打破了沿袭多年的热质说，促进了科学的进步。他前后用了近40年的时间来测定热功当量，最后得到了热功当量值。

事实上，与焦耳同时代的迈尔是第一个发表能量转化和守恒定律的科学家。1848年，当迈尔等人不断地证明能量转化和守恒定律的正确性，终于使得这一定律被人们承认的时候，名利欲望的膨胀驱使焦耳向迈尔发起了攻击。焦耳发表文章批评说，迈尔对于热功当量的计算是没有完成的，迈尔只是预见了在热和功之间存在着一定的数值比例关系，但没有证明这一关系，首先证明这一关系的应该是他焦耳。随着焦耳发起的这场争论的扩大化，一些不明真相的人也一哄而上，纷纷对迈尔进行了不负责任的错误指责。迈尔承受不住这一争论和批评带来的压力，特别是焦耳以自己测定热功当量的精确性来否定迈尔的科学发现权，使得迈尔陷于有口难辩的痛苦境地。这时，迈尔的两个孩子也先后因故夭折，内外交困中的迈尔先是跳楼自杀未遂，后来得了精神病。

当年的迈尔被逼进了疯人院，但今天人们仍然将他的名字与焦耳并列在能量转化和守恒定律奠基者的行列。焦耳为争夺名利而导致的失误，也为世世代代人们所遗憾和谴责。

每个人都有自己的活法，对社会而言，都各有各的贡献；对个人而言，也都各有各的追求。一个快乐的人不一定是最有钱、最有权的，但一定是最聪明的，他的聪明就在于他懂得人生的真谛：花开不是为了花落，而是为了灿烂。可遗憾的是，在现代社会生活中，依然有许多人不仅对功名利禄趋之若鹜，甚至把它看成是一个人全部的生存价值。好像是否成就了轰轰烈烈的功名，是否成为名利双收的“家”，就是人们衡量生存价值的惟一标准，这不啻是人类文明的堕落和浅薄。

现在，人们尤其是家长们最热衷谈论的话题全是高考分、考大学、出国深造、做官、成专家之类，其结果是苦了孩子，害了孩子。生命价

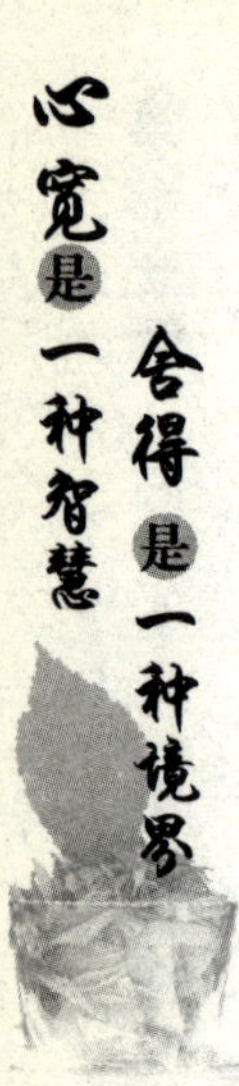

值的深度和广度，怎么能与成名、做官、赚钱等划上等号呢？人们如此看重功利名望，一旦争名夺利失败便一蹶不振，对生命失去了信心和热情，从此人生变得暗淡无光，这实在是当代人的悲剧。

我们每一个生活在当今社会的人，在人生的追求中，对名誉和权力的追求应该注意节制。不然，把名誉和权力看得过重，不惜一切代价地想把它们追求到手，岂不是将人生过得过于功利和枯燥了？自己那美好的人生岂不是要大打折扣了？

不可否认，进入了权力中心的人，自有许多政治的、物质的、名誉的利益，不仅仅有权，还可以有享受。正因为有利益、有诱惑，才会有那么多人奋不顾身地去追求。为官当政，有权有势，众人之上，能够比普通人有更多的机会左右一个城市、一个乡镇、一个单位的历史，所以有一种干大事的感觉，因此，在我们现实生活中，想方设法做官的人，可以说是摩肩接踵。尽管当上官很得意、很快乐，可是权力也伴随着许多的烦恼和风险，有权在手所受约束也大。对待上下左右都要小心谨慎，而且由于权力、地位与名利连在一起，所以自古以来就有争夺权力、地位的斗争，这种斗争往往环环相扣，一旦陷入其中，便会越滑越快，越陷越深，乃至不能自拔。从古至今，围绕着权势曾在历史上和现实中演出过多少令人扼腕的悲剧。还有那些当不上官的人，他们不但自己饱尝无奈、愁闷、痛楚，还给家庭罩上了挥之不去的阴影。所以说人生诸多烦恼，多由贪婪权势引起；人间诸多祸患，也多由贪婪权势招致。因此追求名誉和权力的时候，更应该铭记的是“君子爱财、爱名、爱权”都得取之有道。

人生在世，人人都想活得更好，人们总是在各种可能的条件下，选择那种能为自己带来较多幸福或满足的活法。所以，除了追名求利外，人生还有另一种活法，那就是甘愿做个淡泊名利之人，粗茶淡饭，布衣短褐，以冷眼洞察社会，静观人生百态，这样，就能品出生命的美好，享受到生活的快感。

把握自己，才能点亮人生

管住自己，就能管住世界；管住自己，就能战胜困难；管住自己，就能够战胜懒惰；管住自己，就能够管住私心杂念。而要想做到这些，就需要清理心灵上的垃圾，用知识擦亮眼睛，洞察是非，用理论指导双脚前行，才不会走偏路。没有自律就不会有成功，所以要“自己管好自己”。

有一个小男孩总是在家里发脾气，摔摔打打，特别任性。有一天，爸爸把他拉到自家后院的篱笆旁边，说：“儿子，你以后每跟家人发一次脾气，就往篱笆上钉一颗钉子。过一段时间，你看看自己发了多少脾气，好不好?”孩子想，那有什么，我就看看吧。后来他每嚷嚷一通，就自己往篱笆上敲一颗钉子，一天下来，自己一看：哎呀，一堆钉子！他自己也觉得有点不好意思了。

爸爸说：“你看你要克制了吧？你要能做到一整天不发一次脾气，那你就可以把原来敲上的钉子拔下来一根。”这个孩子一想，发一次脾气就钉一颗钉子，而一天不发脾气才能拔一根，多难啊！可是为了让钉子减少，他也只能不断地克制自己。

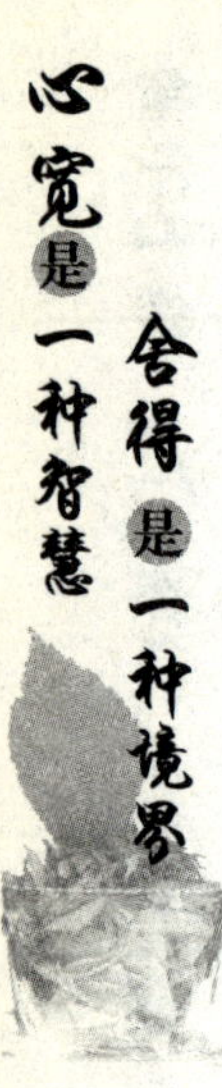

一开始，男孩觉得真的很难，但是等到他把篱笆上所有的钉子都拔光的时候，他忽然发觉自己已经学会了克制。他非常欣喜地找到爸爸说："爸爸，快来看看，篱笆上的钉子都被我拔光了，我现在不发脾气了。"

爸爸跟孩子来到了篱笆旁边，意味深长地说："孩子你看，篱笆上的钉子都已经拔光了，但是那些洞永远留在了这里。其实，你每向你的亲人朋友发一次脾气，就是往他们的心上打了一个洞。钉子拔了，你可以道歉，但是那个洞永远不能消除啊。"

所以，不论我们做哪件事情都要想一想后果，就像钉子敲下去，哪怕以后再拔掉，篱笆已经不会复原了。我们做事要先往远处想想，谨慎再谨慎，以求避免对他人的伤害，减少自己日后的悔恨。学会克制自己的情绪，记住祸从口出，学会自己管住自己，就会减少对亲人、朋友、同事的伤害，那么你的人际关系会更和谐一些，我们所处的世界会更多一些温暖。

管好自己，也是留一盏明灯照亮自己。前路茫茫，坎坷泥泞，那凄迷的风雨、重重的迷雾常常会让我们辨不清方向，找不到路径。但是，只要我们牢牢地管住自己的内心，不动摇，不迷失，那我们就不会偏离自己正确的人生轨道。

约束自己，才能成就自我

在现实生活中，许多罪恶和丑陋现象的形成，根源往往在于不正常的欲望或非理性的欲望。所以，我们不仅要规范自己的行为，我们还要自己管住自己，更为重要的是要控制好自己过分的欲望。欲望过多过大，必然就会贪心，贪求私欲者往往被财欲、色欲、权欲等等迷住心窍，终至纵欲成灾。

《刘子·防欲》说：“欲炽则身亡。”私欲太强烈了，会使人丧命。《韩非子·解老》说：“有欲甚，则邪心胜。”私欲太多，邪恶的心思便占了上风。明代文学家、哲学家王廷相曾说：“贪欲者，众恶之本；寡欲者，众善之基。”把贪求私欲作为一切罪恶的根源。贪欲，不知断送了多少官员的仕途，又不知使多少人作茧自缚，身败名裂。在近几年的反腐败斗争中，这样的例子举不胜举，所以说自己管住自己，首先要管住自己的欲望，切不可任意放纵，纵欲就会心生邪恶，就会腐败堕落，甚至招来杀身之祸。关于纵欲之害，先人圣者讲得再透彻不过了，我们一定要警惕纵欲这一潜伏在自己“阵营”中的最危险的敌人。所以说，我们最大的敌人是自己。无数事实证明：人为地想捧红一个人是捧不红的，人为地想打倒一个人也是打不倒的。凡是被打倒的，根源都在自己。

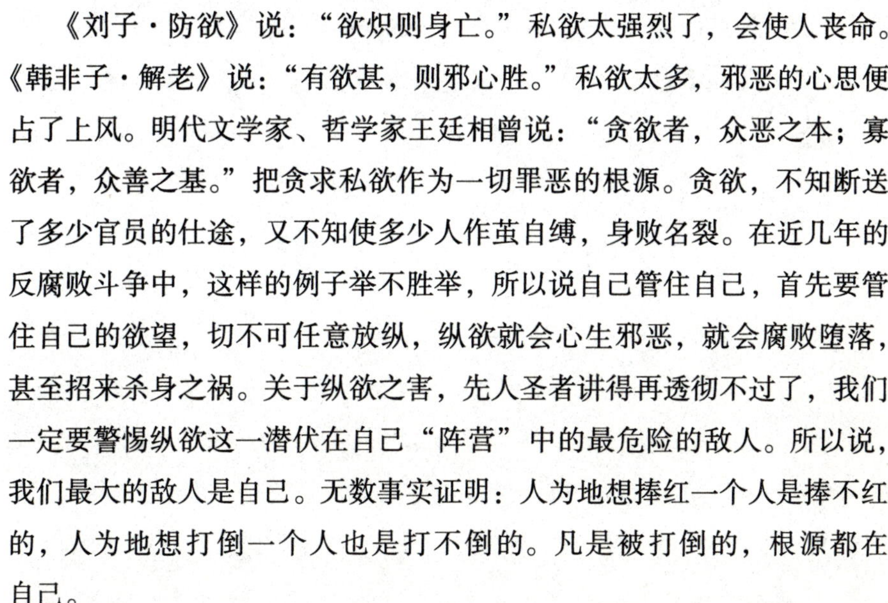

在我们的生活中，尤其是那些领导干部，都应该从这些纵欲身亡的

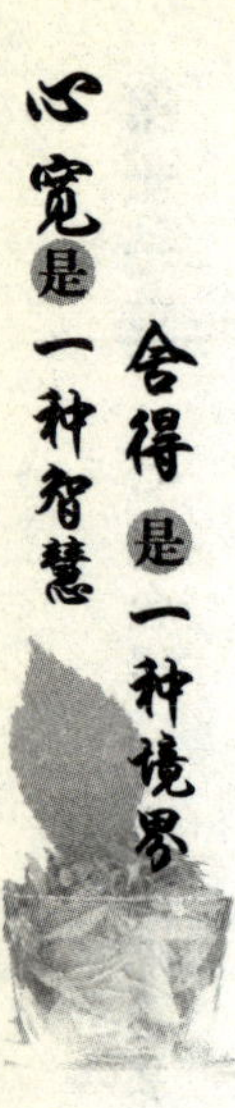

教训中和吃过大亏的人身上得到深刻反省，务必自觉地、严格地管束自己，充分意识到不严格管束自己则后患无穷，一旦酿成大错再管自己就后悔莫及了，其结果只能是“亲者痛，仇者快”。一个领导干部在政坛摸爬滚打一辈子，最幸福的事莫过于平平安安地度过自己的政治生涯。如此就必须自觉地接受国家法律、法规的约束，受社会道德、观念、舆论的约束，尤其要自觉地用党纪政纪来规范自己的行为。约束自己很难，管住自己更难。聪明人做事要时时考虑后果，考虑后果就是终身爱护自己、保护自己，而不要自己毁了自己。世界上关心自己的莫过于自己，自己不管自己，谁管自己？不管我们做什么事情，都要严格地约束自己，为我们的事业而规范自己。

每个人在做事还是思维上都有许多不好的习惯，这里并不是简单地说某种方式是正确的或是错误的，而要强调的是在某种情况下是否合适。我们有时会胡思乱想，在创造性思维时，这种方式是必须的，但有时则是必须要克制的，否则总是会注意力不集中。所以在生活中，我们要不断地约束自己。